HEEL Verlag GmbH
Gut Pottscheidt
53639 Königswinter
Tel.: 02223 9230-0
Fax: 02223 9230-13
E-Mail: info@heel-verlag.de
www.heel-verlag.de

4. Auflage 2021

Originalausgabe:

Originaltitel: *The LEGO® Neighborhood Book: Build Your Own Town!*
Original-ISBN 978-1-59327-571-6

Published by
No Starch Press, Inc.
245 8th Street, San Francisco, CA 94103

Autoren: Brian und Jason Lyles
Verleger: William Pollock
Redaktion: Alison Law
Covergestaltung: Beth Middleworth
Cover-Illustration und 3D-Renders: Mattia Zambon
Lektorat: Tyler Irtman
Redakteurin: Rachel Monaghan
Satz: Ryan Byarlay und Riley Hoffman
Korrektorat: Larel Chun und Lisa Devoto Farrell

Deutsche Ausgabe:
Satz: HEEL Verlag GmbH, Stefan Witterhold
Fotos: Thomas Schultze, www.thomas-schultze.de (Seiten 11, 12, 13, 17, 26, 27, 29, 38, 48, 50, 53, 54, 56, 57, 60, 65, 67, 106, 142)
Übersetzung und Projektleitung: Ulrike Reihn-Hamburger
Beratung: Joachim Klang

Printed in Bosnia and Herzegovina

ISBN 978-3-95843-518-6

Inhalt

★ = Seiten mit Bauanleitungen

Vorwort

Als Kinder haben wir es geliebt, mit LEGO® zu spielen – und wie viele Kinder haben wir davon geträumt, LEGO® Designer zu werden, wenn wir groß sind. Aber wie die meisten Kinder haben auch wir als Teenager unsere LEGO® Steine auf den Dachboden verbannt.

Als wir LEGO® als Erwachsene für uns wiederentdeckten, haben wir über die großartigen Modelle gestaunt, die Leute auf der ganzen Welt bauen – viele davon sind online zu sehen.

Was uns aber wirklich nicht mehr aus dem Kopf ging, waren die großartigen Gebäude im Minifiguren-Maßstab, die LEGO® herausgebracht hatte. Eine tolle Gemeinschaft an Bauern versuchte, das „modulare Bausystem“ nachzubilden und es zu verbessern. Unsere erste Liebe galt der Feuerwache (Set-Nr. 10197). Der Rest ist Geschichte …!

Seither haben wir dutzende Modelle gebaut – es liegt einfach etwas Unwiderstehliches darin, mit kleinen Bausteinen architektonische Details nachzuempfinden und eine Miniaturwelt zu erschaffen. Auf unserer Website könnt ihr Bauanleitungen [in Englisch] für zahlreiche dieser Modelle finden: *www.brickcitydepot.com.*

Dieses Buch haben wir geschrieben, um unsere Leidenschaft zu teilen. Wir hoffen, ihr findet auf seinen Seiten zahlreiche Ideen, um eure eigenen Modelle zu erschaffen.

JASON UND BRIAN

Wir widmen dieses Buch Jack, Ben, Joshua, Virginia, Ellie und Daisy.

Beginnen wir mit dem Café-Corner-Standard

1

Bevor ihr eure eigenen wunderschönen Gebäude errichten könnt, solltet ihr zunächst die Grundlagen verstehen. Wenn ihr schon offizielle LEGO® Sets der „Modularen Häuser“ gebaut habt, kennt ihr bereits das Prinzip, wie LEGO® Gebäude zu Straßen, Vierteln und Städten verbunden werden können. Wenn diese Bauweise für euch neu ist, solltet ihr hier besonders aufmerksam sein. Ihr werdet diese Grundlagen brauchen, um sicherzugehen, dass eure eigenen Gebäude mit den offiziellen LEGO® Sets zusammenpassen.

Im Oktober 2007 hat die LEGO® Group mit dem Café Corner (Set-Nr. 10182) das erste modulare Gebäude herausgegeben. Dieses erste Gebäude setzte den Standard dafür (deshalb auch oft Café-Corner-Standard genannt), wie sich alle weiteren Modularhäuser miteinander verbinden ließen und wie die Bürgersteige aussehen. Die von dem LEGO® Designer Jamie Berard entwickelte Bauweise wurde sich dann von der Fangemeinde zu eigen gemacht.

Die Gebäude verbinden sich zu Blöcken oder Reihen.

Basis-Größen

Alle bisher erschienenen Modularhäuser-Sets verwenden eine 32x32-Noppen Basisplatte, entweder aus einer einzelnen 32x32-Baseplate oder zwei 16x32-Platten. Um der Regel gerecht zu werden, müsst ihr also auch in 16-Noppen-Schritten bauen: 16x32, 32x32, 48x32 usw. Durch die Verbindung mehrerer Baseplates könnt ihr natürlich auch größere Gebäude erschaffen.

Eine 16x32-Basisplatte und eine quadratische 32x32-Basisplatte.

Gebäude verbinden

Die Gebäude werden an der Basisplatte mithilfe von LEGO® Technic Pins verbunden. Verwendet vier Technic Steine (Teile-Nr. 3700) und zwei Technic Pins (Teile-Nr. 2780) für jede Basisplatte.

Natürlich müsst ihr diese Technic Steine gleichmäßig platzieren, damit sie mit denen der anderen Gebäude zusammenpassen.

Für ein Eckgebäude bleibt die Platzierung der Technic Steine gleich: behaltet immer das rechts gezeigte Muster von 9-Noppen, 10-Noppen, 9-Noppen bei.

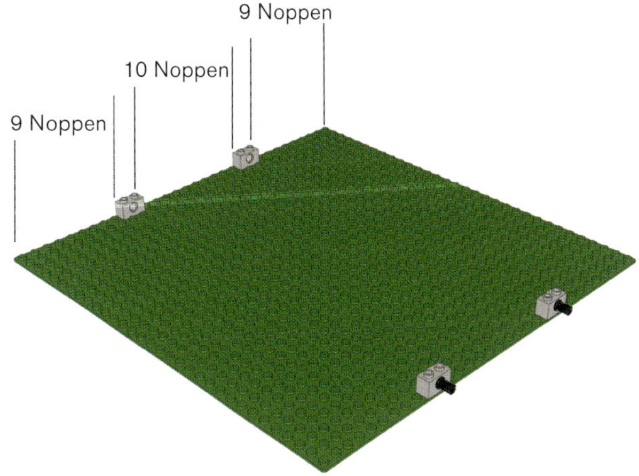

Auch wenn ihr noch kein Gebäude habt, solltet ihr aus Planungsgründen zunächst die Technic Teile platzieren.

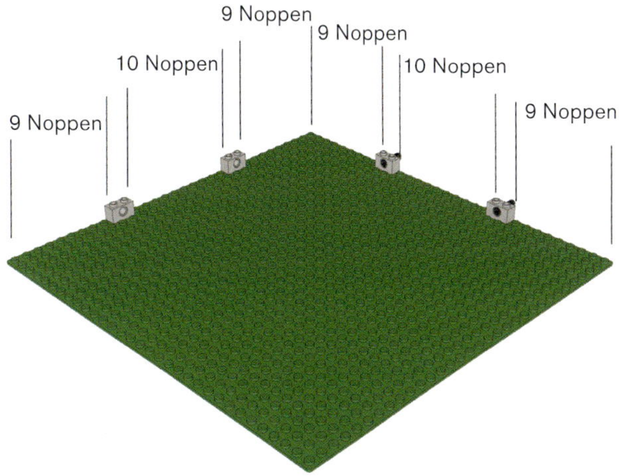

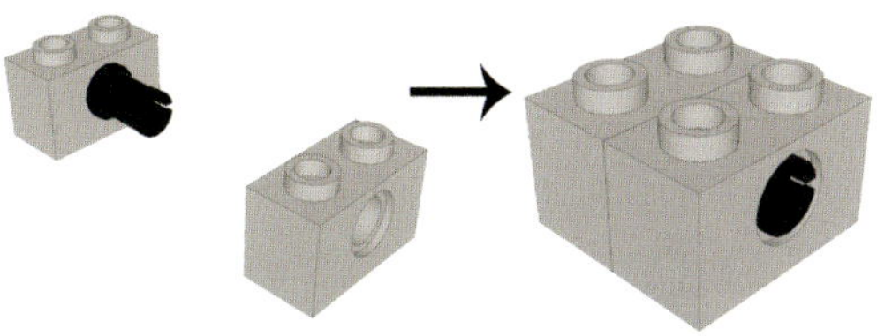

Technic Pins halten eure Stadt zusammen. Sie erlauben euch auch, die Häuser einzeln zu bauen und dann zu verbinden.

Eckgebäude behalten dieselben Verbindungen in denselben Abständen, nur an der anderen Kante der Basisplatte.

Der Bürgersteig

Auch der Bürgersteig hat eine Standardbreite, bietet aber Optionen für Individualität. Ihr könnt z. B. Pfosten, Treppen, Blumenkästen oder andere aus Gebäuden hinausragende Details bauen.

Im Bild unten haben wir die erste Noppenreihe mit Fliesen in light grey abgedeckt.

Die zweite Noppenreihe ist mit 1x2-Fliesen in dark bluish-grey belegt und zeigt 1x2-Grills als Abflussdeckel, sechs Noppen entfernt von der äußeren Ecke der Platte.

Die nächsten vier Noppenreihen sind von rechts nach links mit 2x2-Fliesen in dark grey belegt. Die siebte Reihe des Bürgersteigs ist wieder mit 1x2-Fliesen in dark grey verkleidet.

Die achte und letzte Noppenreihe besteht zum Abschluss wieder aus 1x2-Fliesen in light grey.

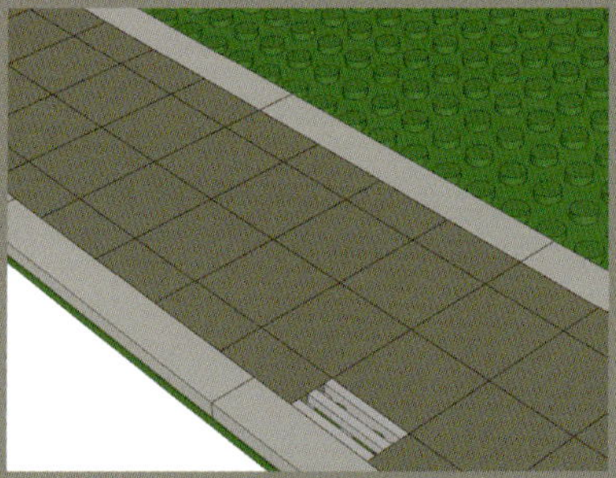

Ein fertiger Bürgersteig

Bei einem Eckgebäude verläuft der Bürgersteig an zwei Kanten der Basisplatte. Er ist in der Ecke oft mit einem bunten Muster verziert.

Alle Modularen Häuser von LEGO® platzieren außerdem eine weiße Lampe auf der rechten Seite des Bürgersteigs, die exakte Position variiert allerdings. Entscheidet in euren eigenen Modellen selbst über die beste Position der Lampe. Wenn euer Gebäude z. B. auf der rechten Seite eine Tür besitzt, könnt ihr die Lampe ganz in der rechten Ecke platzieren. Einige offizielle LEGO® Gebäude stellen den Lampenpfahl direkt neben ein anderes Objekt, wie einen Hydranten oder einen Briefkasten, um den Rest des Bürgersteigs für die Fußgänger frei zu halten.

Der Lampenpfosten ist üblicherweise auf der rechten Seite platziert.

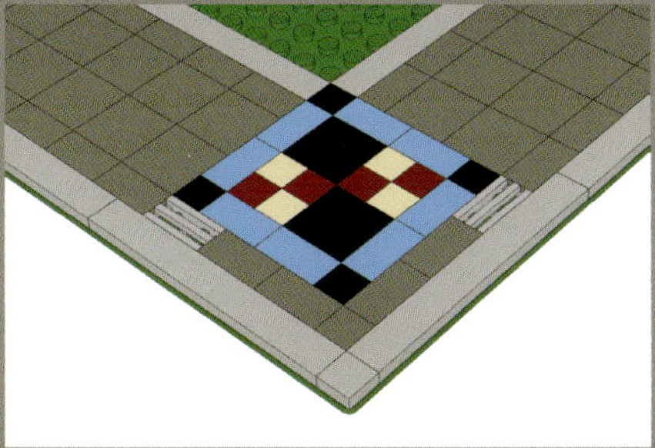

Das Muster bringt etwas Farbe ins Spiel.

DER BÜRGERSTEIG BILDET EINE ART RAHMEN FÜR DAS GEBÄUDE. NEHMT EUCH ALSO ETWAS ZEIT, SEINE GESTALTUNG AN DAS GEBÄUDE ANZUPASSEN.

Bautiefe und Bauhöhe

Mit eurem fertigen Bürgersteig und den platzierten Technic Steinen könnt ihr nun mit dem Gebäude selbst beginnen. Für die Tiefe eures Gebäudes stehen euch effektiv mindestens 15 Noppen zur Verfügung (die Entfernung zwischen den Technic Steinen plus eine einzelne Noppenreihe vorne). Andere Regeln gibt es eigentlich nicht.

Die Tiefe eures Gebäudes kann zwischen 15 und 24 Noppen variieren. Vielleicht baut ihr euer Gebäude lieber kurz, um Steine zu sparen oder um einen Hinterhof oder Garten anzulegen. Wenn ihr ein tiefes Haus bauen möchtet, könnt ihr den gesamten Platz bis zur letzten Noppenreihe der Basisplatte ausnutzen, um viel Platz für den Innenraum zu schaffen.

Bei der Höhe des Gebäudes spielen ästhetische und praktische Entscheidungen eine Rolle. Die meisten Bauer planen mindestens einen oder zwei Steine über einem Türrahmen, bevor die nächste Etage beginnt. Manche Gebäude haben eine Gewölbedecke oder eine große Eingangshalle im Erdgeschoss, sodass diese Etage höher angelegt sein muss als die folgenden. Die Höhe eines Gebäudes ist euch überlassen. Bedenkt aber, dass die Seitenwände höherer Gebäude sichtbar sind, wenn sie neben kleineren Häusern platziert werden. Wenn ihr richtig hohe Gebäude plant, überlegt euch, Fenster (oder andere visuell interessante Elemente) einzubauen, um die langweiligen Mauerflächen aufzulockern.

Stapelbare Etagen bauen

Warum heißt es überhaupt „modulares Bausystem"? Nicht nur das Gebäude im Ganzen kann verbunden werden, sondern jedes Bauwerk besteht aus stapelbaren Etagen, die entfernt werden können, um hineinzusehen. Sie sind aus Modulen zusammengesetzt, die einzeln und getrennt vom Rest aufgebaut werden können. Auf der Oberkante der Mauern liegt eine Schicht Fliesen, sodass das nächste Stockwerk aufgesetzt werden kann, ohne dass sich Noppen verbinden.

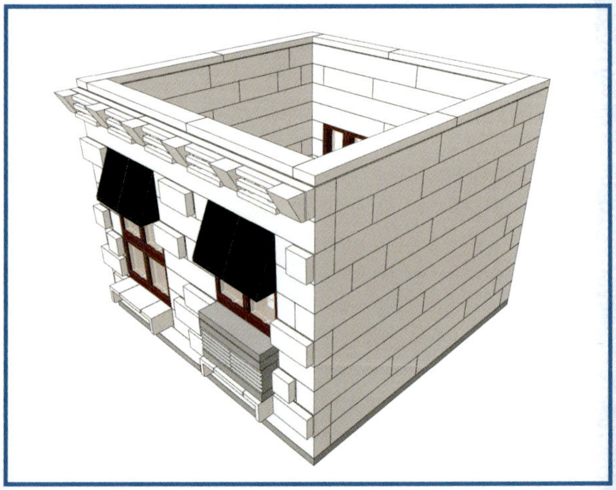

Eine Schicht Fliesen deckt die Wände oben ab, sodass das nächste Stockwerk sich nicht mit den Noppen des unteren verbindet.

Es gibt verschiedene Wege, die Stockwerke am Platz zu halten:

1. An der Unterseite können, wie im Bild rechts gezeigt, Platten an den Kanten angebracht werden. Dies hindert das Stockwerk daran, herauszurutschen oder sich zu bewegen.

2. Eine andere Methode (unteres Bild) besteht darin, einige wenige Noppen im unteren Stockwerk zu verbauen, die dann das obere festhalten. Der Trick besteht darin, gerade so viele Noppen zu verwenden, dass sich die Etage nicht bewegt, aber nicht genug, um sie festzuhalten. Bei dieser Methode werden sich die Platten manchmal ablösen und am oberen Stockwerk „kleben".

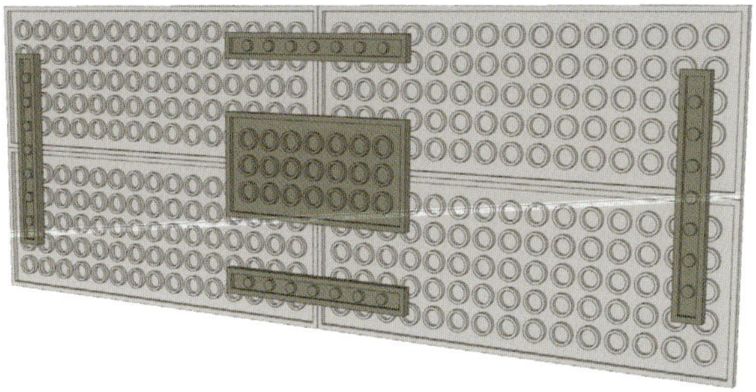

Die an den Kanten angebrachten Platten bilden einen Anschlag.

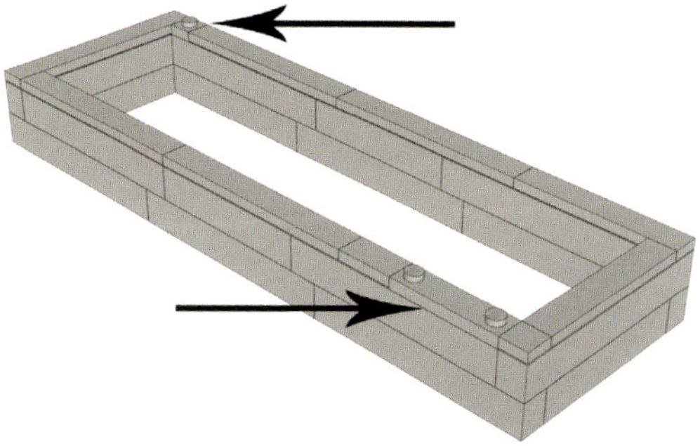

Eine minimale Anzahl an Noppen erlaubt eine modulare Verbindung.

EXPERIMENTIERT MIT VERSCHIEDENEN VERBINDUNGSMETHODEN!

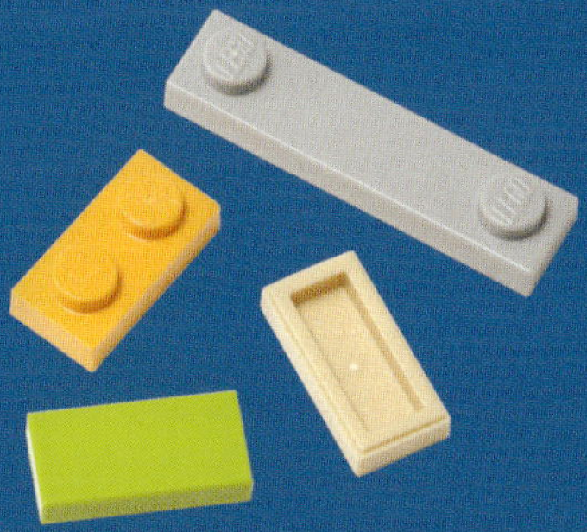

Geh' deine eigenen Wege

DIE MODULARE BAUWEISE SOLL EINE INSPIRATION SEIN, KEINE EXAKTE VORGABE, DIE ES EINZUHALTEN GILT. SO SEHEN WIR DAS JEDENFALLS.

Jetzt, wo ihr die Standards kennt, könnt ihr sie gerne ignorieren!

Warum die Standards erst erklären, um sie dann zu missachten? Nun, weil man die Regeln erst kennen muss, um zu wissen, wie man sie brechen kann. Schaut euch die Stadt an, in der ihr lebt, besonders, wenn es ein älterer Stadtteil ist. Im echten Leben gibt es keine Standards. Die meisten unserer Städte sind auf charmante Art chaotisch. Es gibt Gebäude in den verschiedensten Formen, Größen, Breiten und architektonischen Stilen. Manchmal finden sich schmale Gassen dazwischen oder große Bäume, manche Häuser sind von der Straße zurückgesetzt, andere stehen unmittelbar am Bordstein, manche sind sehr schmal, andere besonders breit – und manche haben zwei Etagen oder vier oder noch mehr. Experimentiert!

Steine kaufen

Wenn ihr BrickLink noch nicht kennt, dann legt dieses Buch doch mal kurz zur Seite und schaut euch die Homepage an: *www.bricklink.com*. Dort findet ihr eine riesige Börse, über die ihr von überall auf der Welt individuell LEGO® Teile in allen nur erdenklichen Farben und Formen kaufen könnt. Aber natürlich bekommt ihr fehlende Steine auch in den LEGO® Stores, im LEGOLAND® oder im LEGO® Onlineshop. Auch auf Flohmärkten oder bei einer LEGO® Börse könntet ihr fündig werden.

Der Gestaltungsprozess

2

Der erste Schritt des Bauprozesses besteht immer darin zu entscheiden, welche Art Gebäude ihr bauen möchtet. Ihr solltet eine genaue Vorstellung davon haben, was ihr bauen wollt, bevor ihr tatsächlich loslegt – z. B. ob es eine Polizeiwache wird, ein Haus oder ein Restaurant. Sobald ihr euch entschieden habt, gibt es zwei Möglichkeiten: ihr könnt völlig frei ganz nach eurer Phantasie bauen oder ihr findet eine reale Inspiration. Wie ein Zeichner oder Maler könntet ihr wertvolles Referenzmaterial entdecken.

Wenn ihr völlig ratlos seid, ist es immer ein guter Start, Gegenden mit Häusern zu besuchen, die ihr mögt. Ihr werdet bald architektonische Details und Muster bemerken. Macht Fotos von ganzen Gebäuden oder von Teilen, die ihr in euren Häusern verwenden möchtet.

Und wenn ihr etwas aus dem Ausland inspiriertes bauen möchtet, schaut euch online Bilder davon an, lauft mit Google Street View durch die Straßen, fliegt mit Google Earth über Städte oder verwendet die 3D-Vogelperspektive von Bing Maps. Ihr könnt heutzutage beinahe jede Straße „entlangspazieren“, völlig kostenlos. Und ihr könnt auch nach bestimmten Gebäuden, wie einer Feuerwache, einem Museum oder einem Stadthaus suchen oder sogar nach architektonischen Stilen.

Farben wählen

Wohn- und Geschäftshäuser gibt es in allen Formen und Farben. Eure Häuser können in lebhaften Farben toll aussehen und etwas Leben in die Stadt bringen, aber ihr wollt vielleicht auch einige realistisch gefärbte Häuser unterbringen, z. B. in dark red als Backstein oder in white, tan und einigen dunkleren Farben. Dark blue, dark green, dark orange und dark tan verleihen Häusern ein wenig Farbe, ohne übertrieben zu sein. Gedeckte „Sandtöne", wie sand blue und sand green sehen auch toll aus. Rechts findet ihr einige Beispiele für Häuser in diesen Farben.

Primärfarben wie Rot und Blau mögen nicht eure erste Wahl sein. Wenn man es aber richtig macht – wie bei den von Notting Hill inspirierten Häusern auf der nächsten Seite – können auch diese Farben wirken.

Ein Schlüsselfaktor für die Auswahl der Farbe besteht aber auch darin, welche Teile euch zur Verfügung stehen. Bei BrickLink findet ihr im Katalog *(www.bricklink.com/catalog.asp)* eine Übersicht darüber, welche Teile in welchen Farben erschienen sind. Bestimmte Platten- und Steinlängen gibt es nicht in allen Farben, sodass ihr in bestimmten Teilen eures Modells evtl. in der Bauweise eingeschränkt seid.

Im Uhrzeigersinn von links oben: dark blue und tan, dark orange, dark tan, sand blue und dark red.

Farb-akzente

Tolle LEGO® Bauten haben eines gemeinsam: sie setzen bewusst Farben ein. Eine Hauptfarbe und verschiedene Farbakzente können helfen, euer Modell stimmig und realistisch wirken zu lassen.

Bei der Zusammenstellung eigener Farbkombinationen kann euch ein Farbrad helfen, um harmonische Farbtöne auszuwählen. Komplementärfarben (sie liegen einander im Farbrad gegenüber) ziehen sich an. Im Internet gibt es außerdem Hilfsprogramme für echte Hausbesitzer, die ihre Fassade neu streichen möchten. Verschiedene architektonische Stile haben oft charakteristische Farbschemen. Nutzt während eurer Planung die Vorteile aller verfügbaren Ressourcen.

Lasst uns mal schauen, wie ihr für die Lebendigkeit eures Modells Farbakzente verwenden könnt.

Dieses Modell wurde von zwei Häusern im Londoner Stadtteil Notting Hill inspiriert.

ICH HABE DIESE HÄUSER BEI GOOGLE IMAGES ENTDECKT UND FLICKR UND GOOGLE MAPS VERWENDET, UM SIE AUS ANDEREN WINKELN ZU SEHEN.

Dieses Reihenhaus verwendet die Farbe dark tan für das Garagentor und den Dachabschluss, um das Grün-Weiß des Hauses aufzulockern.

Bei diesem Sandsteingebäude bilden tan und brown die Hauptfarben. Das Schwarz der Straßenlaterne, der Markise und der Fenstergeländer bildet schöne Akzente.

DIESES SANDSTEINGEBÄUDE WURDE VON EINEM HAUS IN NEW YORK CITY INSPIRIERT. DAS VIKTORIANISCHE REIHENHAUS IST EINE MISCHUNG AUS VERSCHIEDENEN HÄUSERN IN SAN FRANCISCO.

IST DAS EIN BAT-ZEICHEN DA OBEN?

Bei dieser Polizeistation wurde black für den Balkon, die Fensterrahmen und die Lampen verwendet, während light bluish-grey in Verbindung mit dark bluish-grey eingesetzt wurde, um Ziegelsteine darzustellen.

Zierelemente

Zierelemente eines Hauses eignen sich sehr gut für den Einsatz von Farbakzenten. Während im echten Leben der Einsatz phantasievoller Verkleidungen und Leisten in den letzten Jahren zugenommen hat, kann ein wenig Farbe auch deinem Gebäude immer etwas Pep verleihen. Wähle eine Kontrastfarbe, wie bei jeder anderen Akzentfarbe. Weiß oder Holzfarbe ist üblich, aber vielleicht auch ein wenig langweilig.

Verschiedene Architekturstile setzen Zierelemente in unterschiedlichen Farben und Größen ein.

Symmetrie

In der Architektur ist Symmetrie wichtig! Auf der gegenüberliegenden Seite findet ihr einige Beispiele, die die Symmetrien von Gebäuden zeigen.

Die Länge der Steine auf der Vorderseite eines Gebäudes einheitlich zu gestalten, kann die Symmetrie unterstützen und das Modell verbessern.

Die Symmetrieregeln können auf Fliesen und Platten übertragen werden. Eine makellos symmetrische Fassade kann dazu beitragen, euer Modell professioneller und ausgereifter wirken zu lassen.

Verschiedene Gebäude folgen unterschiedlichen Symmetrien.

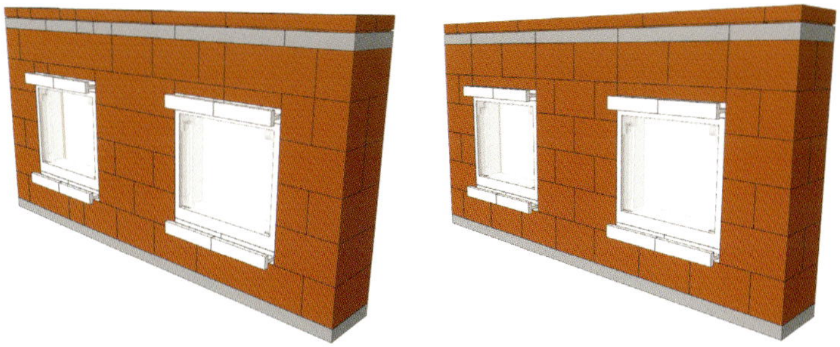

Das Modell links verwendet unterschiedliche Steine auf der rechten und der linken Seite der Fenster. Das Modell rechts zeigt eine gefälligere, symmetrische Fassade.

Gleichförmige Steine bilden das gleichmäßige Erscheinungsbild echten Mauerwerks nach.

Legt los!

Fangt einfach an zu bauen! Ihr werdet auf dem Weg Fehler begehen. Ihr werdet schreckliche Entwürfe machen, die furchtbar aussehen und überhaupt nicht so, wie ihre Vorbilder oder wie ihr sie euch vorgestellt habt. Lasst euch davon nicht entmutigen! Jedem Gebäude, das wir genug mögen, um es hier als Anleitung zu zeigen, steht ein anderes gegenüber, das einfach schrecklich geworden ist! Vergesst auch nicht, ein Problem auch einmal ruhen zu lassen. Wir haben momentan zehn Gebäude beiseite gestellt, weil wir noch nicht herausgefunden haben, wie wir bestimmte Aspekte in Ordnung bringen können.

Manchmal, wenn wir mit einem Teil eines Gebäudes nicht weiterkommen, bauen wir es so, dass es ganz einfach herausgetrennt und ersetzt werden kann. So können wir verschiedene Versionen bauen und einfach ein- und ausbauen, um herauszufinden, welche am besten aussieht.

Der beste Tipp zur Zeitersparnis, den wir geben können, ist der, die Fassade so lange zu verfeinern, bis ihr glücklich damit seid. Die Fassade ist der Teil des Hauses, der zur Straße hinausgeht, man sieht ihn also zuerst. Wenn euer Gebäude zwischen zwei anderen Häusern platziert ist, ist die Fassade der einzige erkennbare Teil. Wir haben eine Menge Zeit mit dem Bau von Innenräumen, Seitenwänden und Rückwänden verbracht und die Arbeit dann eingestellt, weil wir mit der Fassade unzufrieden waren.

HABT IHR EINE IDEE, SEID ABER UNSICHER, WIE SIE IN LEGO® FORMEN ÜBERSETZT WERDEN KANN? DAS NÄCHSTE KAPITEL BEFASST SICH DAMIT, WIE TEILE IN DER TÄGLICHEN WELT UM UNS HERUM ERKANNT WERDEN KÖNNEN.

3

Überall Steine

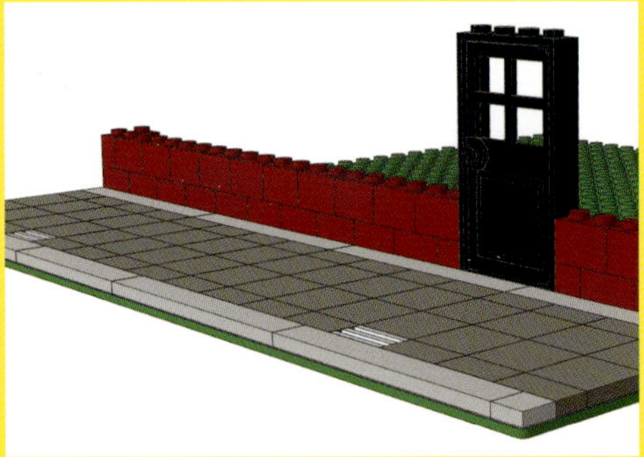

Versucht euch beim Bauen die echten Vorbilder als gigantische LEGO® Modelle vorzustellen. So verrückt dies auch klingen mag, es wird euch zu erkennen helfen, welche architektonischen Details bereits wie LEGO® Elemente aussehen. Und bei manchen Projekten schreien einige Steine einfach danach, verwendet zu werden. Dies wird euch auch beim Maßstab eures Modells helfen.

Wenn das Gebäude aus Zementblöcken, Steinen oder Ziegeln gebaut ist, könntet ihr 1x2-Steine oder nur Platten verwenden, um das echte Mauerwerk nachzubilden. Auf dem Foto oben findet ihr ein Beispiel für eine Mauer aus 1x2-Steinen.

Es gibt aber auch andere Wege, eine Ziegelmauer zu bauen. Schaut euch mal die Beispiele rechts an.

VERSUCHT, AUF DIESEN IDEEN AUFZUBAUEN UND EIGENE MAUERN ZU ERSCHAFFEN.

Im Bild rechts könnt ihr ein Fenster mit einem interessanten Rahmen sehen. Wie viele LEGO® Elemente könnt ihr sofort identifizieren? Diese Curved Slopes und die Gitterfliesen erkennt man auf den ersten Blick. Natürlich müsst ihr, sobald ihr euch für Elemente entschieden habt, auch festlegen, wie sie am Gebäude befestigt werden sollen.

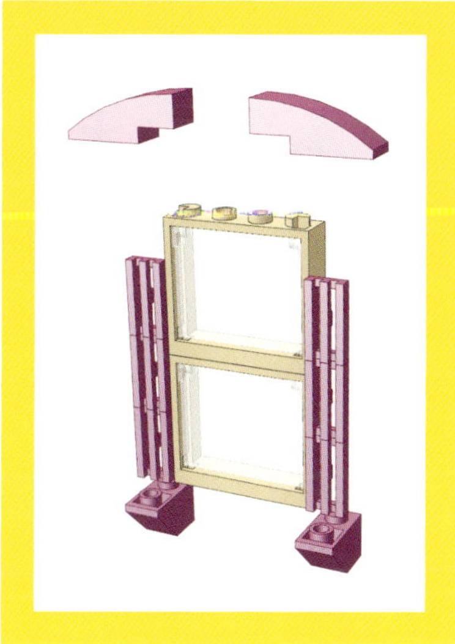

An der Seitenwand dieses Hauses finden sich Reihen von Ziegeln mit vertikalen Rillen. Der Stein auf der rechten Seite fällt uns dazu sofort ein.

EINE FLACHE WAND MIT ELEMENTEN MIT STRUKTUR UND ANDEREN DETAILS AUFZULOCKERN, KANN EUER HAUS VISUELL INTERESSANT MACHEN UND IHM CHARAKTER VERLEIHEN.

Die „Käsereibe“ und der Cone rechts imitieren sehr schön die Elemente des Giebels des gelben Gebäudes.

Manche Muster mögen zunächst nicht offensichtlich sein, zum Beispiel die Musterung auf diesem Foto. Ein ähnliches Design könntet ihr mit 2/3-Slopes, den sogenannten „Käseecken“, bauen.

Die grüne Markise unten hat eine runde Form. Im Bild rechts könnt ihr gewölbte Steine sehen, die diese Form nachbilden könnten.

EIN AUFKLEBER AUF DER FRONT DIESER MARKISE KÖNNTE DEN LOOK VERVOLLSTÄNDIGEN.

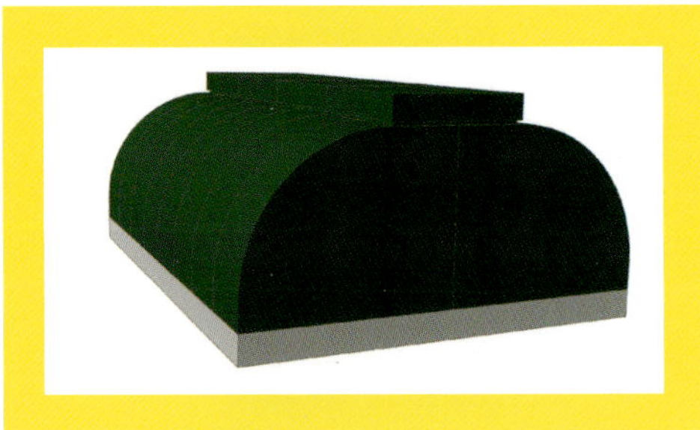

Manche Elemente dieses Gebäudes fallen sofort auf, so wie der weiße Bogen oberhalb der Tür und die Tür selbst. Die schwarzen Gitterfliesen könnten für die Tür verwendet werden – und dieser weiße Bogen passt großartig.

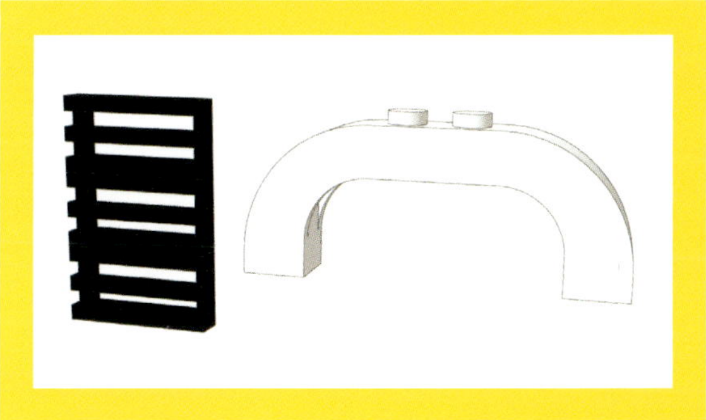

Das echte Haus oben hat das Modell unten inspiriert.

Dieses Zierelement sieht aus wie eine Blüte. Diese große LEGO® Blüte passt hervorragend.

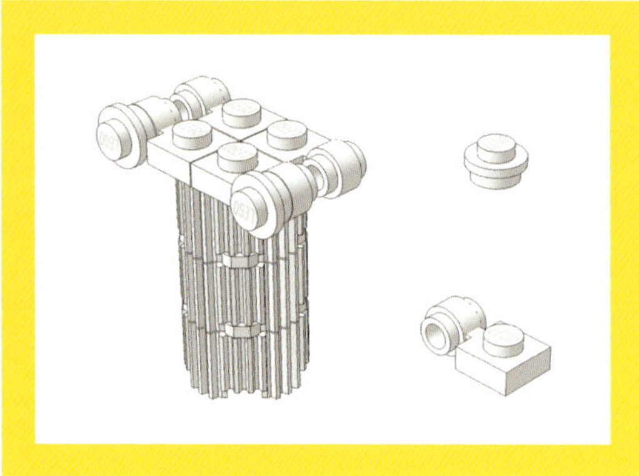

Das Kapitell dieser klassischen ionischen Säule hat dekorative Schneckenvoluten, die mit diesen beiden Elementen nachgebildet werden können.

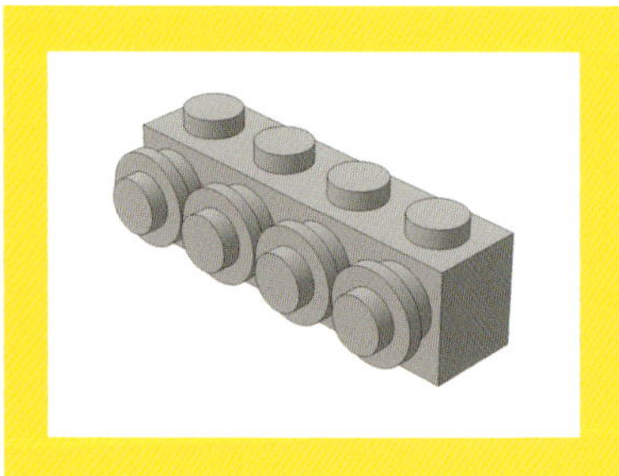

Zwischen diesen Fenstern seht ihr ein dekoratives Element, das wie eine Reihe runder 1x1-Platten aussieht.

IHR KÖNNTET AUCH DIESEN TECHNIC STEIN VERWENDEN, UM DIE RUNDEN 1X1-PLATTEN ZU HALTEN. DER LOOK WÜRDE SICH DADURCH NATÜRLICH AUCH VERÄNDERN.

Der Bogen über den hier gezeigten runden Fenstern ist leicht nachzubauen: Verwendet einen 1x4-Bogen über einem Fenster mit runder Oberseite. Die weißen Door Rail Plates unten ahmen den Fenstersims nach.

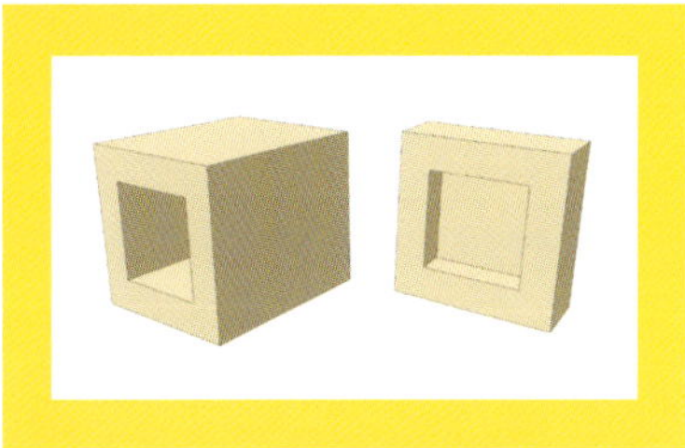

Denkt kreativ und betrachtet eure Teile von allen Seiten. Der viereckige Bereich zwischen den oberen und unteren Säulen dieses Fotos sieht wie 1x1-Steine oder -Platten von unten aus.

EINE NOPPE PASST GENAU IN DAS LOCH EINES TECHNIC STEINS. IHR KÖNNTET IHN VERWENDEN, UM DEN STEIN ODER DIE PLATTE AN DER FASSADE ZU BEFESTIGEN.

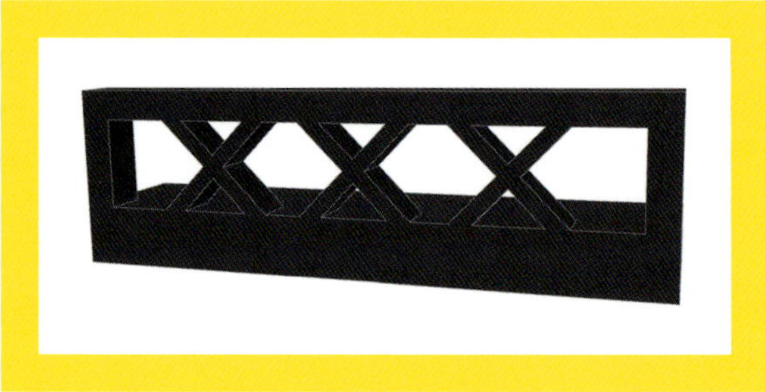

Das schwarze Stück Schmiedeeisen könnt ihr durch diesen 1x4x1-Jägerzaun nachbilden.

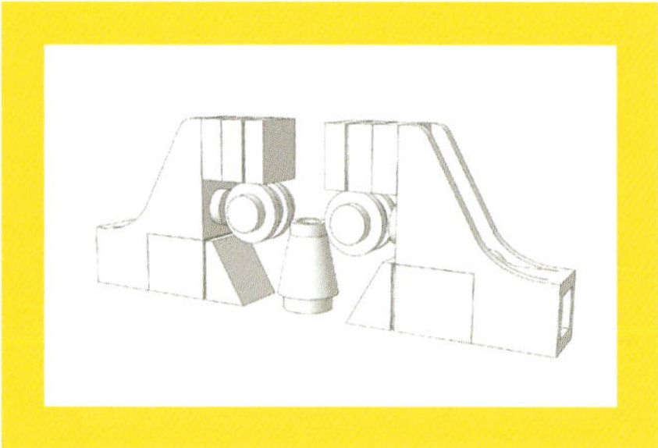

Die detaillierte Verzierung über dieser Tür sieht zunächst kompliziert aus, aber mit den richtigen Teilen könnt ihr dem Original ziemlich nahe kommen.

Die Stützen dieses Balkons sehen fast genauso aus, wie die 1x2 negativen Dachsteine.

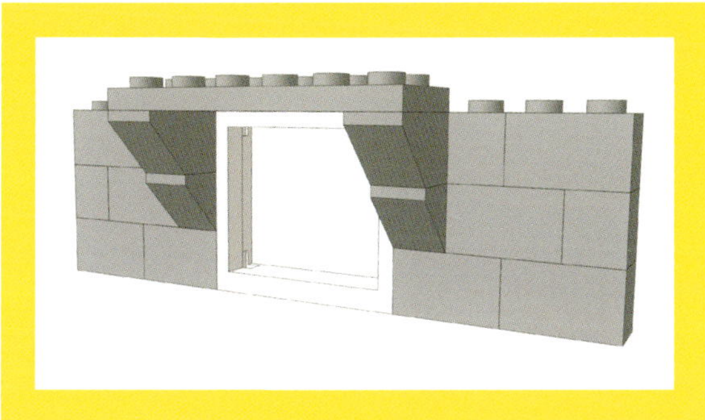

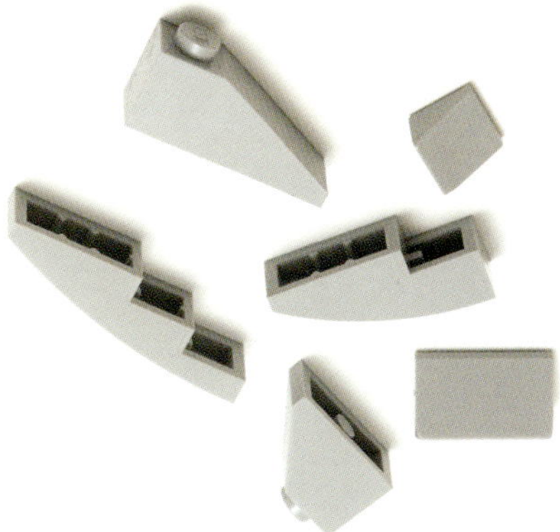

Die Stützen unter diesen Fenstervorsprüngen zeigen ebenfalls Dachsteine, aber hier würde vielleicht eine SNOT-Technik (Studs not on top – Noppen nicht oben) besser aussehen.

MIT SCHARNIEREN KÖNNTET IHR EIN LÄNGERES GEBOGENES GELÄNDER BAUEN.

Das Geländer dieses Beispiels ist offensichtlich, aber auf der rechten Seite daneben könnt ihr ein Zierelement sehen, das wie LEGO® Platten von unten aussieht.

Das Eckmuster dieses Gebäudes sieht aus, als sei es von außen an die Mauer angefügt. Ihr könnt ein ähnliches Muster auch nur mit Steinen erzielen.

4

Die Details

Details sind der Schlüssel für die Einzigartigkeit eures Gebäudes. Die Art eurer Fenster, Verzierungen, Farben, Lampen und der Dekorationen dazwischen unterscheidet jedes Modell vom anderen. In diesem Kapitel erkunden wir die Details der Außenelemente.

Lasst uns einen genaueren Blick auf die Komponenten werfen, die das Äussere eines Gebäudes ausmachen.

Dachleisten und -simse

Hier findet ihr einige Beispiele für Gesimse an Dachfugenleisten. Welche Elemente könnten zu ihrer Nachbildung verwendet werden?

Mit so vielen LEGO® Elementen gibt es für jeden Look zahlreiche Kombinationsmöglichkeiten. Unten findet ihr einige Beispiele, mit unterschiedlichen Methoden ähnliche Effekte zu erzielen.

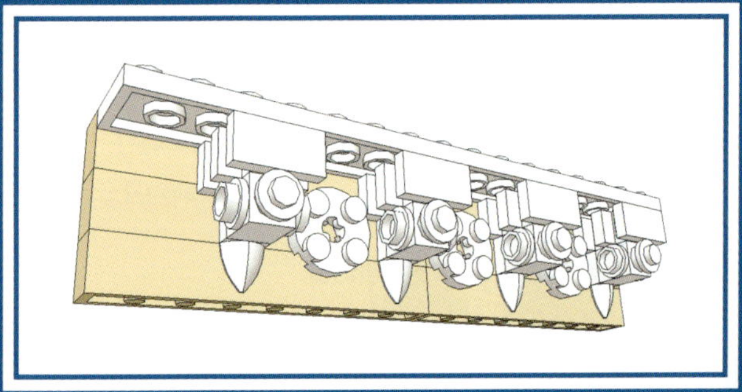

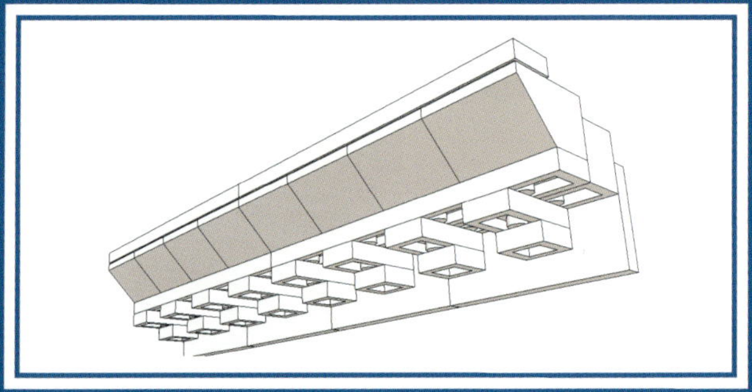

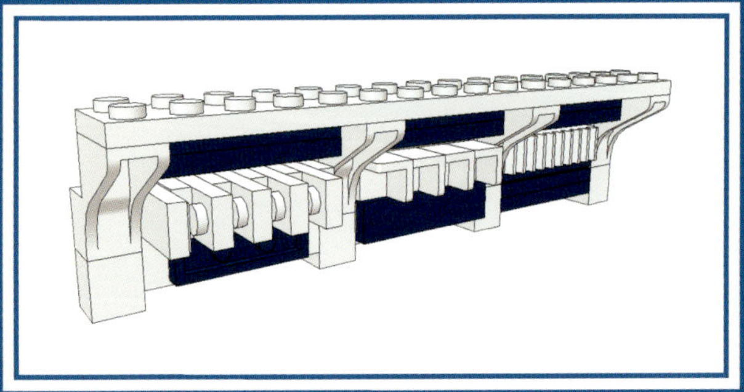

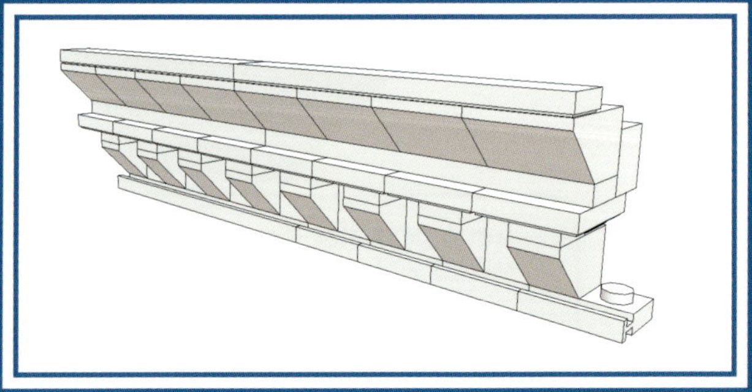

Lampen

Eine Möglichkeit zur Auflockerung einer flachen Wand besteht darin, eine Lampe anzubringen. Ihr könnt eine oder auch zwei neben der Tür platzieren oder ihr könnt sie verteilen, um den ganzen Fußweg zu erleuchten. Diese Beispiele sollen euch Ideen für verschiedene Varianten geben.

Säulen und Geländer

Schaut euch die Bilder auf dieser Seite an und versucht zu entscheiden, welche LEGO® Elemente ihr verwenden würdet.

Säulen lassen sich auf unzählige Arten gestalten, von einfach bis komplex (mit SNOT-Techniken).

Geländer und Brüstungen können sehr einfach sein, oder ihr verwendet kunstvollere Objekte, um Balustraden zu bauen.

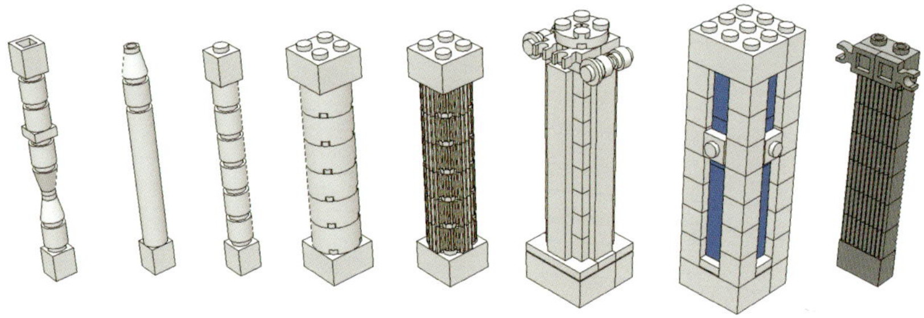

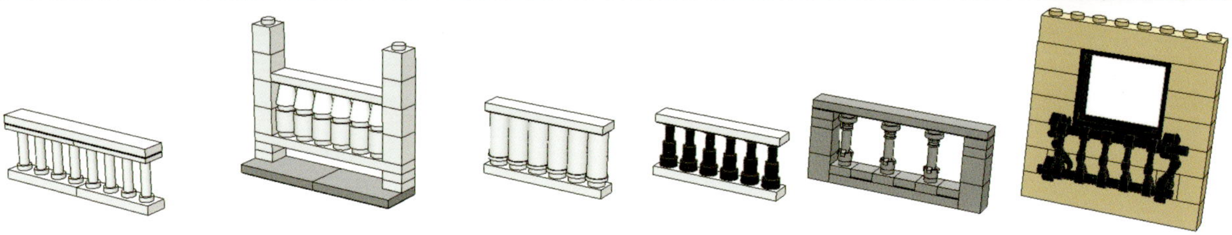

Fenster und Fensterläden

Fenster sind so wichtig für das Aussehen eines Gebäudes, dass Architekten sie manchmal als „Augen“ eines Hauses bezeichnen. Hier seht ihr einige Beispiele, wie mit unterschiedlichen Elementen im und um das Fenster herum sehr verschiedene Wirkungen erzielt werden können.

LEGO® hat lange Zeit Steine gebaut, an denen man Fensterläden befestigen konnte. Bei neueren Fenstern sind sie nicht mehr eingebaut, aber ihr könnt mit anderen Elementen immer noch Läden anbringen.

Pflanzen

Erweckt eure Gebäude mit einigen Pflanzen und Bäumen zum Leben. Hier haben wir für euch einige Beispiele für Bäume, Büsche und Ranken zusammengetragen – und sogar einen Wintergarten.

IHR KÖNNT GANZ EINFACH TEILE WIE DIESE STAPELN, UM BÜSCHE ZU GESTALTEN.

GRÜNZEUG ERWECKT EIN HAUS ZUM LEBEN.

Zeitungs-spender

Wenn man einen ganz normalen Bürgersteig entlang geht, sieht man deutlich mehr als nur flachen, grauen Asphalt. Details aus der echten Welt können eurem Gebäude noch mehr Flair verleihen.

Üblicherweise kann man solche Zeitungsspender in Gruppen an Straßenecken sehen.

Hydranten

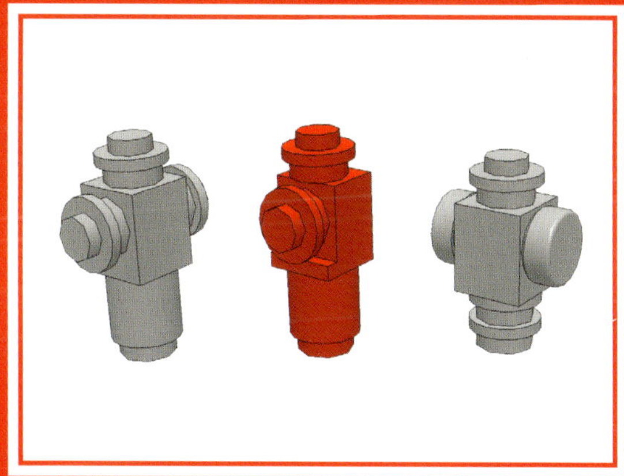

Hier seht ihr einige Beispiele für Hydranten. Die Farbgebung könnt ihr frei an die der jeweiligen Stadt anpassen.

Park-
uhren

50 CENT FÜR EINE HALBE STUNDE? IN DER STADT IST PARKEN GANZ SCHÖN TEUER!

Wollt ihr in eurer Straße einige Parkuhren aufreihen? Hier sind einige verschiedene Bauweisen.

Bänke

Schaut euch mal diese verschiedenen Bänke an – und eine Bushaltestelle.

Parkbank

1

PROBIERT MAL, DIESE PARKBANK ZU BAUEN.

2

3

4

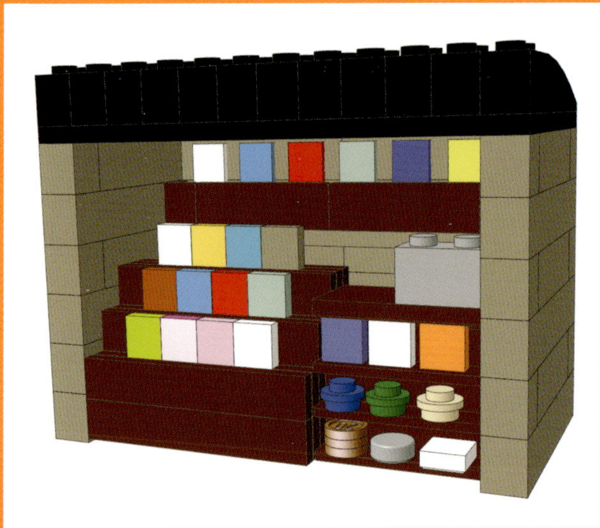

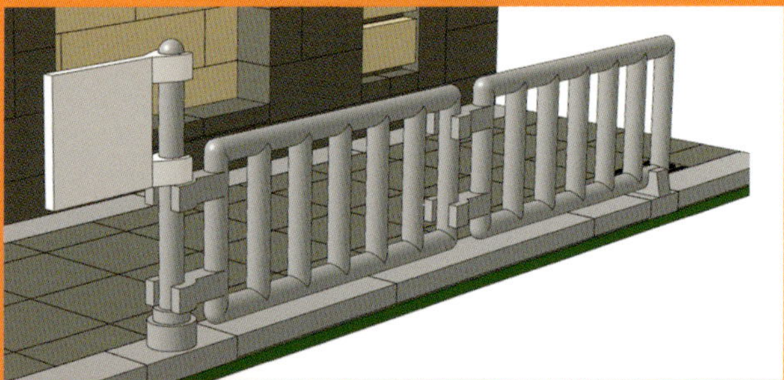

ICH KLETTERE
AUF KEINEN FALL
AUF DIESES
WACKELIGE DING!

Stadtleben

Gebt eurer Straße einige visuelle Highlights, wie Fahrradständer, einen Zeitungskiosk oder ein Gerüst. Vielleicht könnten Bauarbeiter an einem Haus arbeiten.

Straßen

Zur Regelung des Verkehrs braucht eure Stadt Ampeln. Ihr könnt eine einfache Ampel an der Seite der Straße bauen. Oder ihr wagt euch an eine etwas kompliziertere Hängeampel.

Ihr müsst euch nicht mit dem einfachen Lampenpfosten begnügen, den LEGO® herstellt. Es gibt so viele Lampenpfosten da draußen, die danach schreien, im LEGO® Maßstab nachgebaut zu werden. Schaut mal, ob ihr herausfinden könnt, wie wir diese Beispiele gebaut haben.

Ampel

1
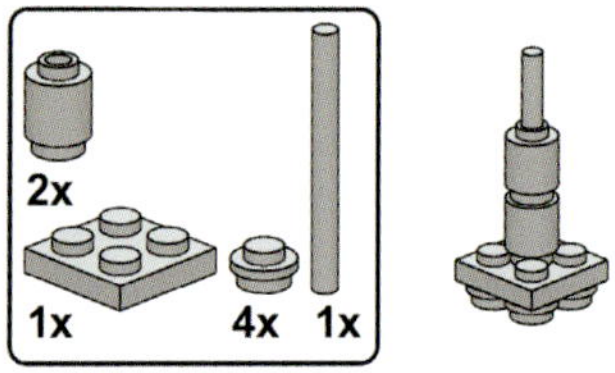

2
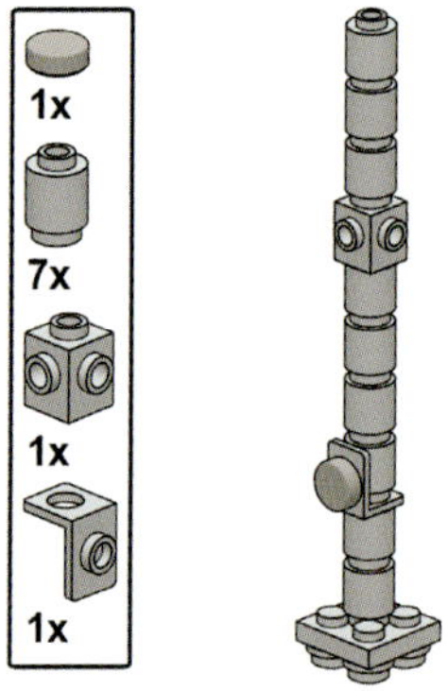

3
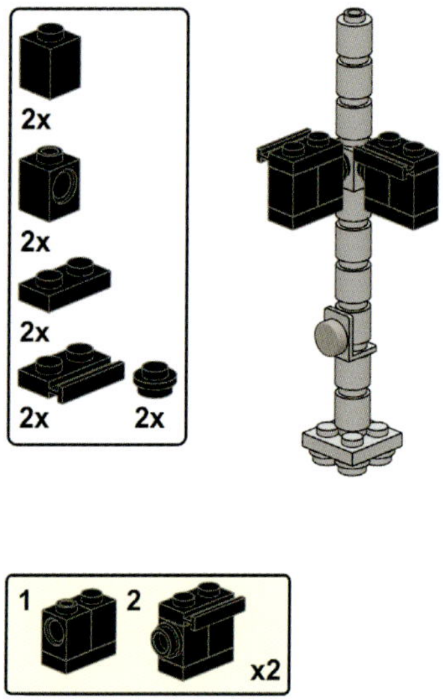

4
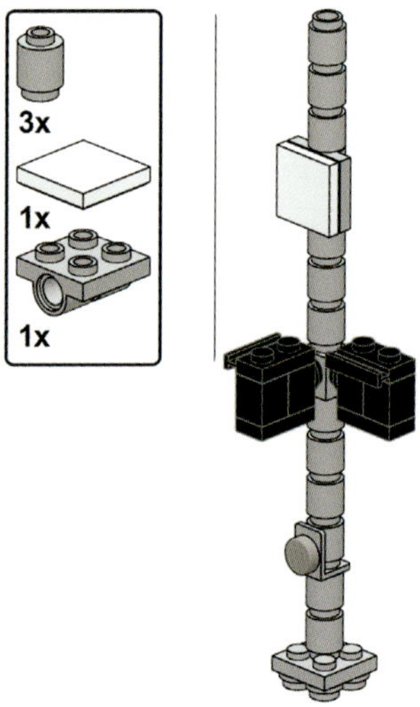

5
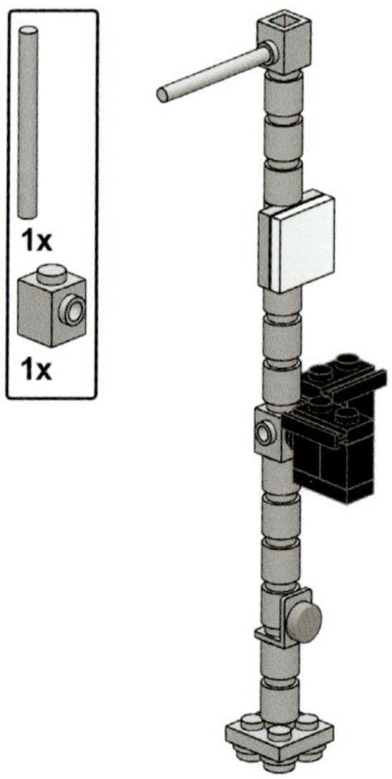

6
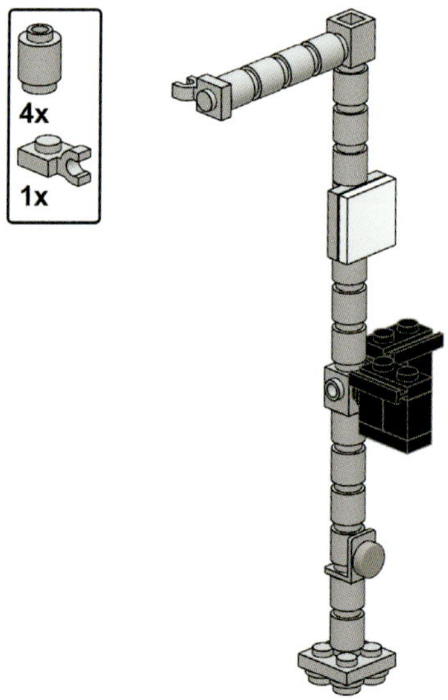

7

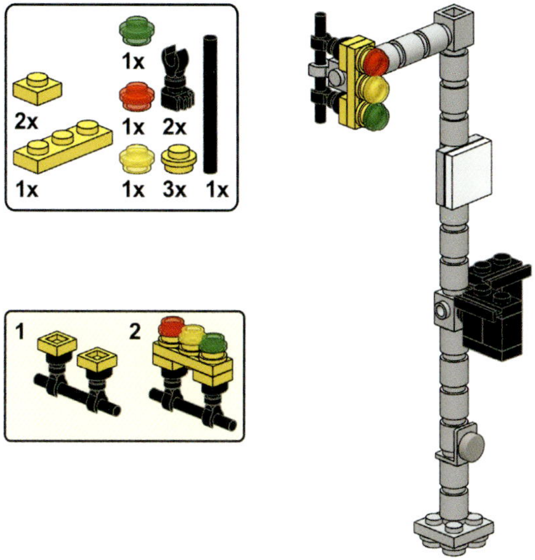

8

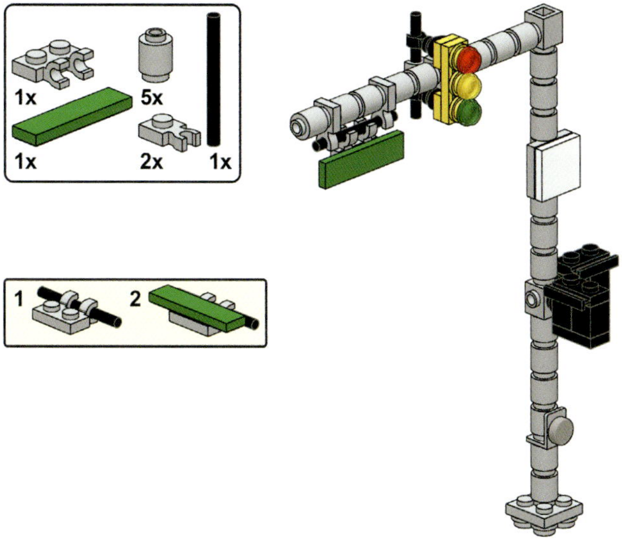

9

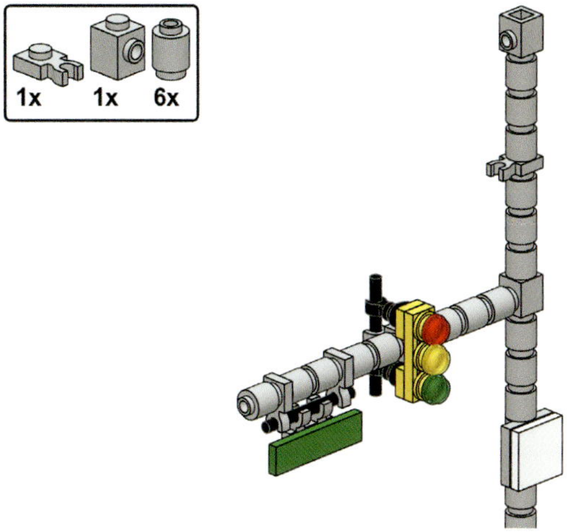

10

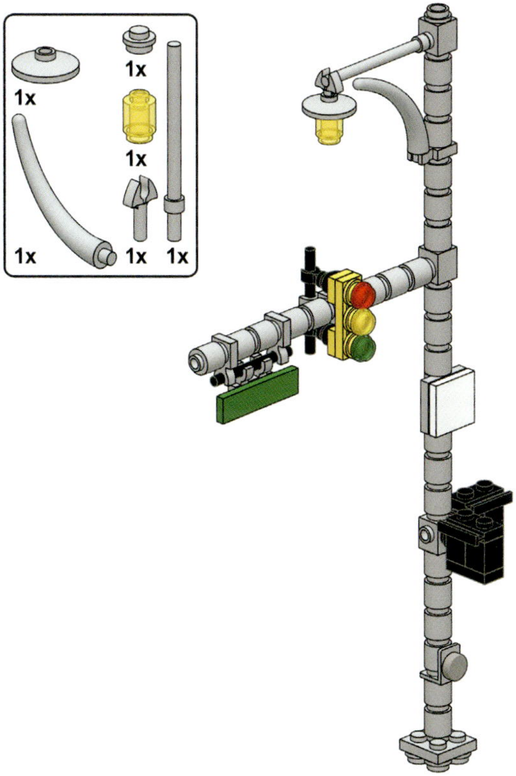

Straßenlaterne

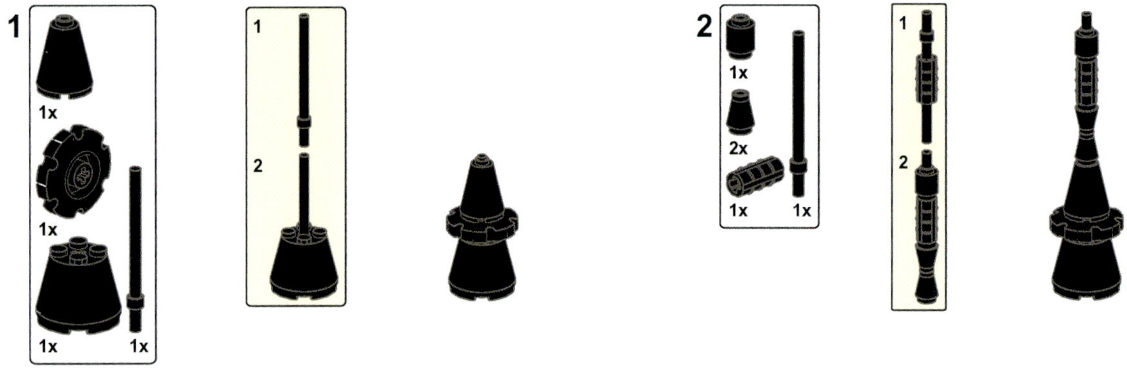

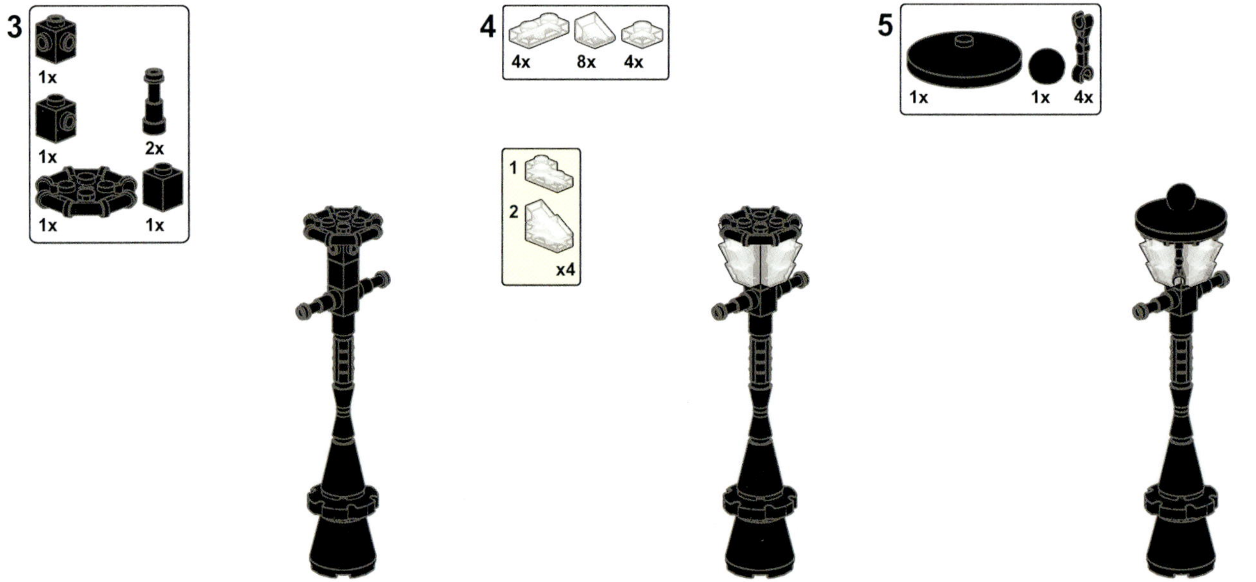

5 Die Innenausstattung

Das Innere eurer Häuser zu möblieren kann nützlich sein, um das Gesamtbild zu vervollständigen. In diesem Kapitel werden wir durch alle Räume eines Hauses streifen und euch Beispiele für ihre Möblierung zeigen. Hoffentlich regen euch unsere Ideen zum Schreinern an und zur Umsetzung eurer eigenen Vorstellungen.

Inspiration findet ihr in einer unendlichen Auswahl an Möbeln, legt also einfach los!

Wohnzimmer

Beginnen wir im Wohnzimmer. Als Ausgangspunkt könnt ihr versuchen, die Möbel eures eigenen Wohnzimmers nachzubauen.

Auf das Sideboard unten haben wir zwei schöne Fransenlampen gestellt, um den Retro-Look zu perfektionieren.

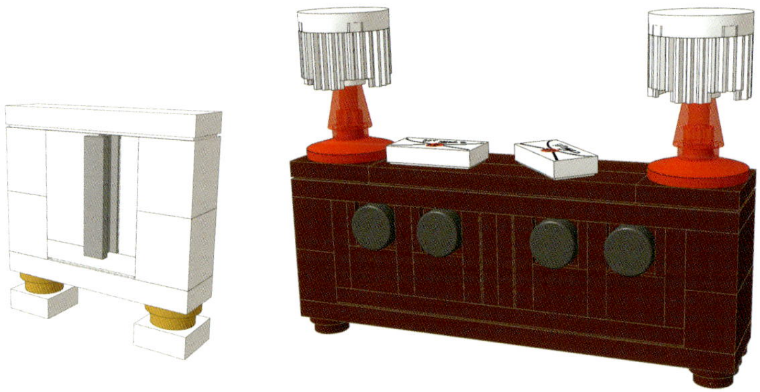

VERSUCHT, FÜR INTERESSANTE MÖBEL SNOT-TECHNIKEN EINZUSETZEN.

Sideboard

1
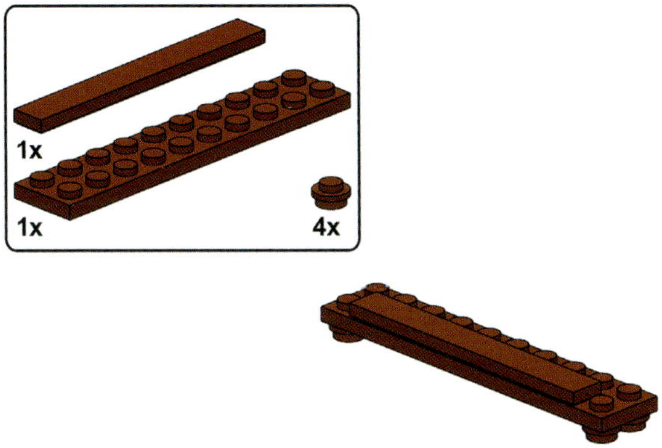

2
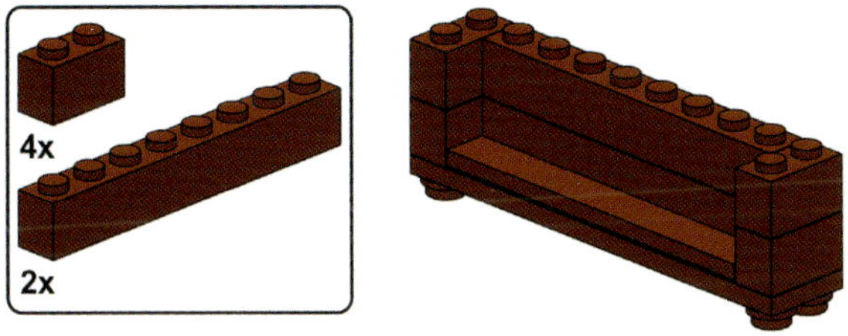

3
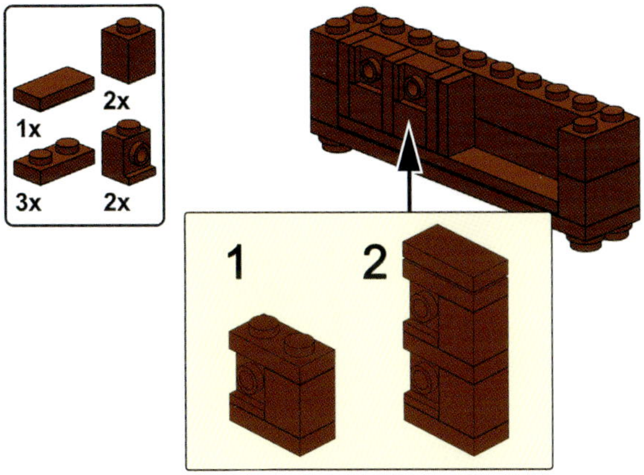

4
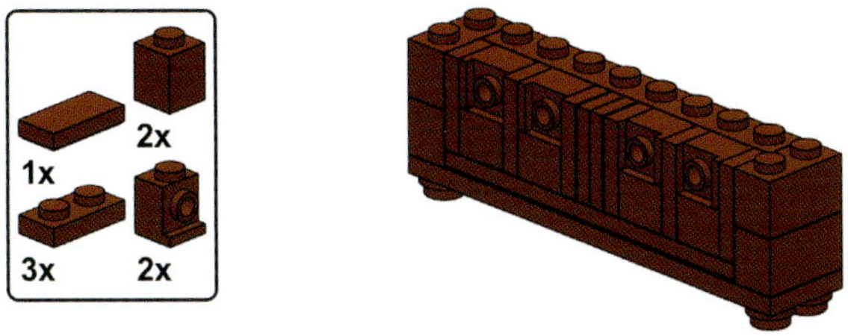

5
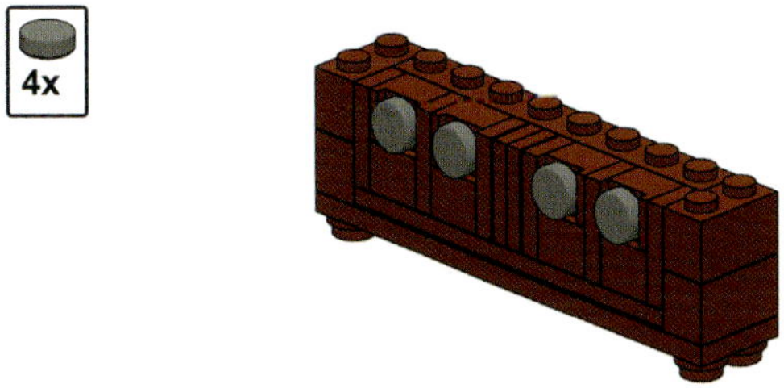

6
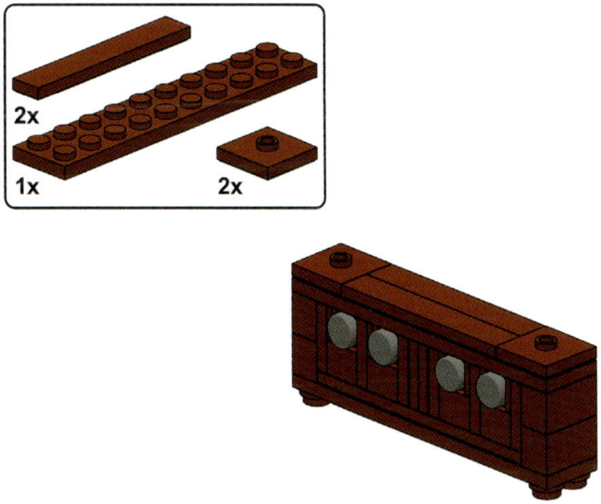

7
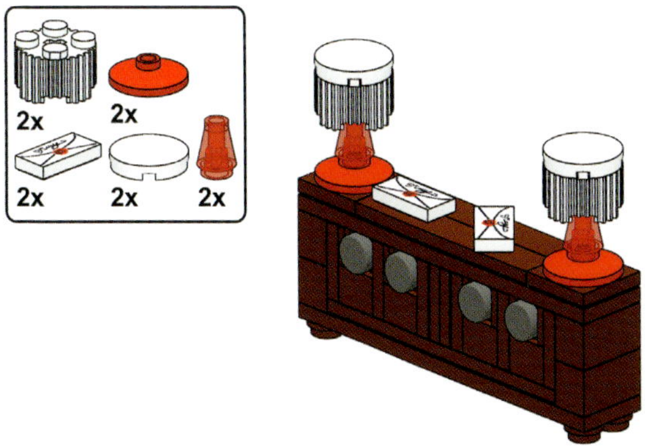

Regale

Frei stehende oder an der Wand befestigte Regale können persönliche Gegenstände und Accessoires halten und einem Haus Charakter verleihen.

1X2-PLATTEN UND -FLIESEN AUF EINEM REGALBRETT KÖNNEN BÜCHER, ZEITSCHRIFTEN ODER EINE PLATTENSAMMLUNG DARSTELLEN.

Fernseher

Eure Minifiguren brauchen Unterhaltung? Passt den Fernseher an die jeweilige Zeit eurer Stadt an.

DER ALTE SCHWARZ-WEISS-FERNSEHER MIT DEN HASENOHREN IST KLASSISCH!

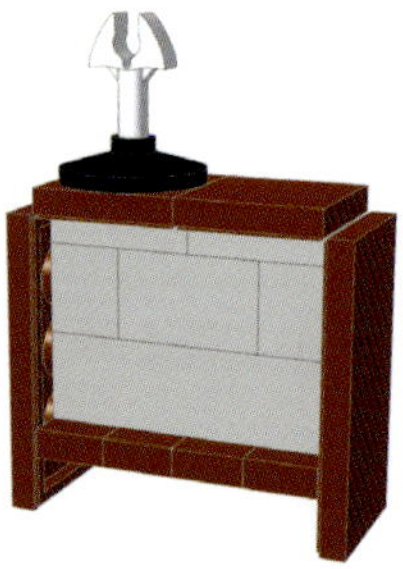

Sitzmöbel

Wenn ihr dieselbe Farbe für das Sofa und die Sessel verwendet, erhaltet ihr eine passende Garnitur.

Es gibt so zahlreiche Wege, Sessel zu bauen, dass jedes Haus etwas Einzigartiges erhalten kann.

ICH WÜRDE GERN AUF DIESEM SOFA RELAXEN.

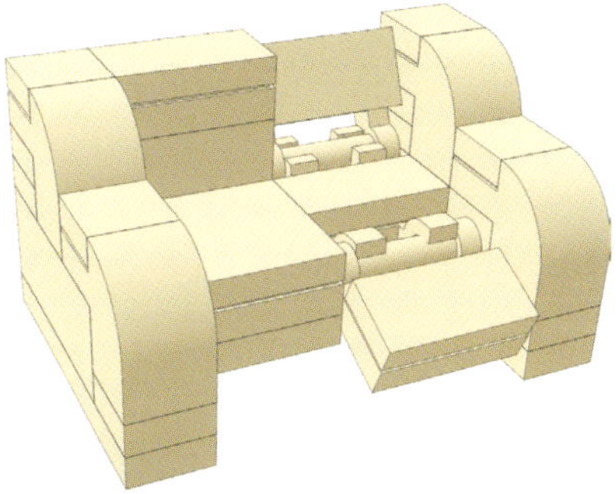

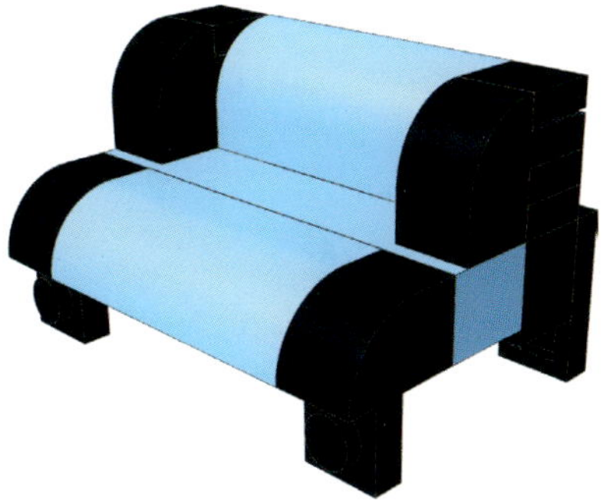

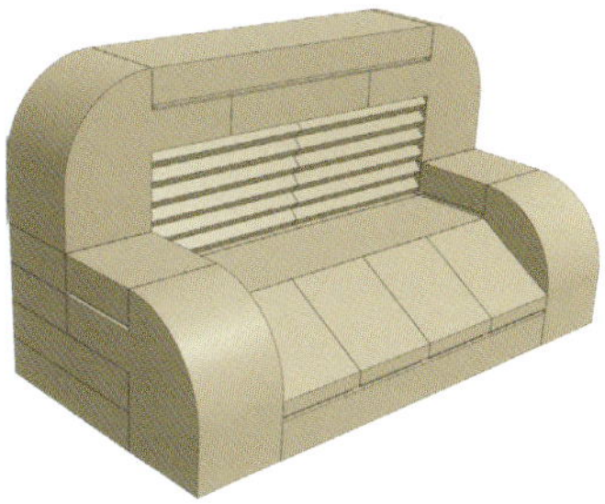

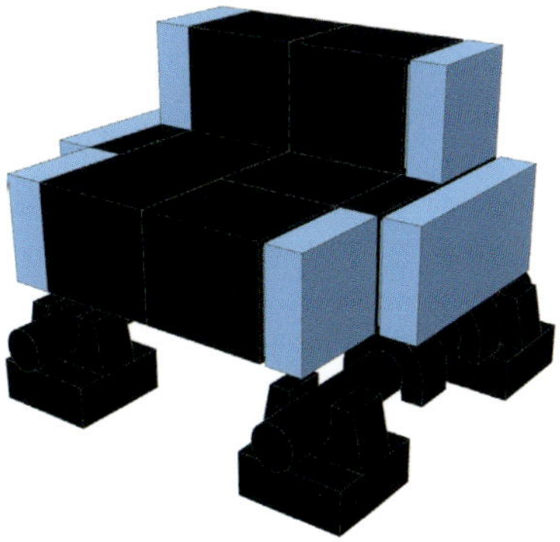

Lehnstuhl

1
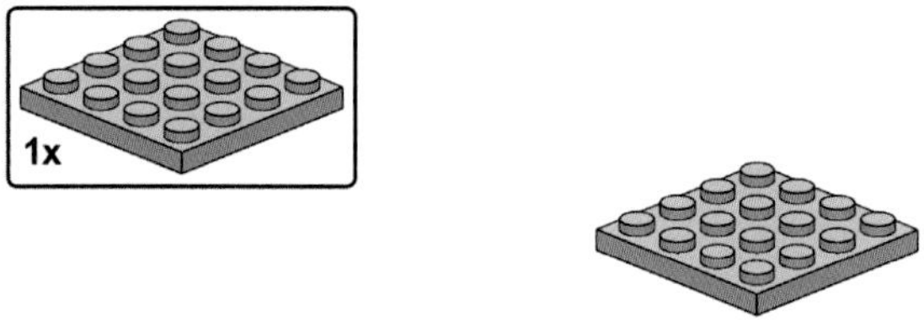

2
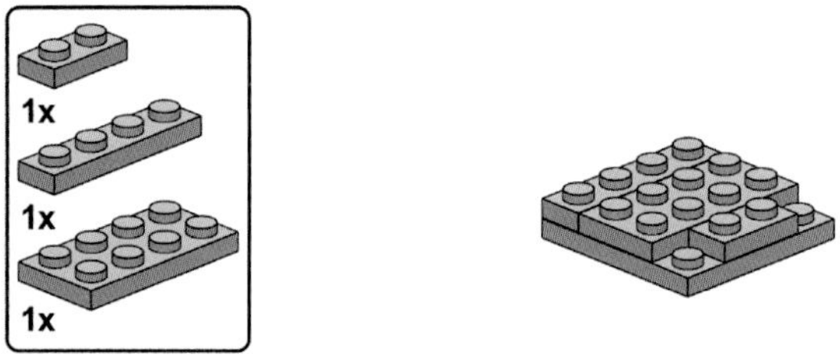

3
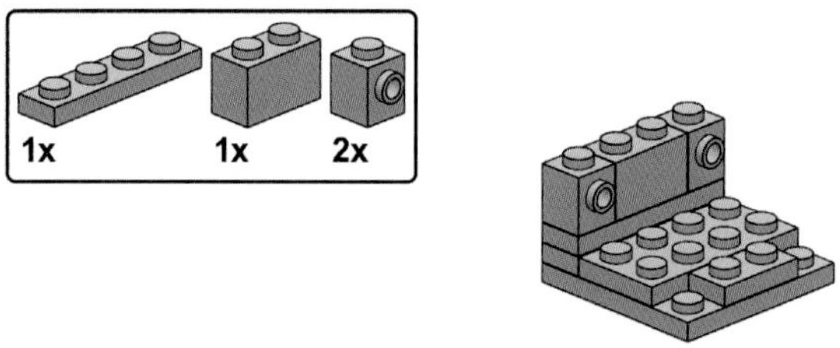

4
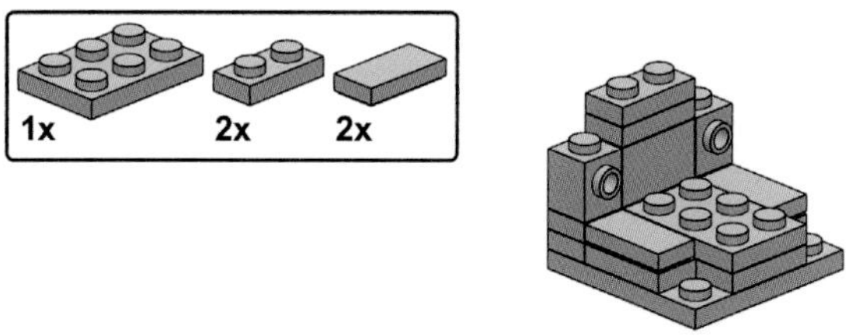

5
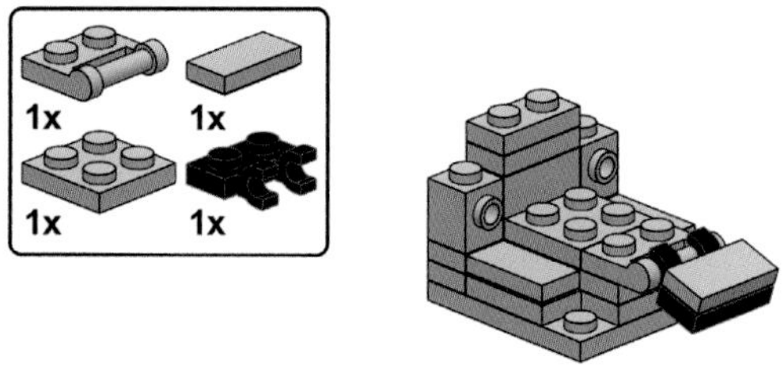

6
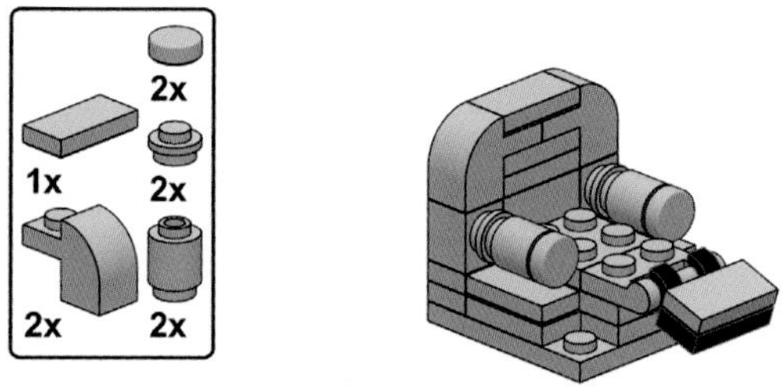

7
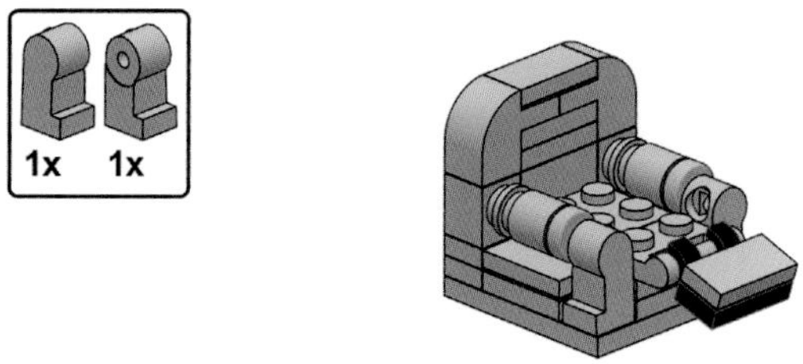

Lampen

Es gibt unzählige Wege, Lampen in Wohnräume zu integrieren. Ihr könntet Tisch- und Stehlampen bauen, Wandleuchten oder Deckenlampen.

WELCHE ANDEREN TEILE KÖNNTET IHR ZUM LAMPENBAU VERWENDEN?

Pflanzen

Pflanzen können Farbe in eure Wohnräume bringen.

MIT SO VIELEN PFLANZENELEMENTEN UND BLUMENFARBEN GIBT ES UNENDLICH VIELE MÖGLICHKEITEN!

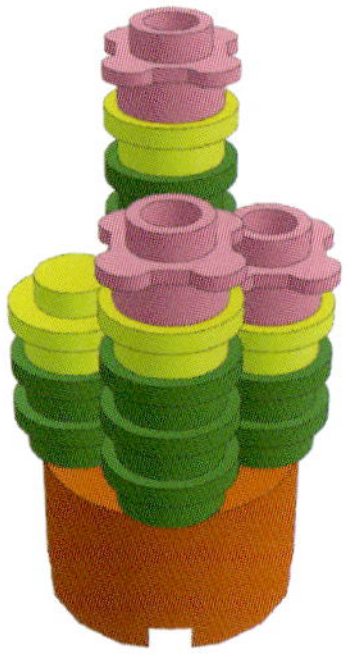

Kunst

Bilder können wirklich Leben in eure Räume bringen.

EINE SKYLINE, EIN PORTRAIT, EINE LANDSCHAFT ODER ETWAS ABSTRAKTES, EIN BILD KANN EUREM GEBÄUDE PERSÖNLICHKEIT VERLEIHEN.

Küche

Lasst uns in die Küche gehen und schauen, was dort köchelt.

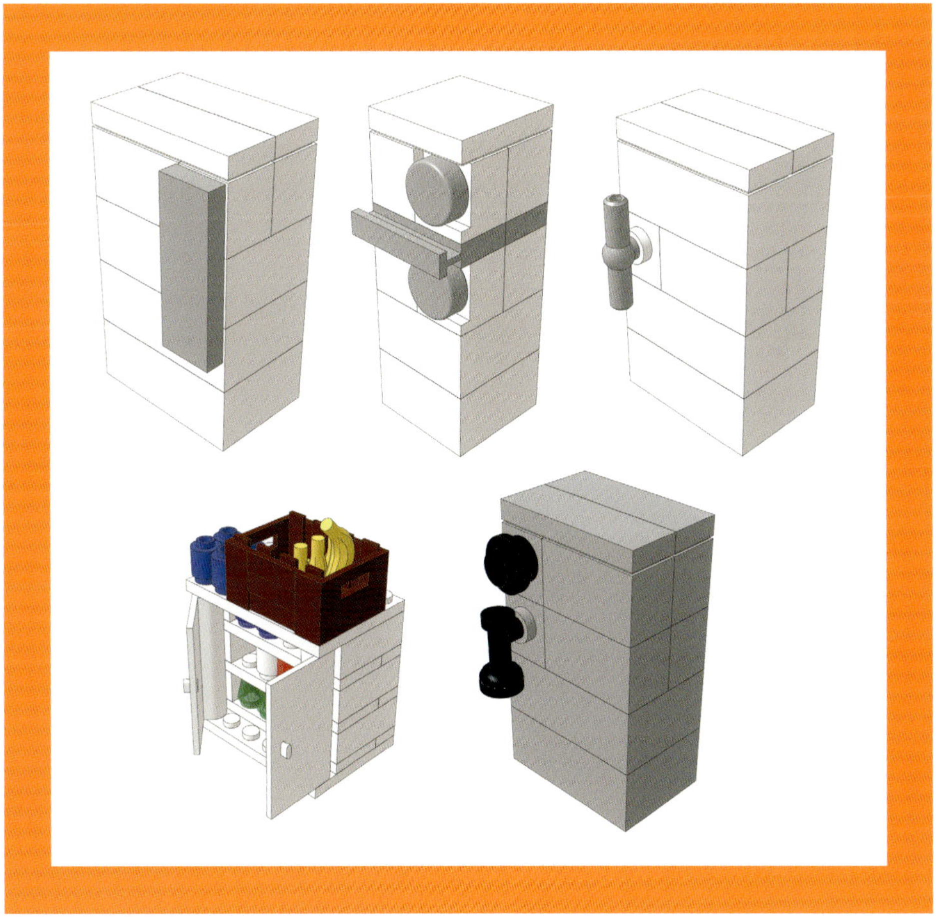

Haushaltsgeräte

Diese Backöfen unterscheiden sich nur geringfügig. Aber ihr könnt eine rotglühende Platte hinzufügen oder eine Pfanne daraufstellen.

EINE DUNSTABZUGSHAUBE ÜBER DEM OFEN ZEIGT EUER AUGE FÜR DETAILS.

Baut einige Objekte wie diese für eure Küche. Spülmaschine, Kaffeemaschine, Mikrowelle, Kochinsel und Toaster sind nur einige Einzelheiten, die eure Küche vervollständigen.

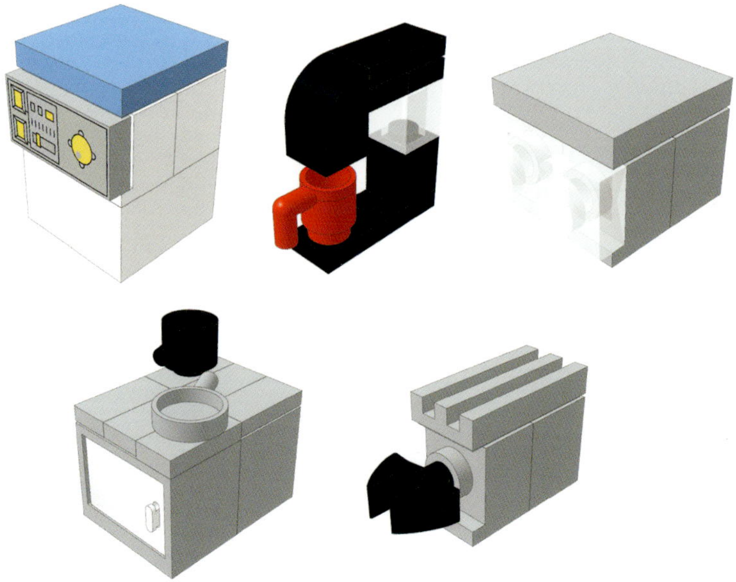

KLEINE DETAILS ERGÄNZEN DAS GESAMTBILD.

Hängeschränke

Hängeschränke können in die Wand verbaut oder daran aufgehängt werden.

IHR KÖNNT DIE FARBEN VON TISCH, SCHRÄNKEN UND ARBEITSPLATTEN AUFEINANDER ABSTIMMEN.

Spülbecken

Spülbecken gibt es in den unterschiedlichsten Farben und Materialien, auch passend zu den Küchengeräten.

DIE ROHRE UNTER DER SPÜLE ZU ZEIGEN, KANN DIE WIRKUNG EINER SPÜLE VERSTÄRKEN.

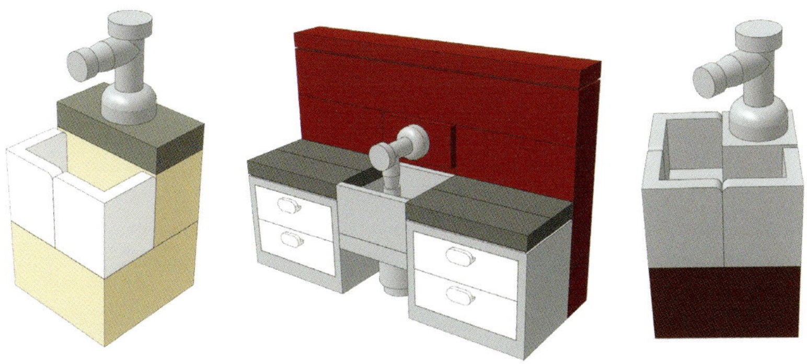

Esszimmer

Lasst uns einen schnellen Blick in das Esszimmer werfen und einige schicke Tische und Stühle sehen.

Versucht, ein passendes Set aus Tisch und Stühlen zu entwerfen – oder einige Barhocker für einen Tresen.

DEN ESSTISCH GRÖSSER UND ELEGANTER ZU GESTALTEN, KANN IHN BESSER VOM KÜCHENTISCH UNTERSCHEIDBAR MACHEN.

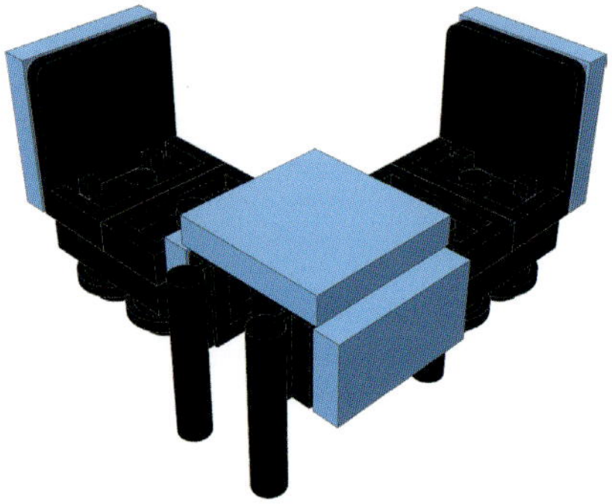

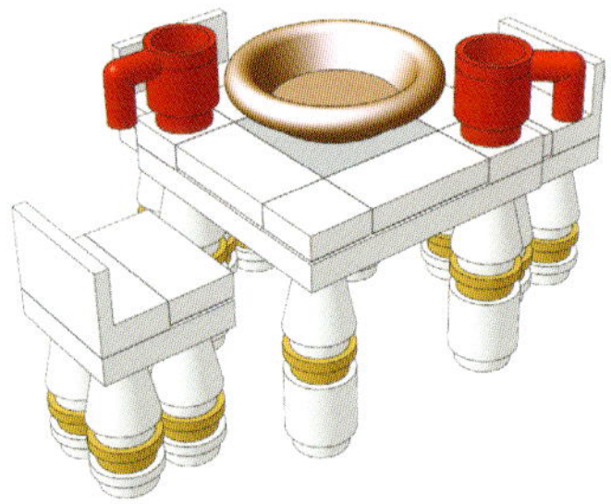

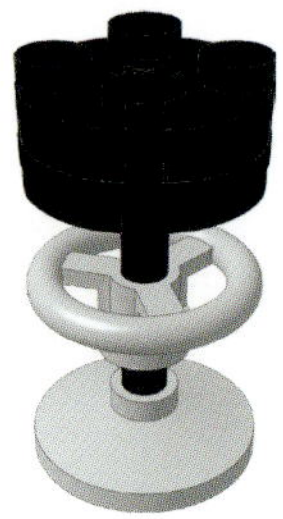

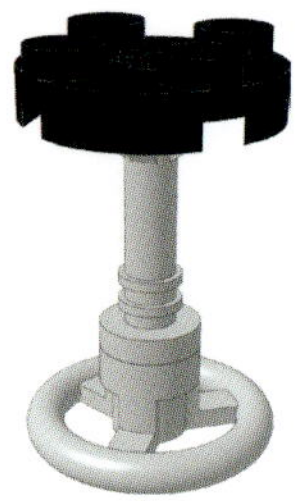

PROBIERT EUCH
MAL AN EINEM STUHL
MIT ARMLEHNEN.

EIN SCHÖNER
BUFFETSCHRANK KANN
EUER PORZELLAN
PRÄSENTIEREN.

Schlafzimmer

BAUT DAS BETT AUF DEN NÄCHSTEN SEITEN IN DER FARBE EURER WAHL!

Betten gibt es in allen Größen und Formen. Ob Himmel-, Doppel- oder Etagenbett oder mit verrutschender Matratze, ein Bett kann das Kernstück des Raumes sein.

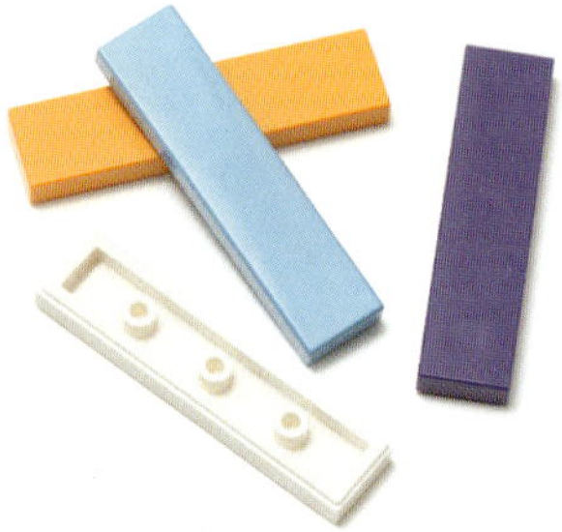

Doppelbett

1

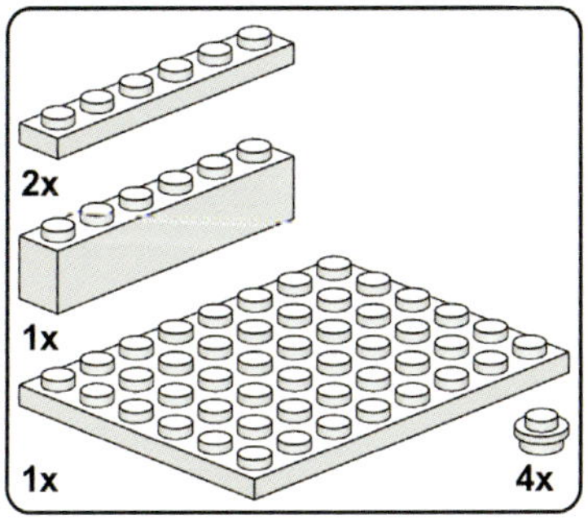

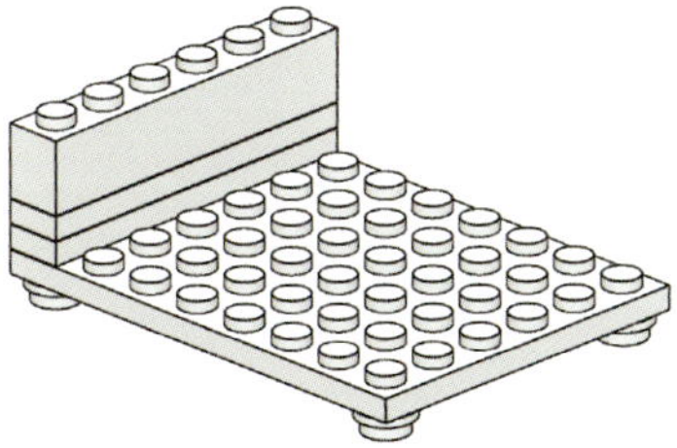

2

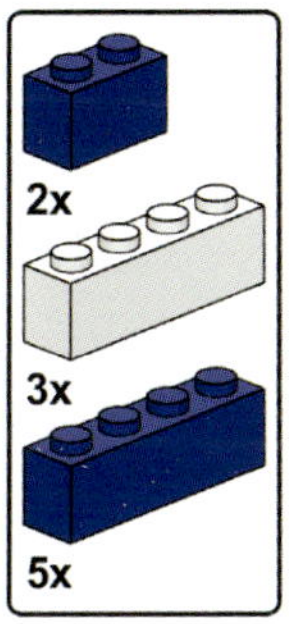

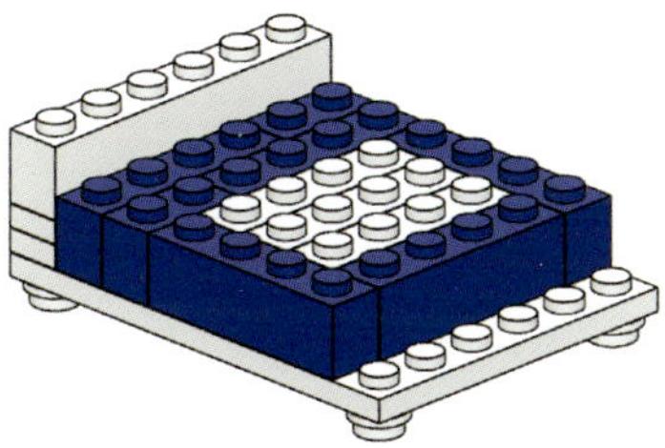

3

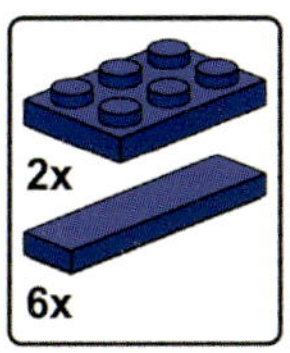

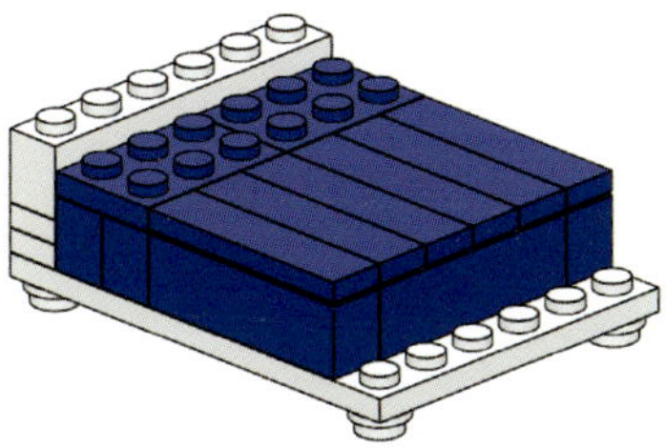

4

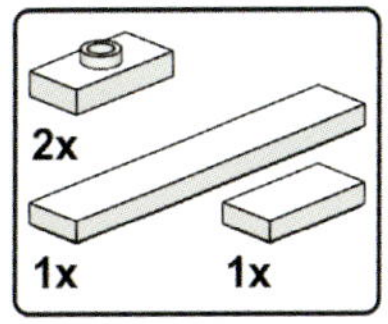

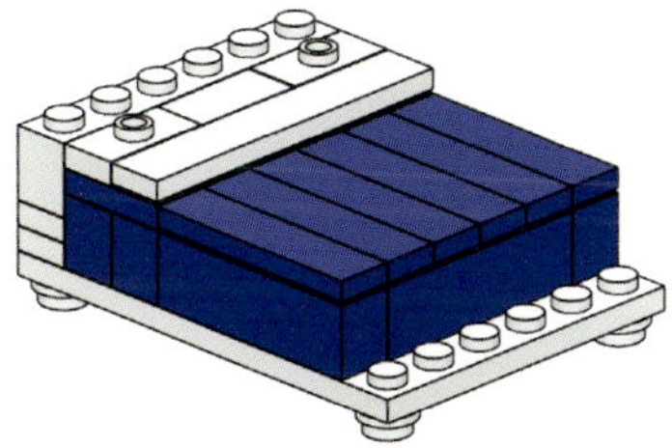

5

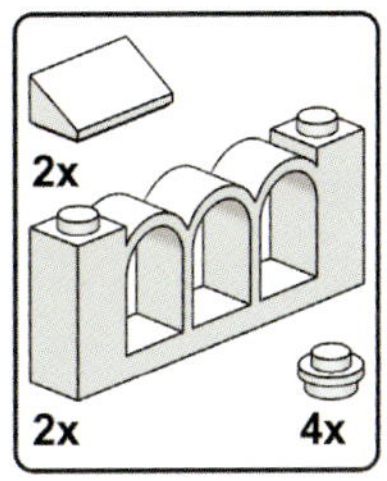

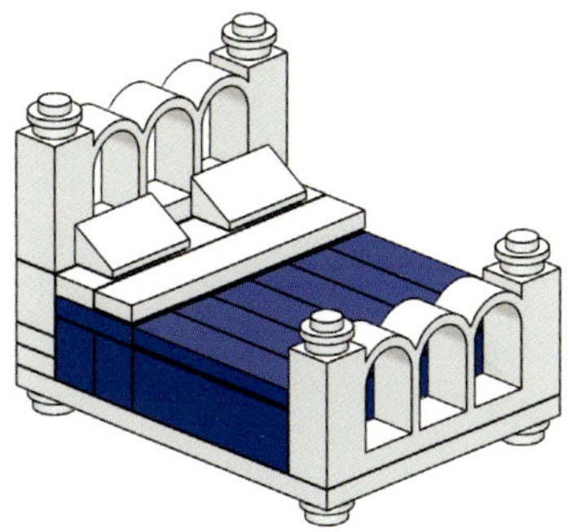

Kommoden und Nachttische

Lasst uns einige Beispiele für Kommoden und Nachttische betrachten. Nachttischchen können wie Buchstützen für ein Bett wirken. Platziert einige Details wie Wecker, Lampen oder Bücher auf ihnen.

Kinderzimmer

Kinderzimmer sehen üblicherweise ganz anders aus als Schlafzimmer von Erwachsenen. Sie sollten Möbel und Schnickschnack haben, die das widerspiegeln.

EIN RENNAUTO-BETT, SPIELZEUG UND BUNTE FARBEN MACHEN DAS KINDERZIMMER SOFORT ERKENNBAR.

Rennauto-Kinderbett

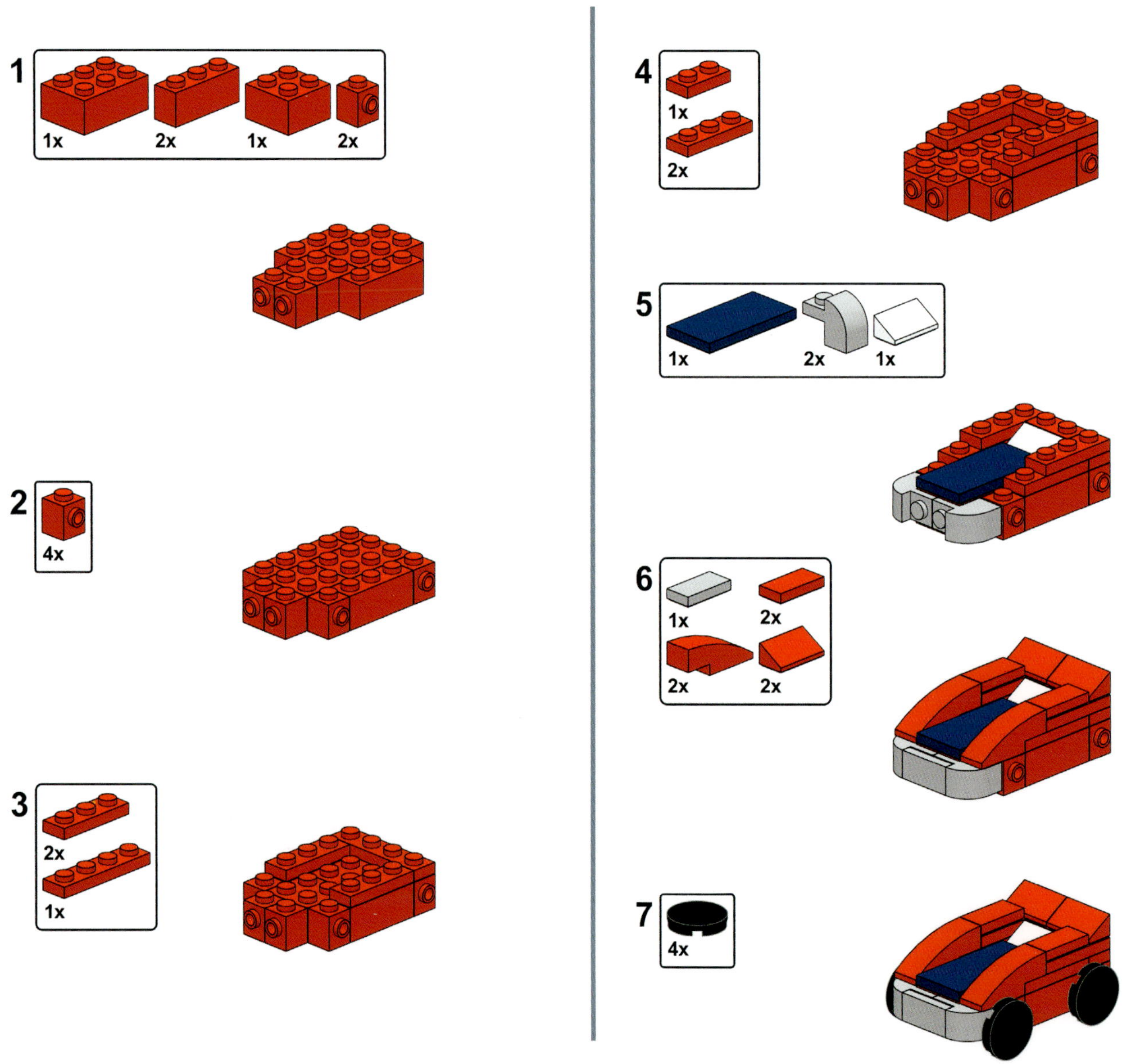

Badezimmer

Legen wir im Badezimmer eine Pause ein und schauen nach den typischen Bestandteilen aus LEGO®.

DIE WASCHBECKEN VERWENDEN ALLE DIESELBE SATELLITENSCHÜSSEL, UNTERSCHEIDEN SICH ABER IN IHREM UNTERBAU. HIER SEHT IHR EIN EINFACHES BECKEN MIT SICHTBAREN ROHREN, EIN SÄULEN-BECKEN UND EIN WASCHBECKEN MIT UNTERSCHRANK.

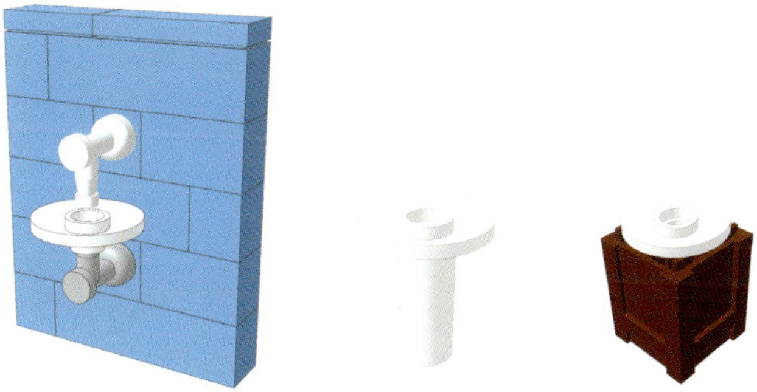

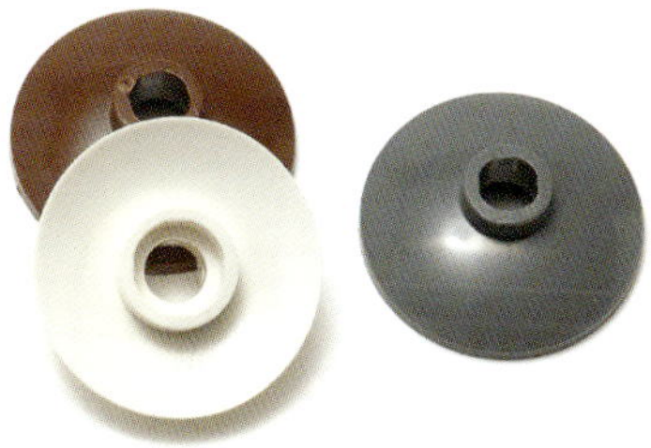

Befestigt über eurem Waschbecken einen Spiegel an der Wand.

Ohne Toilette ist euer Badezimmer nicht vollständig.

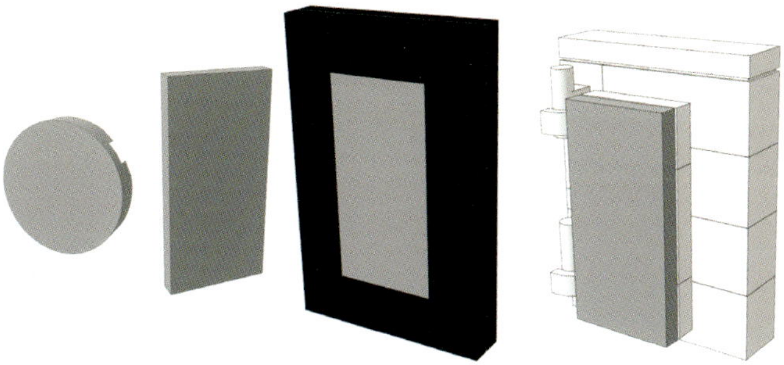

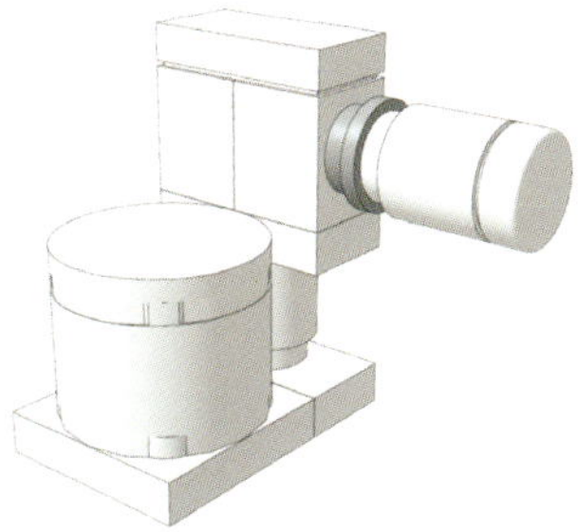

Badewanne

Diese freistehenden Badewannen eignen sich gut für große Badezimmer.

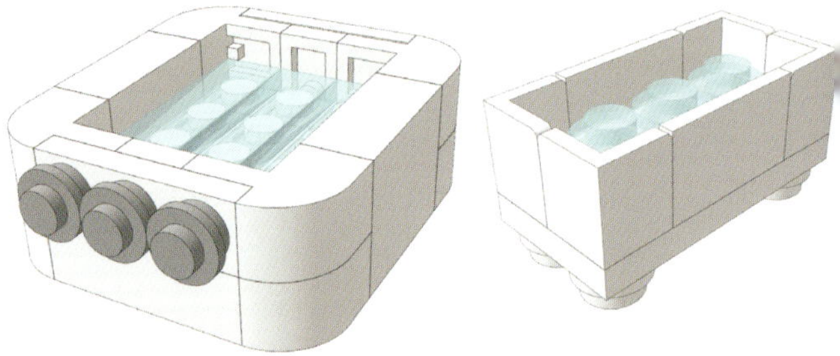

Je nach Größe eures Badezimmers könnt ihr eine Duschwanne oder eine Eckdusche einbauen.

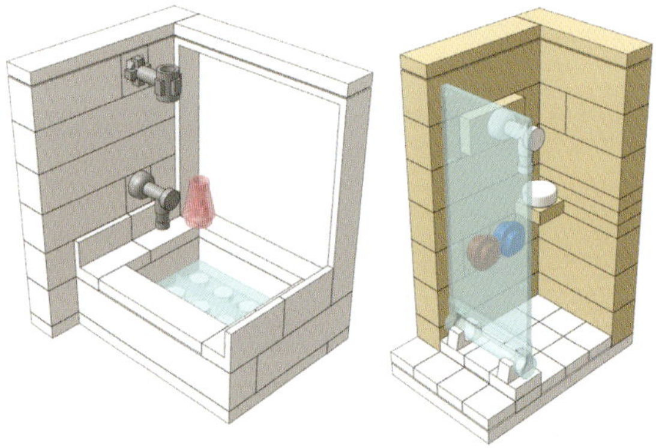

1

2

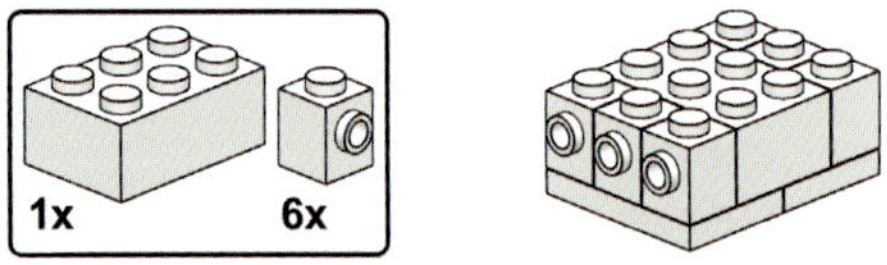

3

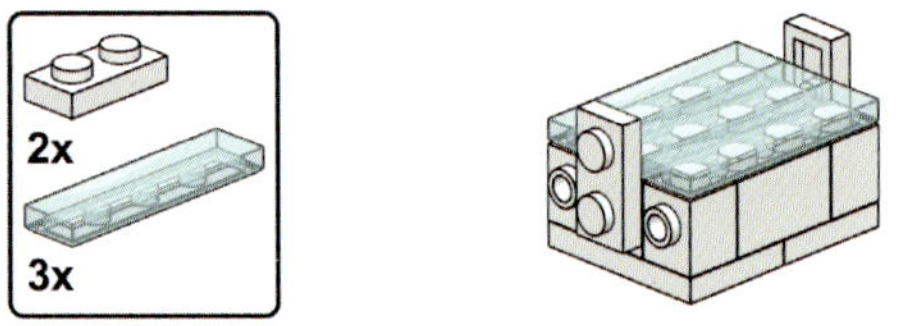

4

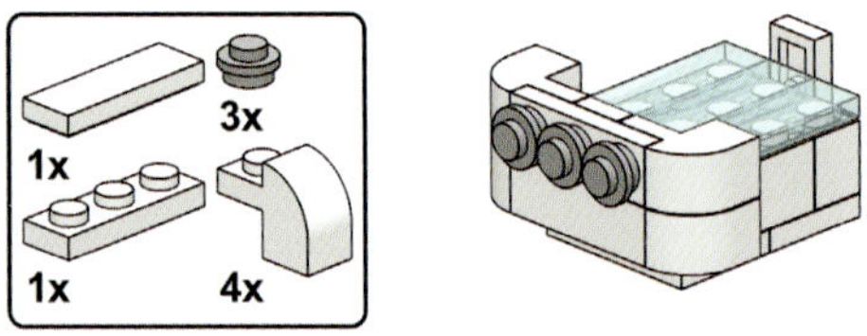

5

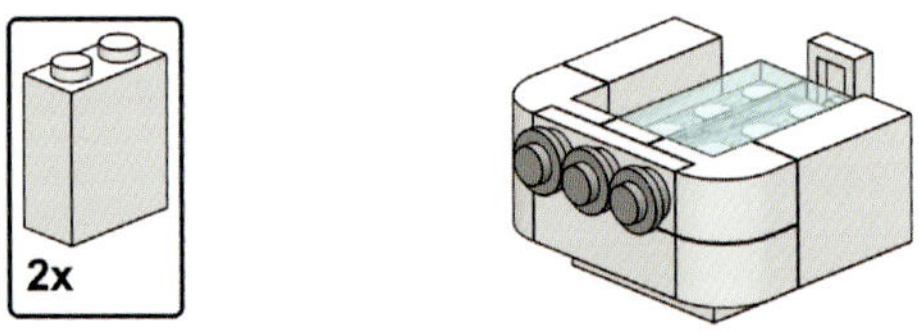

6

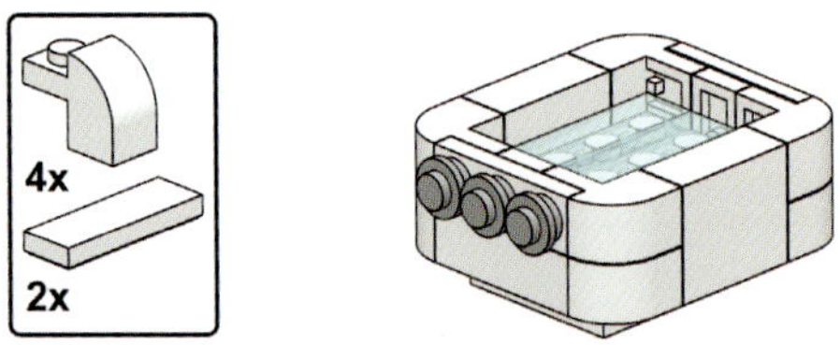

IHR KÖNNTET DIE OBERE HÄLFTE EINER MINIFIGUR IN DIE WANNE STECKEN, DAMIT ES SO AUSSIEHT ALS SEI DER REST UNTER WASSER.

Geschäftshäuser

Natürlich kann man nicht nur Wohnhäuser bauen. Hier folgen einige Beispiele für die Einrichtung einiger Geschäftshäuser.

Bank

Diese Möbel haben wir in unserem Modell der Nationalbank verwendet.

DIESER BANKSCHALTER ERINNERT AN EINE BANK AUS DEN 1930ER ODER 1940ER JAHREN.

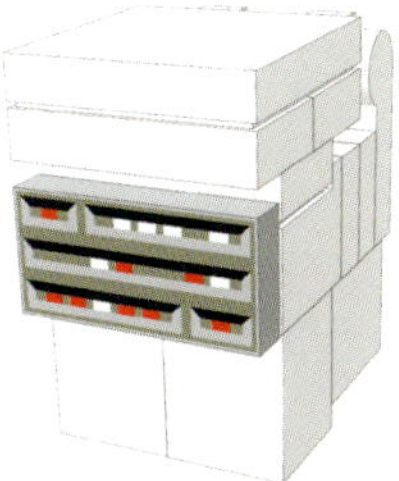

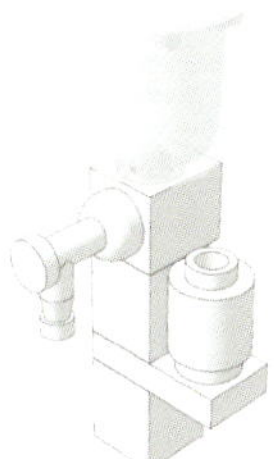

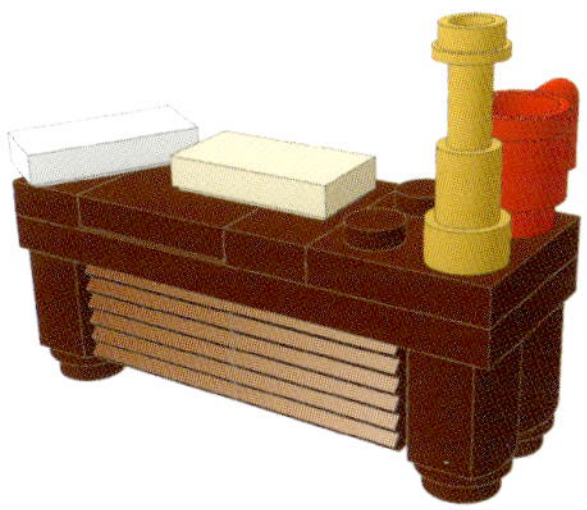

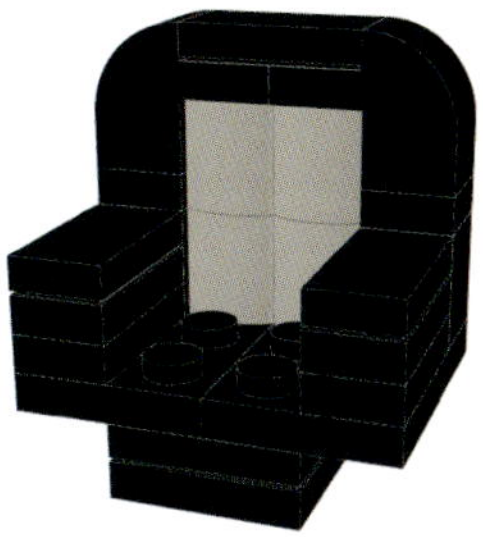

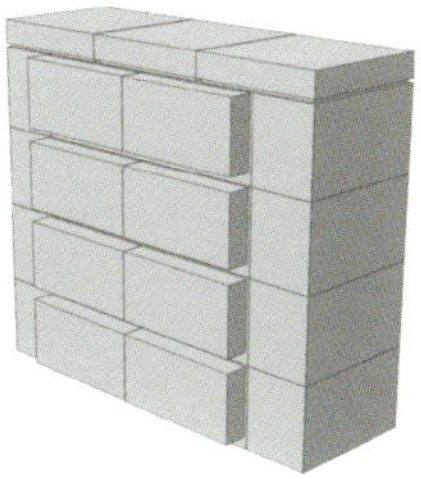

Restaurant

Hier seht ihr einige Einrichtungsgegenstände einer Restaurantküche: ein größeres Spülbecken, eine Anrichte und Zutatenschränke helfen, die Küche schnell zu füllen.

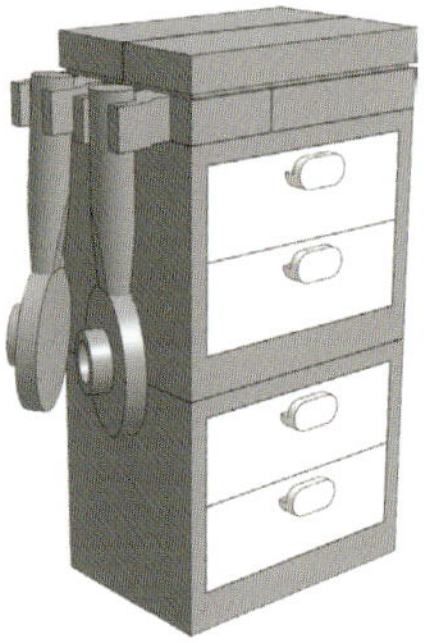
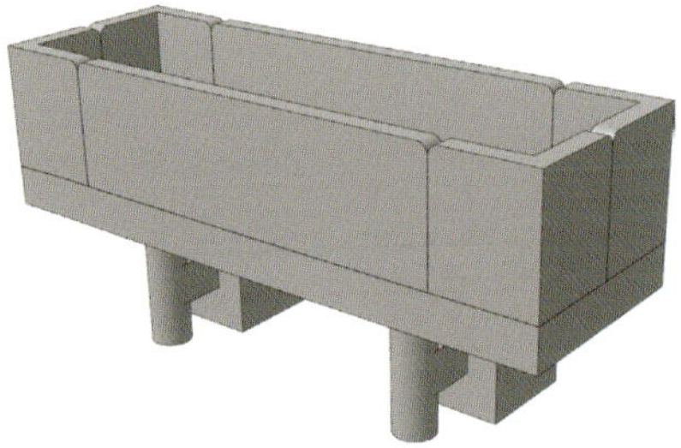

Der Gastraum enthält üblicherweise Tische, Stühle, eine Bar und einige dekorative Elemente wie Pflanzen und Bilder an den Wänden.

Hotel

Diese Möbel würde man in einem Hotelzimmer finden.

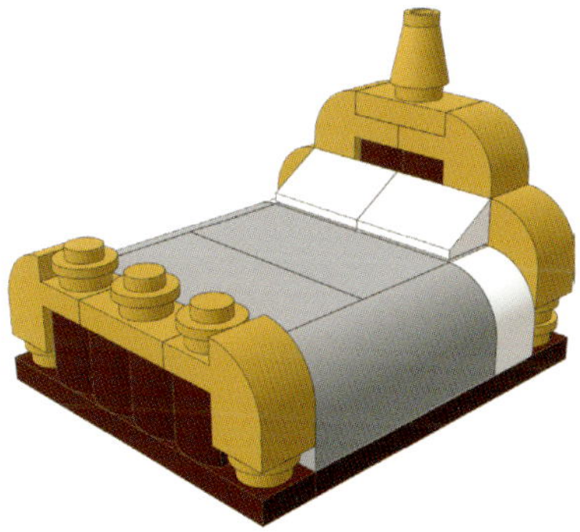
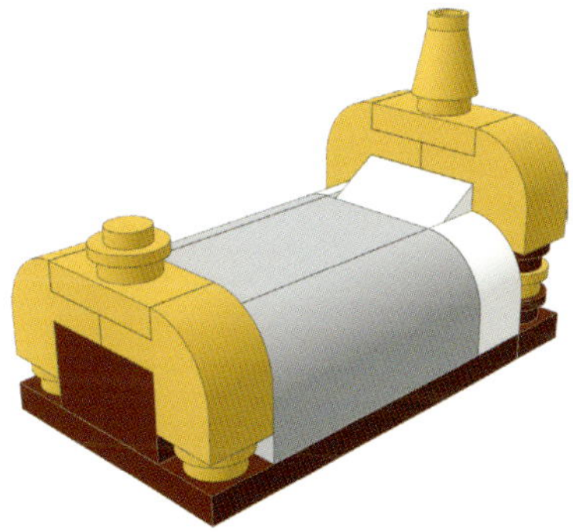
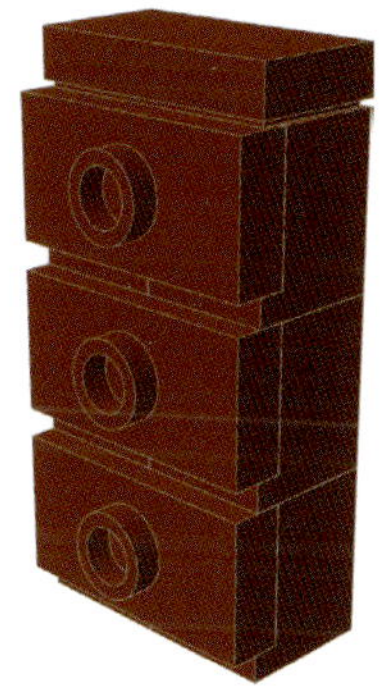

Das Brieffach, die Blumen-Etagere, die Schlüsselmaschine und der Empfangstresen schmücken die Lobby.

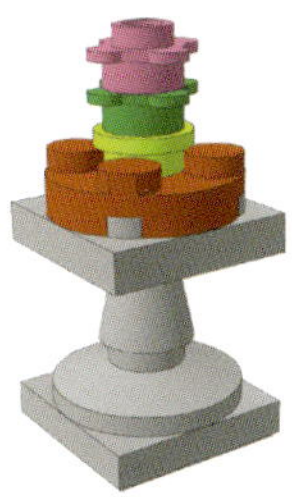

Juwelier

Diese Schaumöbel und Vitrinen würden sich bei einem Juwelier oder in einem Antiquitätengeschäft gut machen.

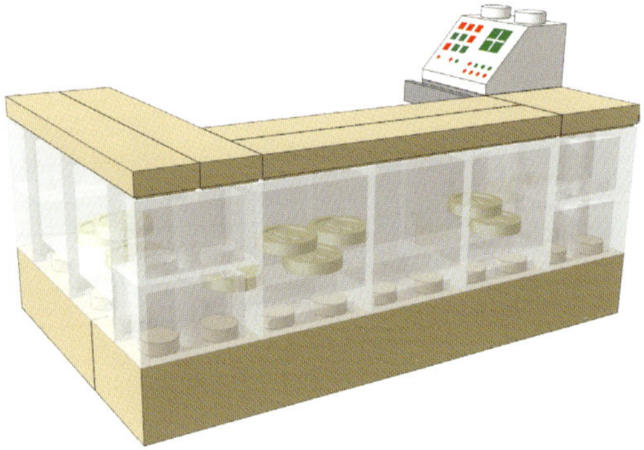

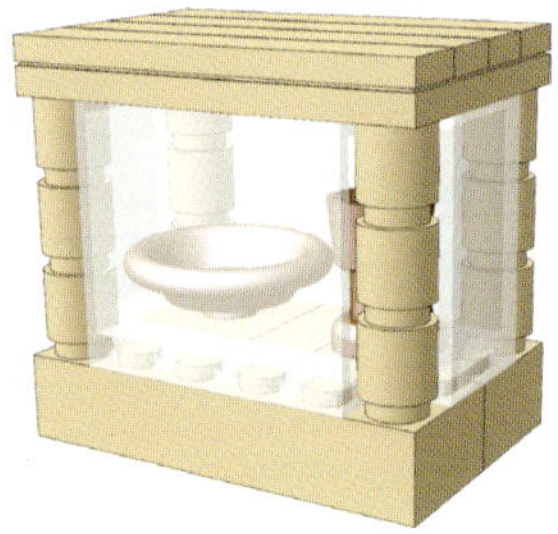

IM NÄCHSTEN KAPITEL SCHAUEN WIR UNS EINIGE FERTIGE GEBÄUDE AN.

6

Häuser-Galerie

Schaut euch mal einige unserer Modularhäuser an. Wenn ihr noch nie ein Originalgebäude von LEGO® gebaut habt, ermuntern wir euch, es mal zu versuchen. Lasst euch von den Bauten in diesem Kapitel, aber auch von den LEGO® Sets inspirieren.

Diese beiden Häuser repräsentieren die zahlreichen Stile entlang der Kanäle Amsterdams. Das schmale Wohnhaus mit dem steilen Dach und die Pfosten entlang des Kanals geben dieser Szene den unverkennbar holländischen Charakter.

Das *City Restaurant* hat ein großes Schild und eine Fassade aus kreativem Mauerwerk. Auf der Rückseite verfügt es über eine vollständige Küche.

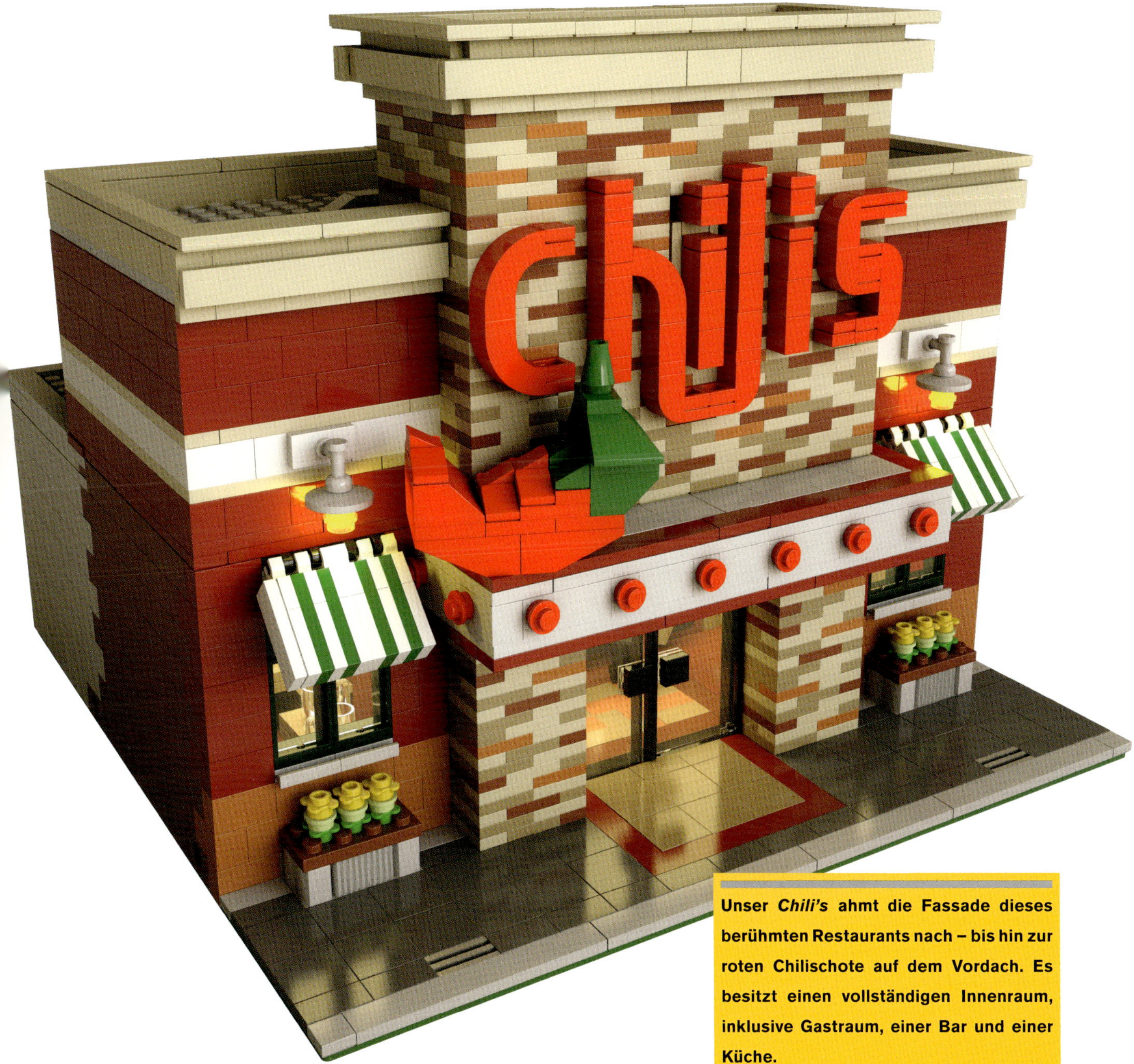

Unser *Chili's* ahmt die Fassade dieses berühmten Restaurants nach – bis hin zur roten Chilischote auf dem Vordach. Es besitzt einen vollständigen Innenraum, inklusive Gastraum, einer Bar und einer Küche.

Dies war einst ein Industriegebäude, wurde aber zu einem Café umfunktioniert. Im Obergeschoss befindet sich ein technisches Startup-Unternehmen.

Diese Bäckerei wurde von einem Tortengeschäft in New Jersey inspiriert. Im ersten Stock liegt eine Wohnung.

Das sandblaue Haus rechts steht in Georgetown in Washington, DC.

Dieser Herrenausstatter wurde ebenfalls von einem Shop in Washington, DC inspiriert.

Dieser Eisenwarenladen ist eine Variation des Drugstores (Bauanleitung siehe Seite 85). Er verwendet das Werkzeug-Werbeschild eines früheren Entwurfs und weckt Erinnerungen an eine Zeit, als es in der Stadt noch kleine Tante-Emma-Läden gab.

Wir haben diese beiden Modelle mit den Steinen aus der Feuerwache (Set-Nr. 10197) gebaut. Die rot-lastige Steinezusammenstellung schreit geradezu nach interessantem Mauerwerk.

Dieser Comedy Club mit Lounge im Obergeschoss ist eine Variante des Palace Cinema (Set-Nr. 10232).

Club 23 ist eine billige Kneipe, die durch eine Telefonzelle betreten wird und eine falsche Geschäftsfassade besitzt.

Dieser Eisenwarenladen ist einer von Brians früheren Entwürfen.

Dieses Architekturbüro besitzt eine offene Lobby, die bis in den zweiten Stock reicht. Von der Dachterrasse hat man einen beeindruckenden Blick über die Stadt.

Die Nationalbank mit ihrer neoklassizistischen Architektur wurde von einer Bank in Richmond, Virginia inspiriert.

Ein Taucherladen

Die Fassade dieses dreistöckigen Blumengeschäfts verwendet zwei Blautöne.

Dieses medium-blaue Haus was das erste Modularhaus, das Brian selbst entworfen hat.

Dieses Geschäft wurde aus den Teilen des Grand Emporium (Set-Nr. 10211) gebaut.

Dieses Mansarden-Reihenhaus wurde aus den Teilen des Hauntet House (Set-Nr. 10228) und einer Basisplatte gebaut. Glaubt aber nicht, ihr müsstet ein modulares LEGO® Haus zur Inspiration verwenden!

Wir haben diesen Werkzeugladen mit einer Glasfront und Wohnungen in den Obergeschossen versehen. Die Basis bilden die Teile aus dem Set Green Grocer (Set-Nr. 10185).

Mini-Module

Dies sind Versionen unserer Modelle in einem kleineren Maßstab. Statt der üblichen 32x32 Noppen, sind wir hier auf 8x8 gegangen. Klein zu bauen ist eine tolle kreative Herausforderung!

Restaurant Chili's

Bäckerei und Haus im Kolonial-Stil

Polizeiwache

Nationalbank

Drugstore

Mit diesem Drugstore als Eckladen wird eine klassisch-amerikanische Ikone zu neuem Leben erweckt. Der Drugstore hat einen kleinen Shop-Bereich und ein Lager für Lieferungen. Eine Treppe führt in den ersten Stock, wo sich ein vollmöbliertes Apartment für den Ladenbesitzer befindet. Ein Apothekenschild mit Mörser und Stößel und eine „Soda"-Werbefläche auf dem Dach machen das Gebäude sofort als Drugstore erkennbar, noch bevor man einen Blick hinein wirft.

Wir ermutigen euch, mit unseren Bauten zu experimentieren und sie an eure Wünsche anzupassen. Wir zeigen euch einige Ideen, während ihr baut.

Teile-übersicht

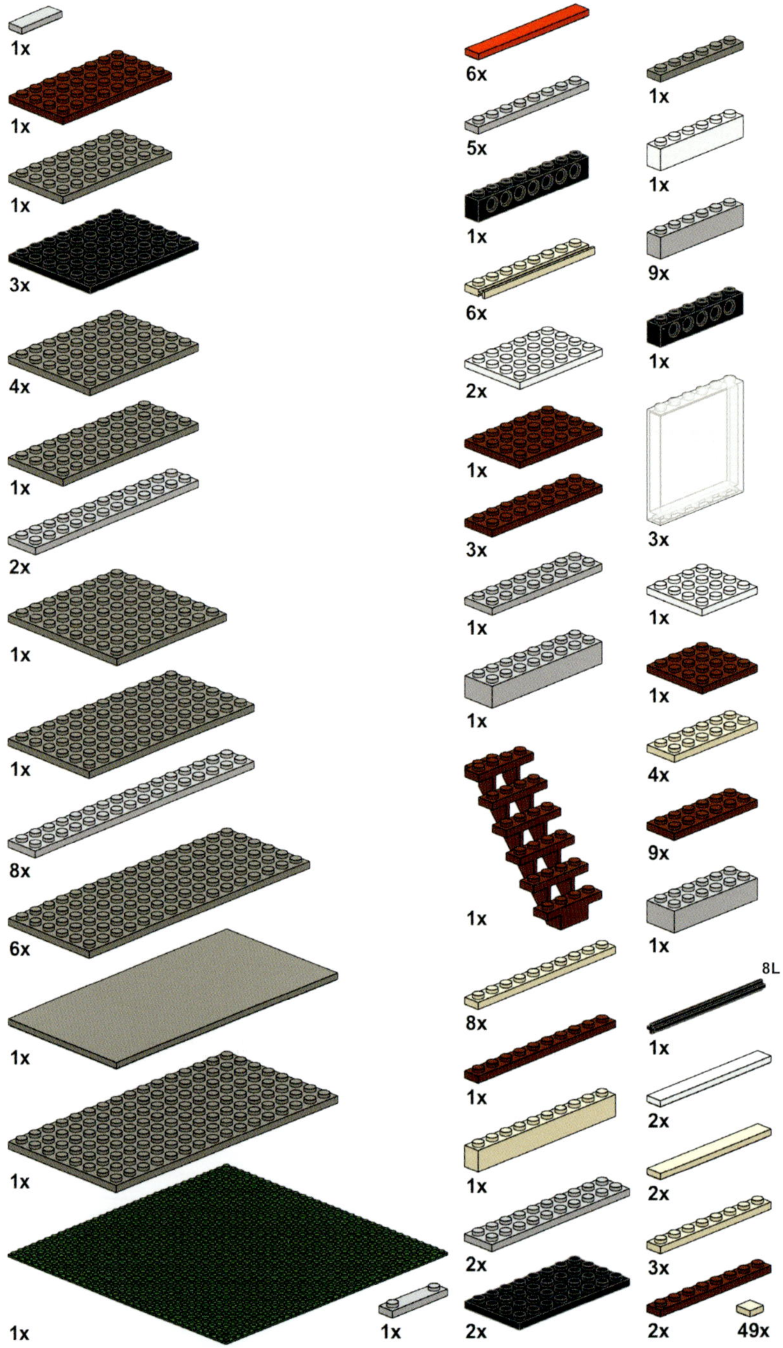

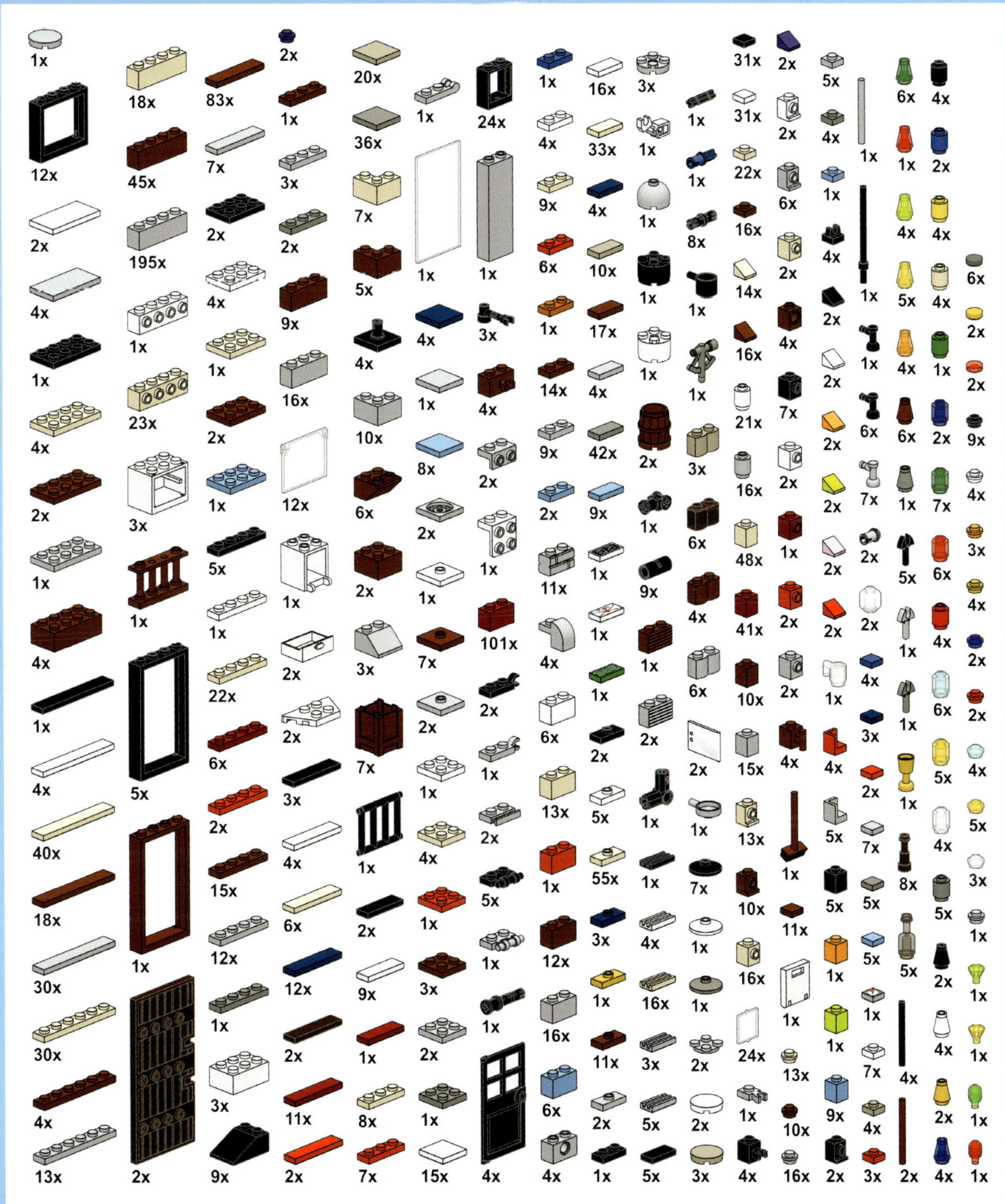
1x 12x 2x 4x 1x 4x 2x 1x 4x 1x 4x 40x 18x 30x 30x 4x 13x
18x 45x 195x 1x 23x 3x 1x 5x 1x 2x
83x 7x 2x 4x 1x 2x 1x 5x 1x 22x 6x 2x 15x 12x 1x 3x 9x
2x 1x 3x 2x 9x 16x 12x 1x 2x 2x 3x 4x 6x 12x 2x 11x 2x
20x 36x 7x 5x 4x 10x 6x 2x 3x 7x 1x 2x 9x 1x 8x 7x
1x 1x 4x 1x 8x 2x 1x 7x 2x 1x 4x 1x 3x 2x 1x 15x
24x 1x 3x 4x 2x 1x 101x 2x 1x 2x 5x 1x 1x 4x
1x 4x 9x 6x 1x 14x 9x 2x 11x 4x 6x 13x 1x 12x 16x 6x 4x
16x 33x 4x 10x 17x 4x 42x 9x 1x 1x 1x 2x 5x 55x 3x 1x 11x 2x 1x
3x 1x 1x 1x 1x 2x 1x 9x 1x 2x 1x 1x 4x 16x 3x 5x 5x
1x 1x 8x 1x 1x 3x 6x 4x 6x 2x 1x 7x 1x 1x 2x 2x 3x
31x 31x 22x 16x 14x 16x 21x 16x 48x 41x 10x 15x 13x 10x 16x 24x 1x 4x
2x 2x 6x 2x 4x 7x 2x 1x 2x 2x 4x 1x 11x 1x 13x 10x 16x
5x 4x 1x 4x 2x 2x 2x 2x 2x 2x 1x 4x 5x 5x 1x 1x 9x 2x
1x 1x 1x 6x 7x 2x 2x 4x 3x 2x 7x 5x 5x 1x 7x 4x 3x
6x 1x 4x 5x 4x 6x 1x 5x 1x 1x 1x 8x 5x 4x 2x
4x 2x 4x 4x 1x 2x 7x 6x 4x 6x 5x 4x 5x 2x 4x 2x 4x
6x 2x 2x 9x 4x 3x 4x 2x 2x 4x 5x 3x 1x 1x 1x 1x 1x

Erdgeschoss

1

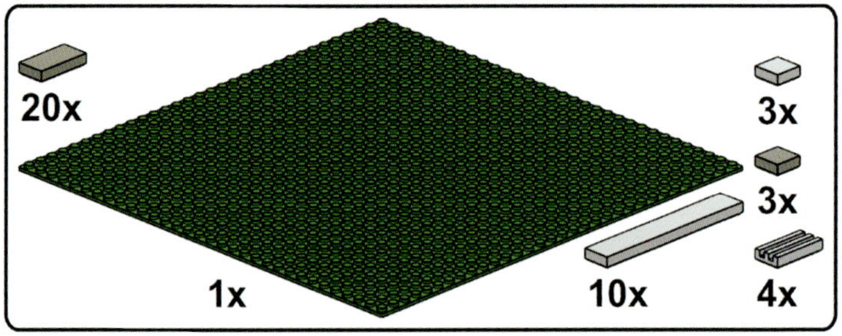

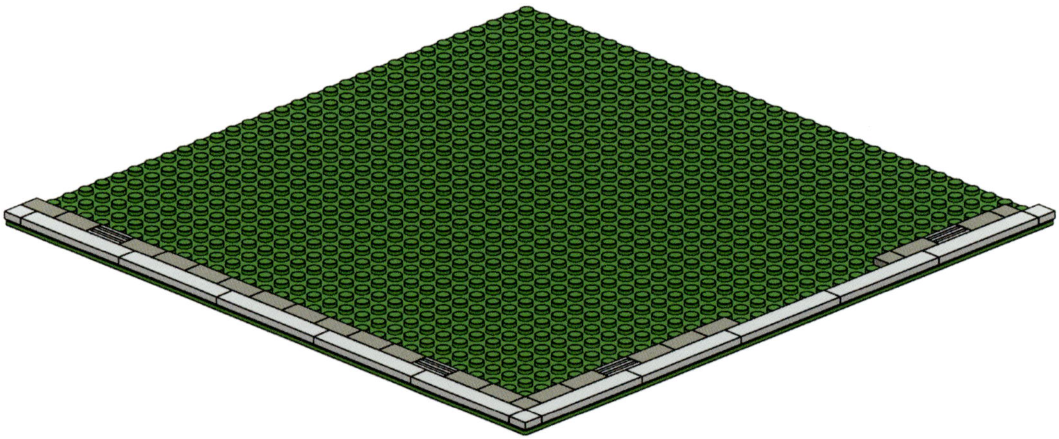

2

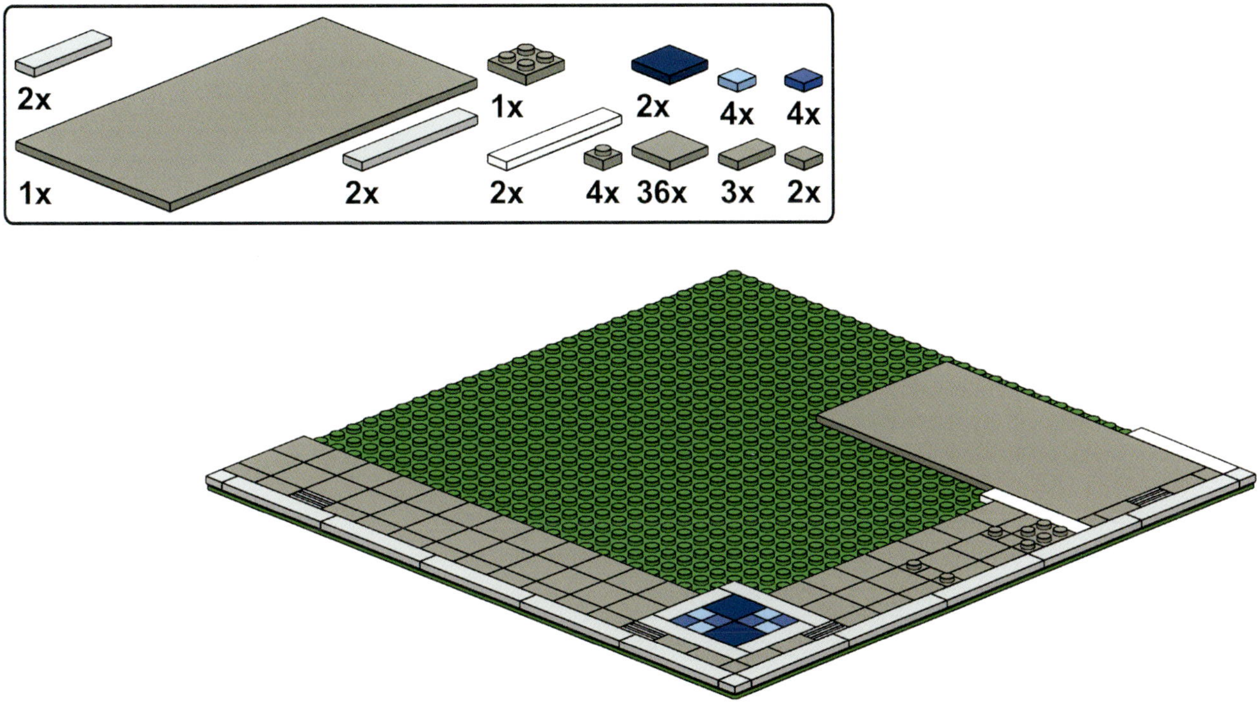

3

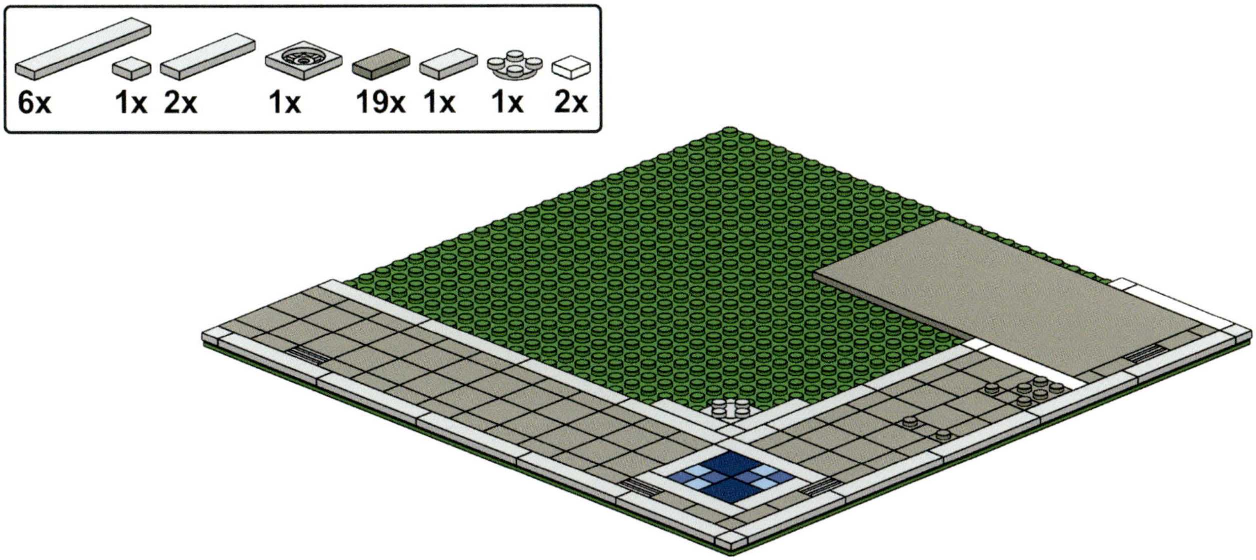

4

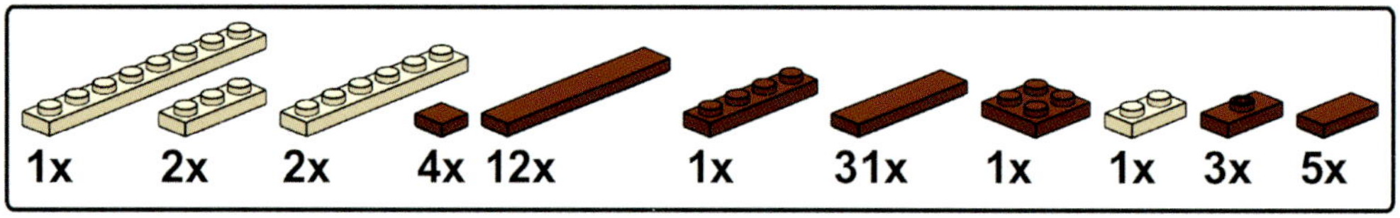

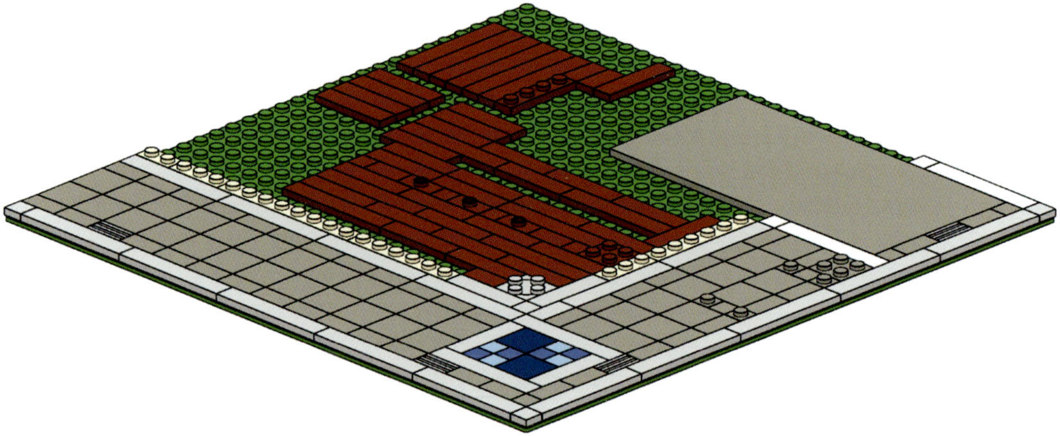

5

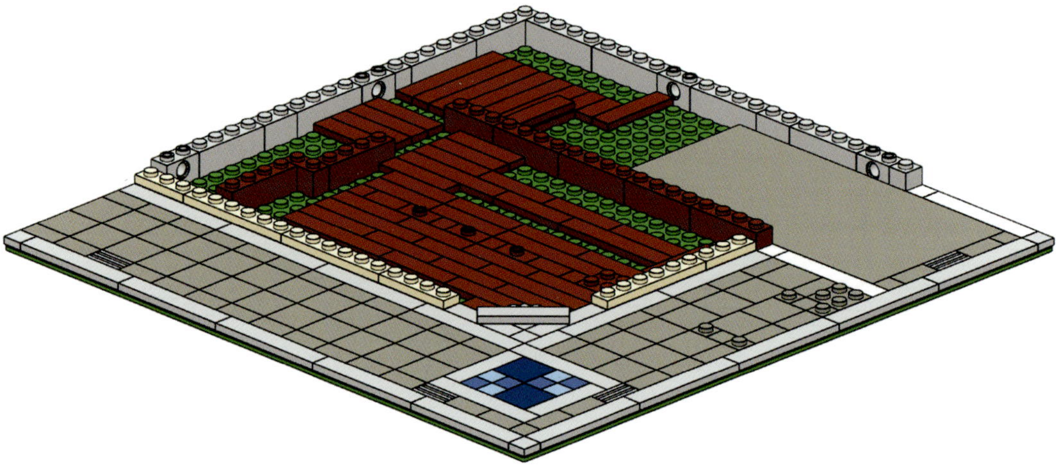

6

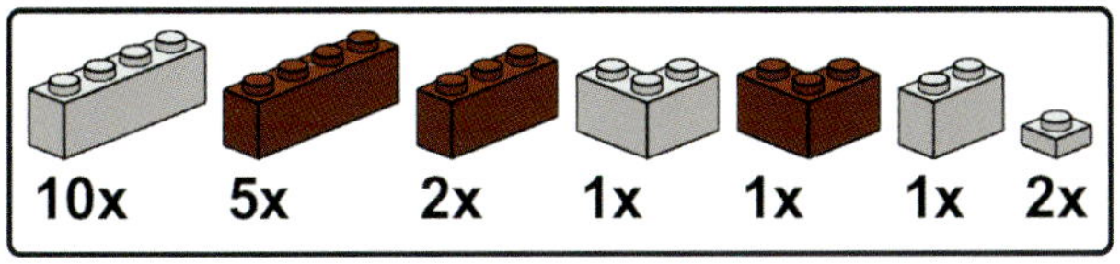

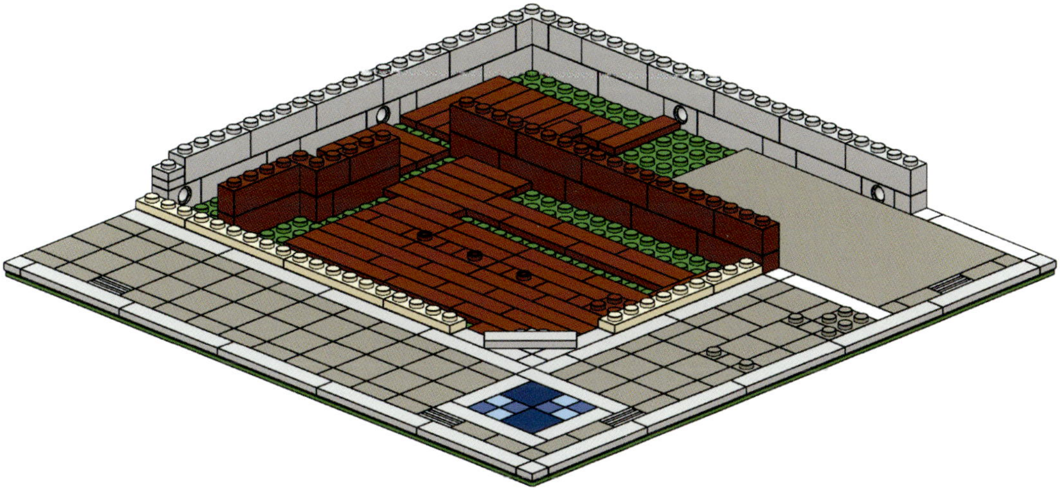

7

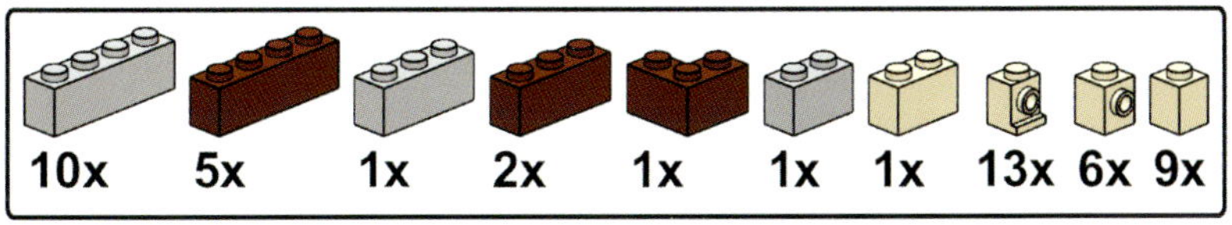

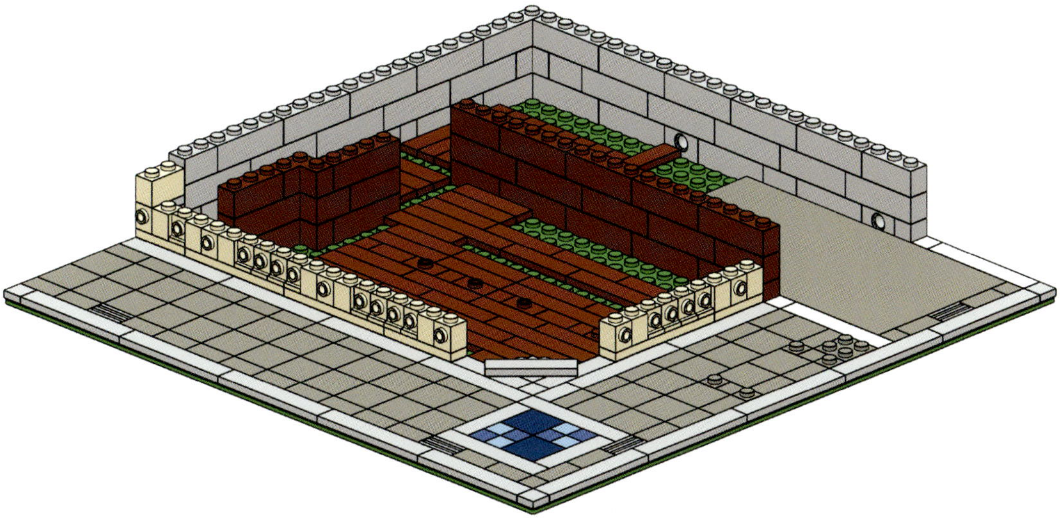

8

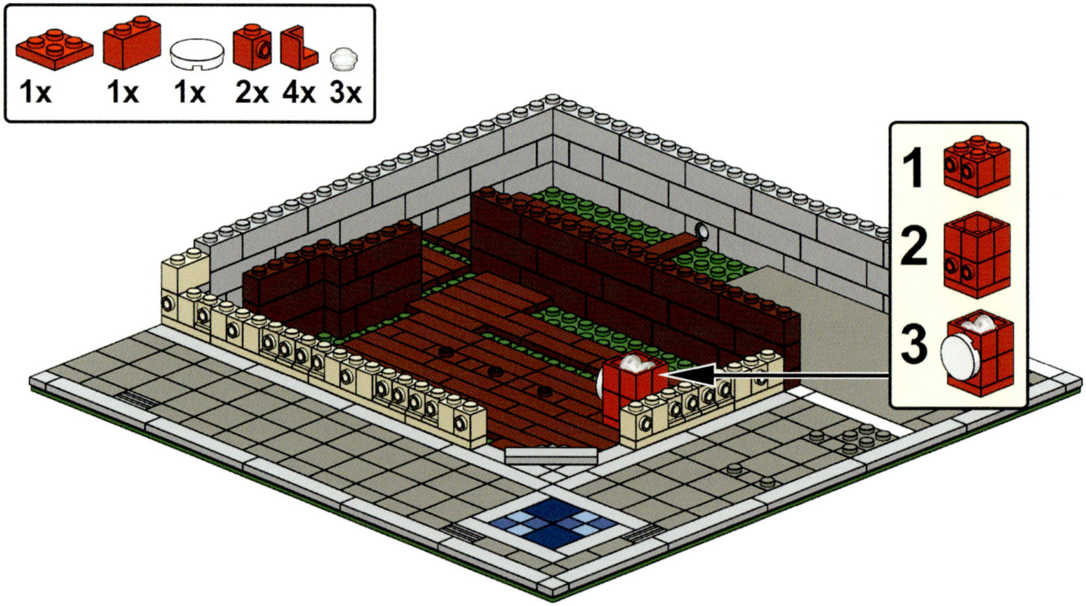

9

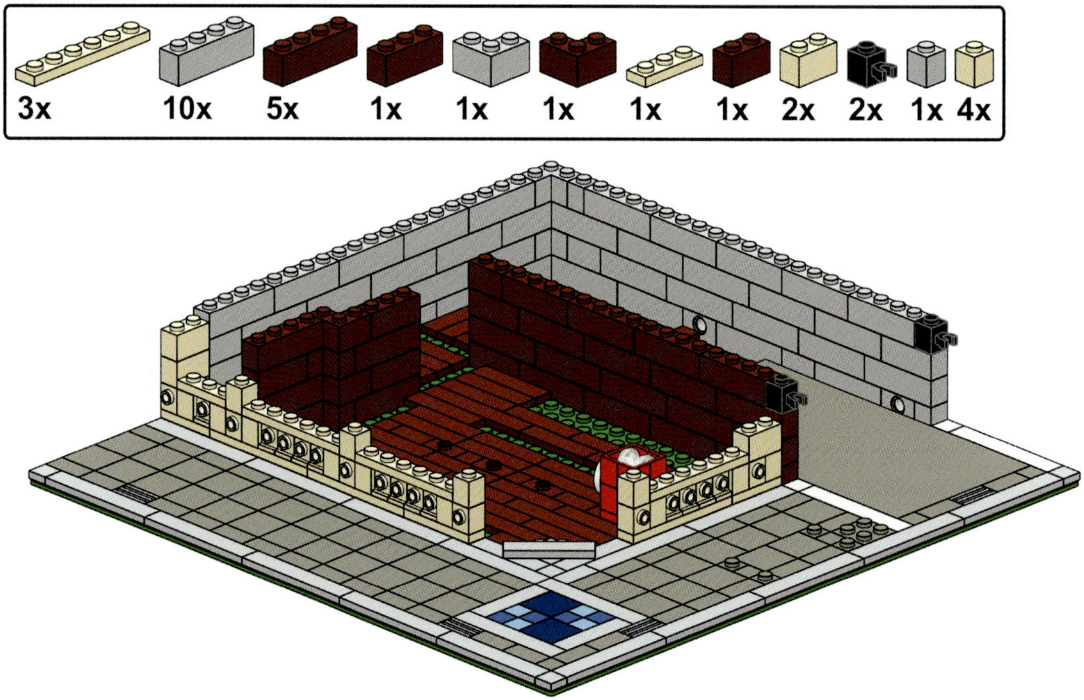

10

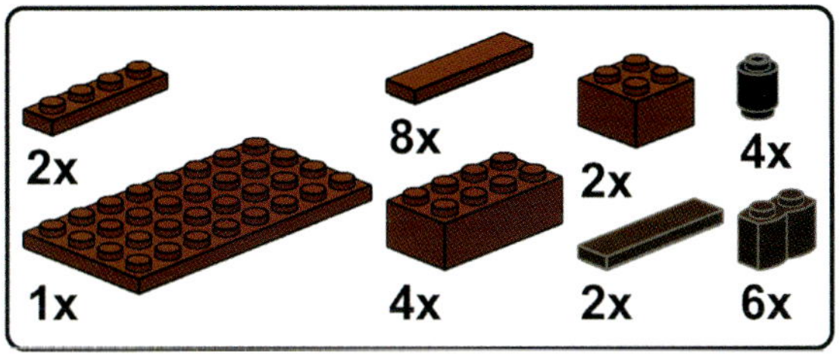

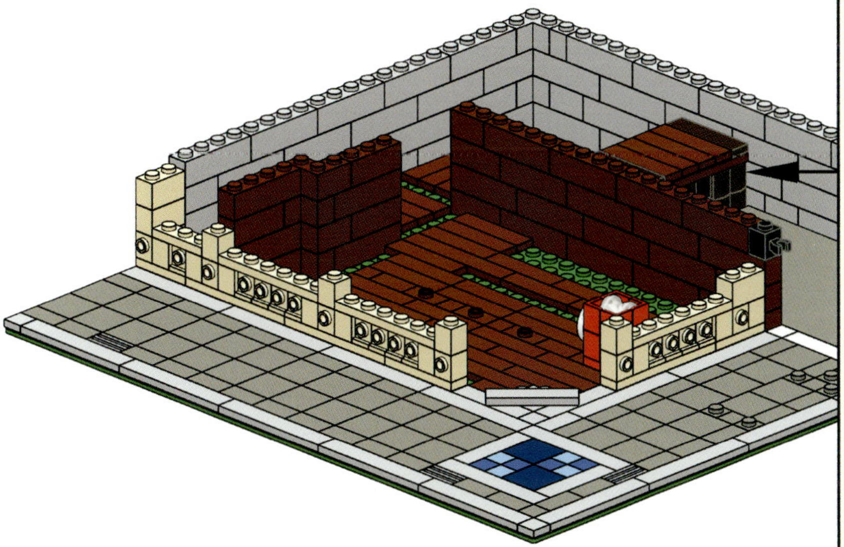

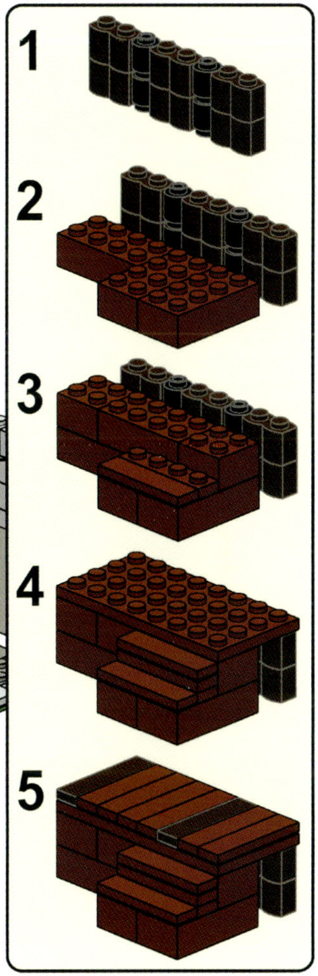

11

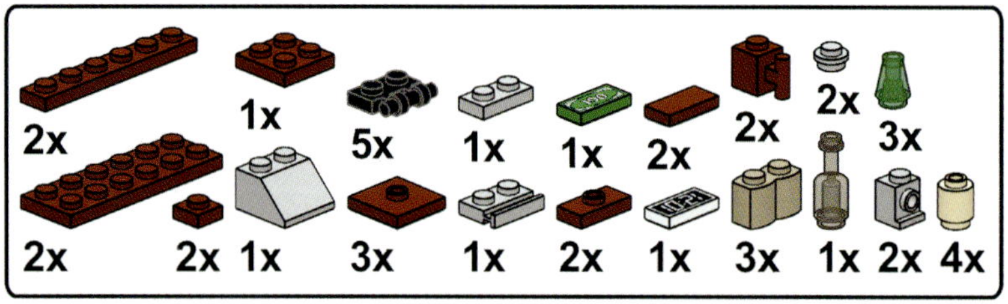

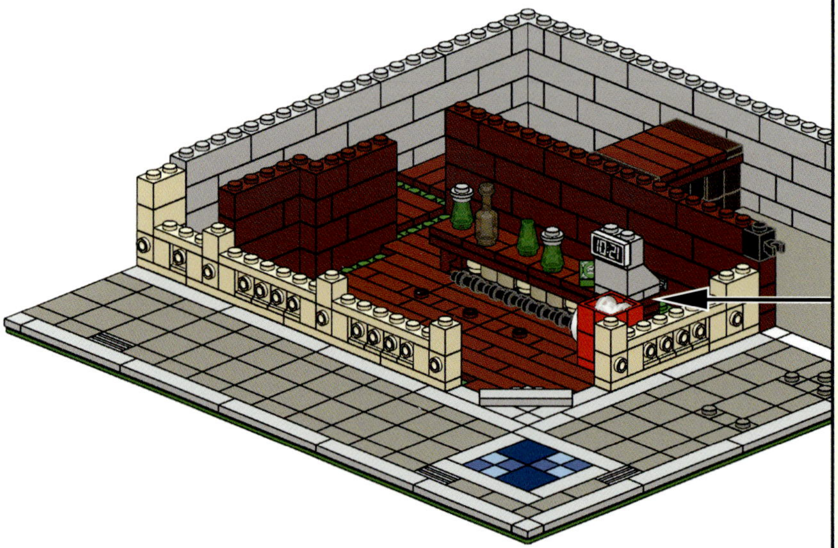

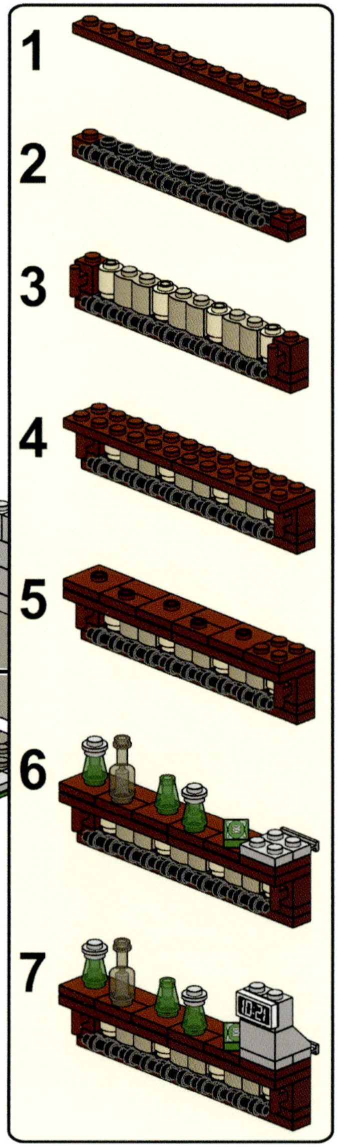

12

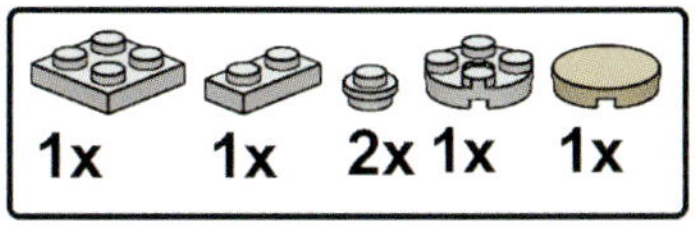

13

14

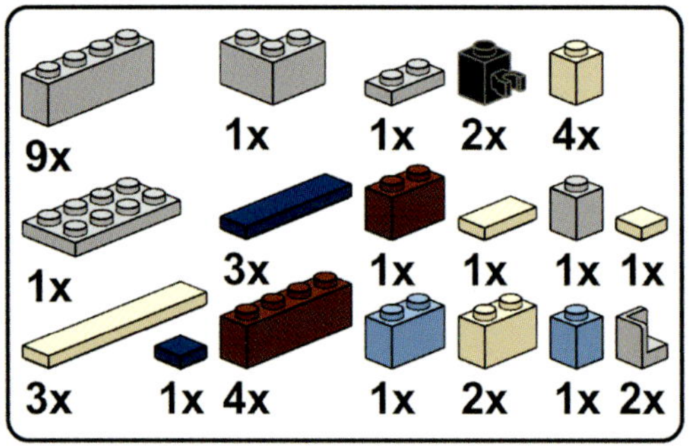
9x
1x
1x
2x
4x
1x
3x
1x
1x
1x
1x
3x
1x
4x
1x
2x
1x
2x

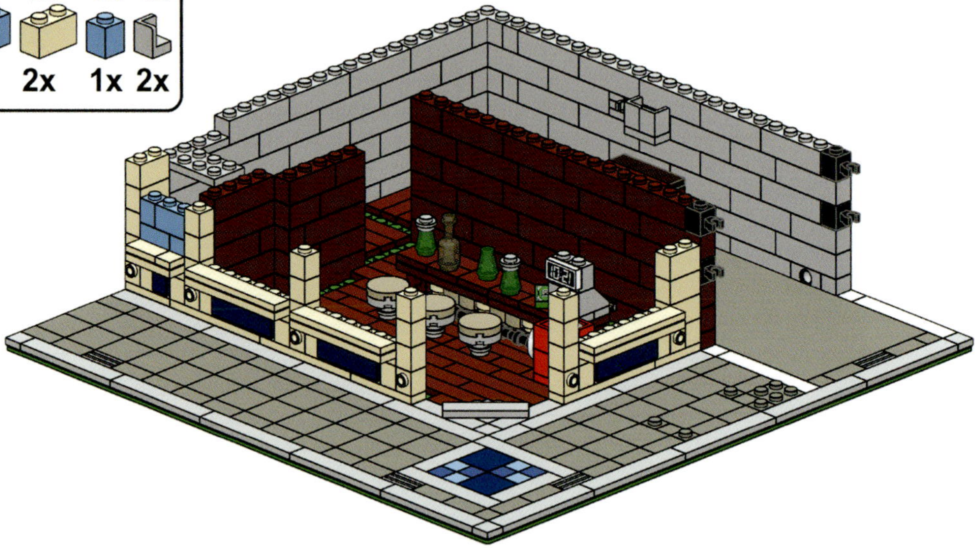

15

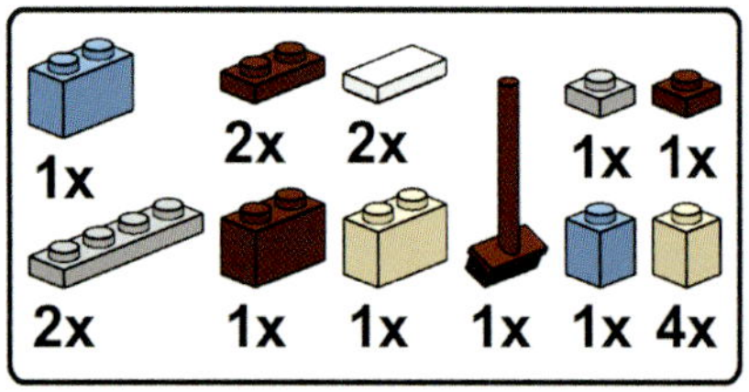
1x
2x
2x
1x
1x
2x
1x
1x
1x
1x
4x

16

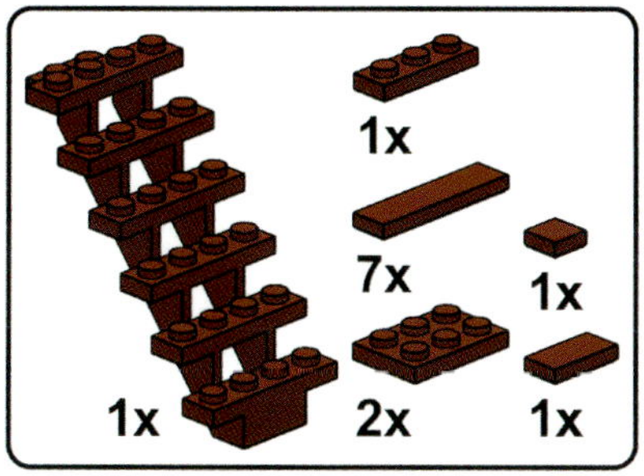

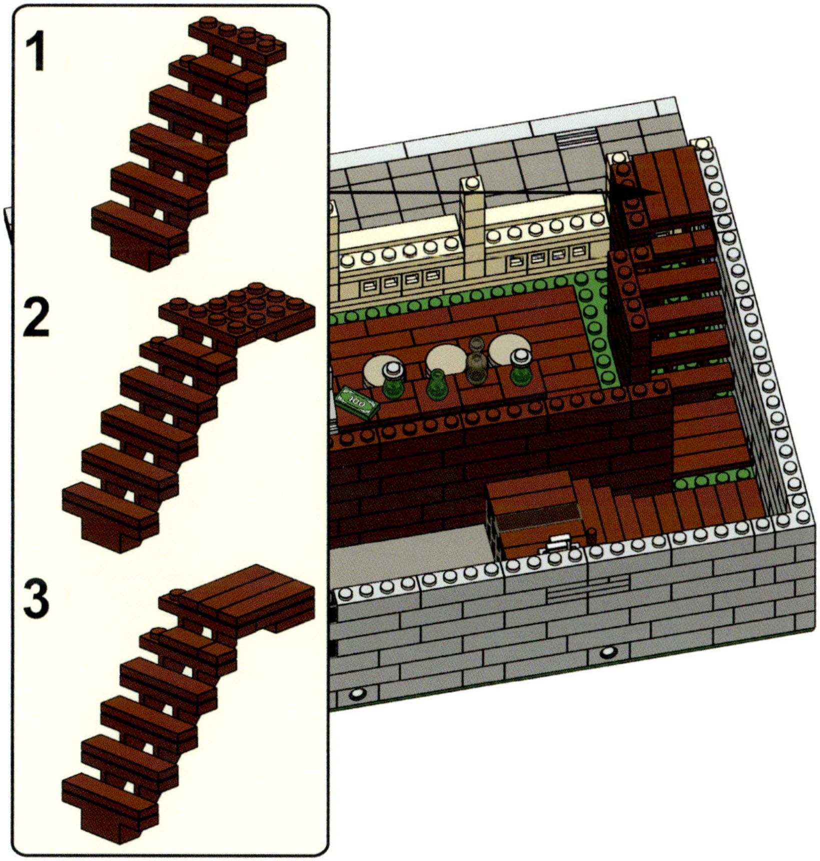

17

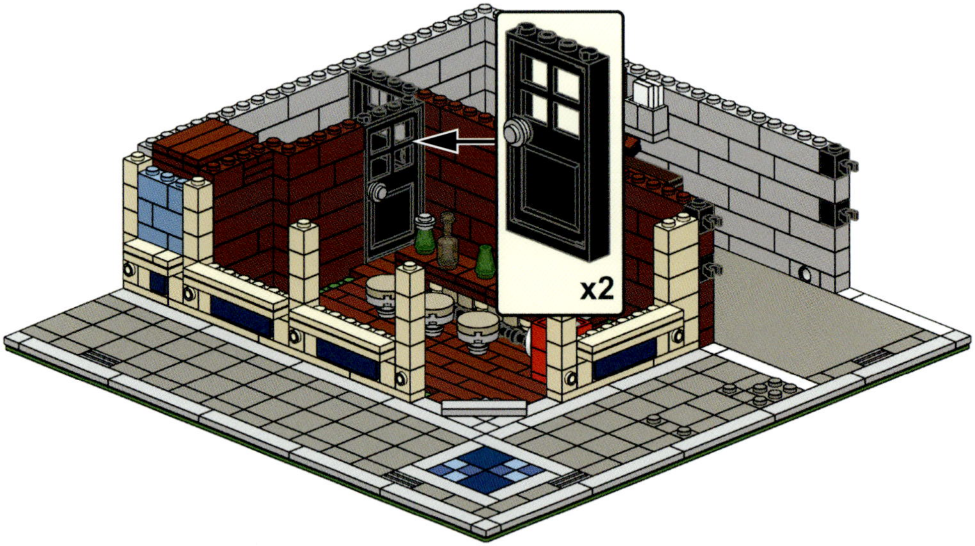

18

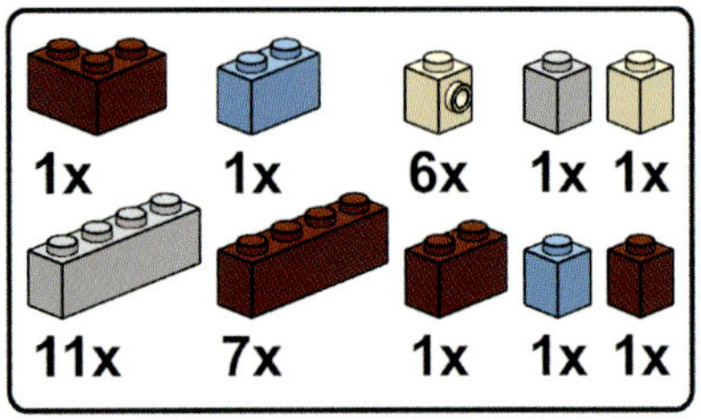

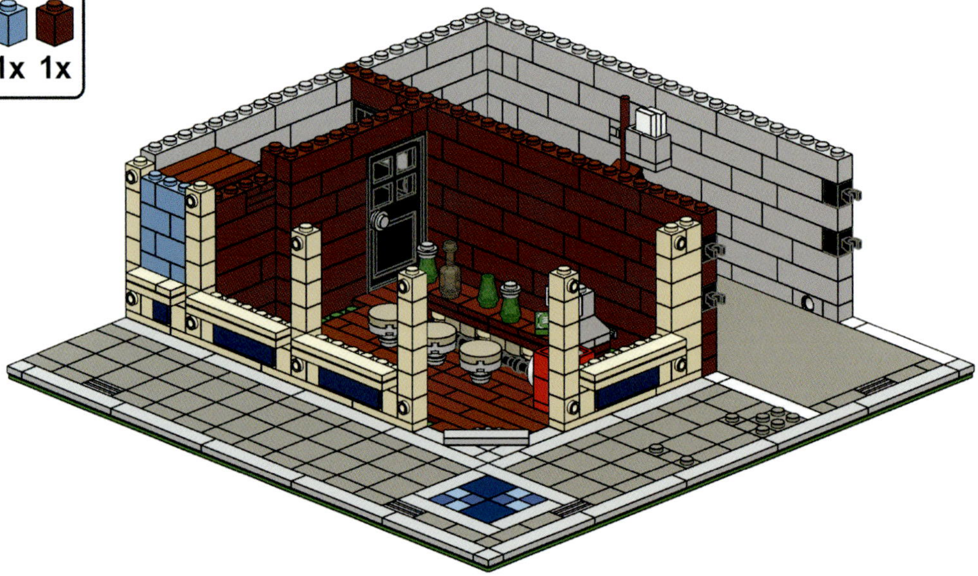

19

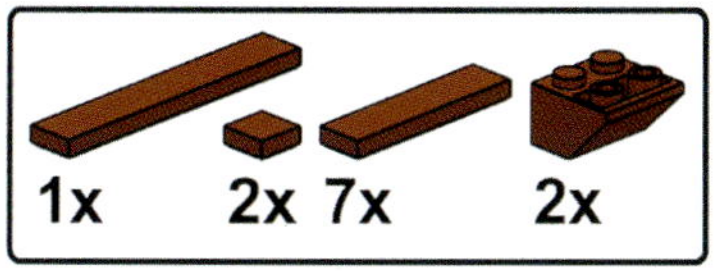

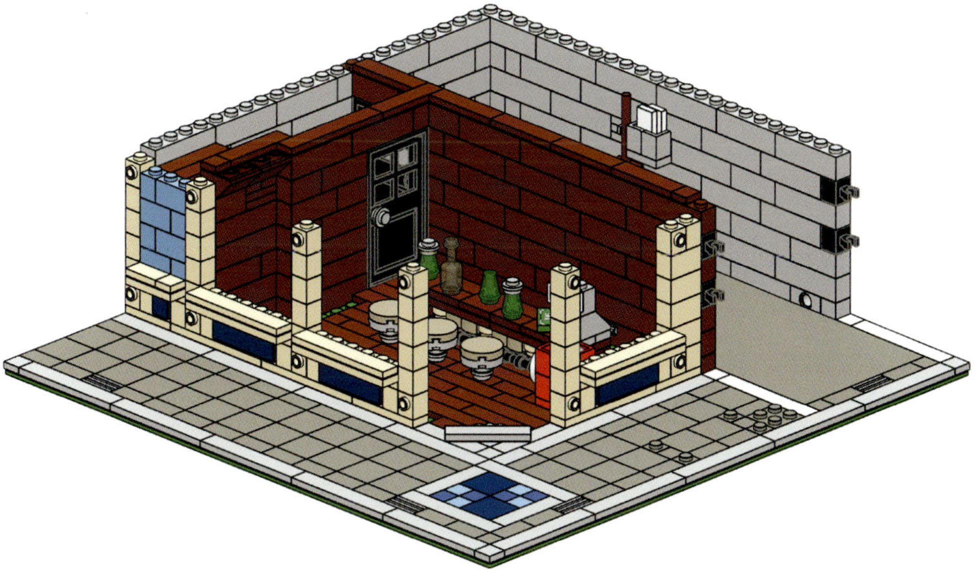

20

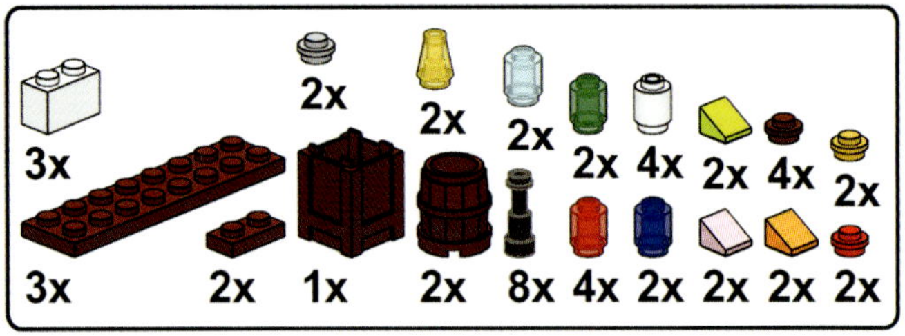

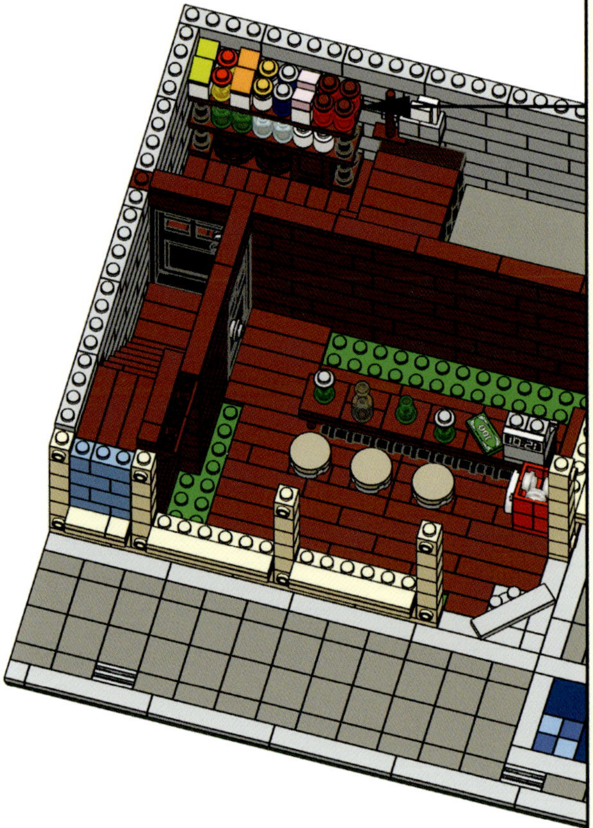

21

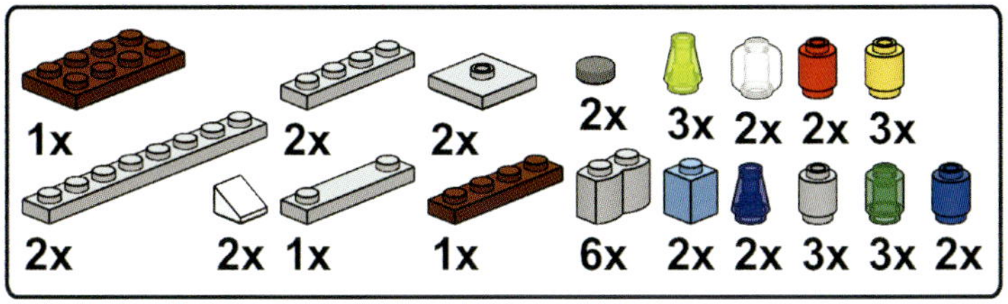

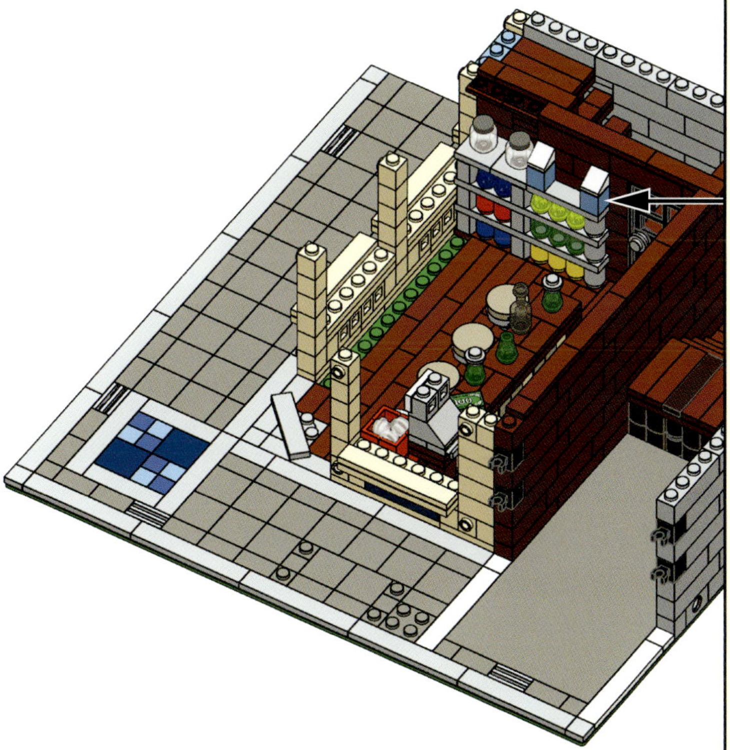

22

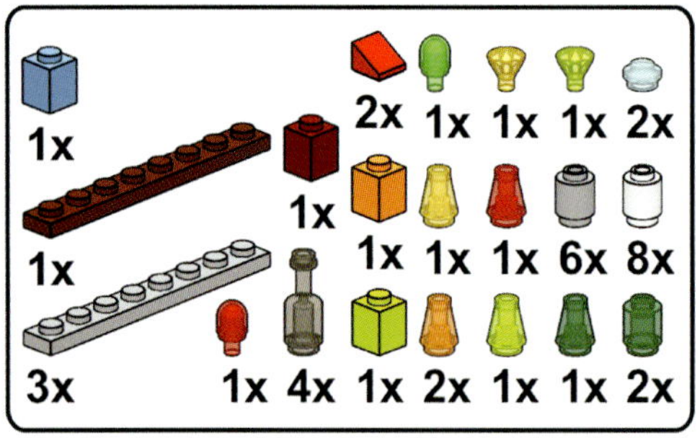

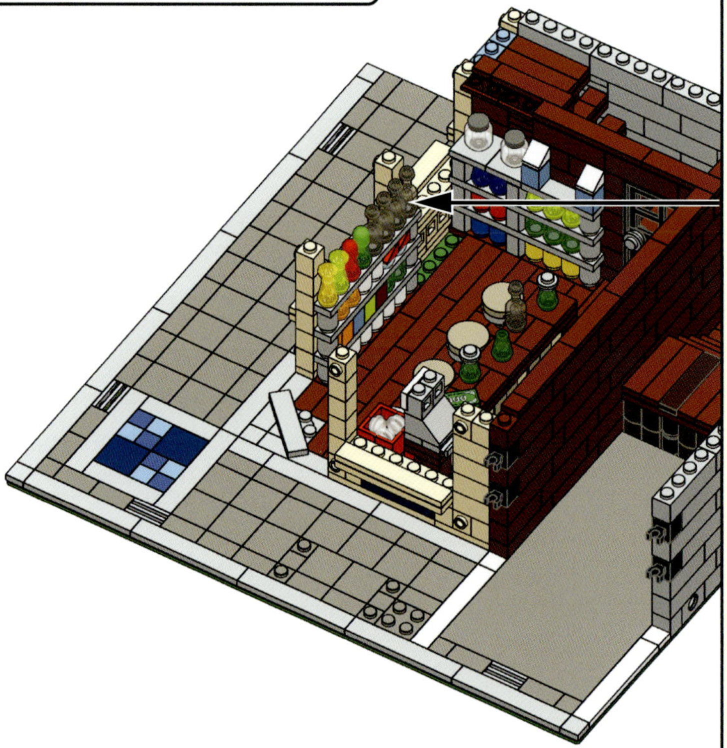

23

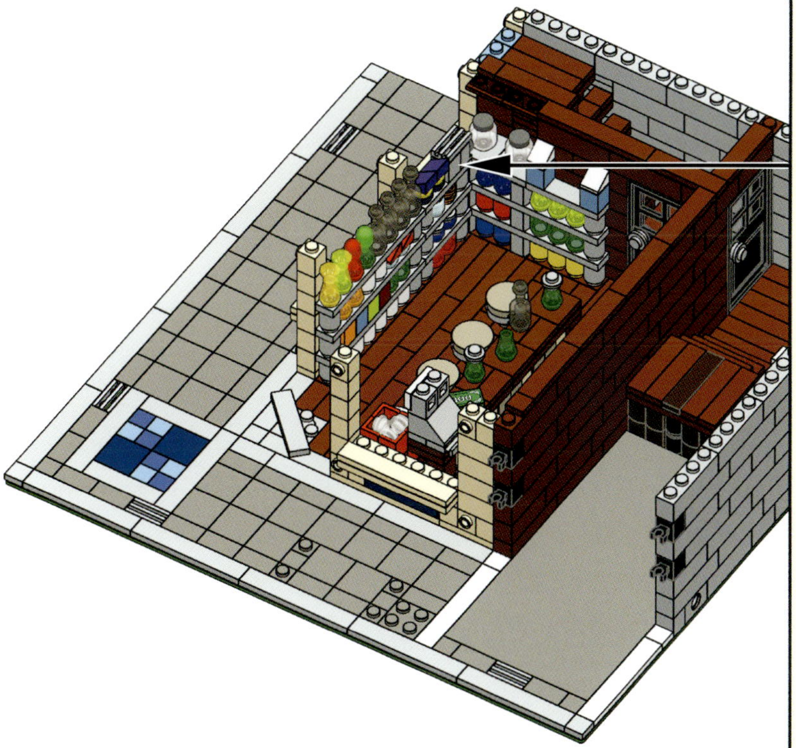

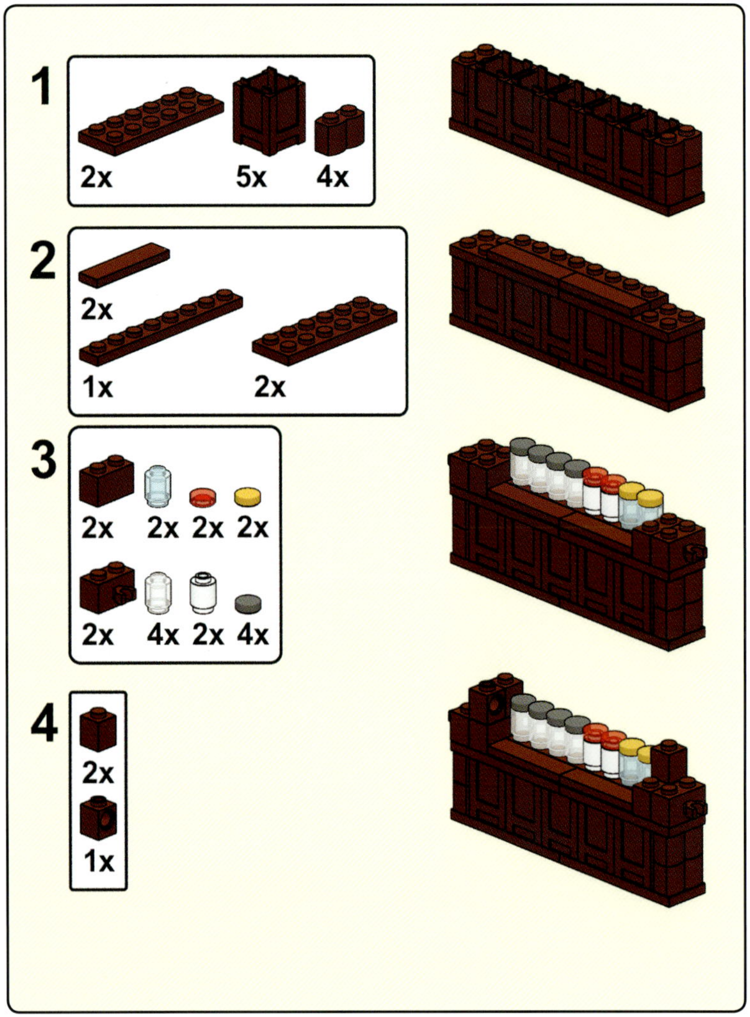
1
2x 5x 4x
2
2x
1x 2x
3
2x 2x 2x 2x
2x 4x 2x 4x
4
2x
1x

5

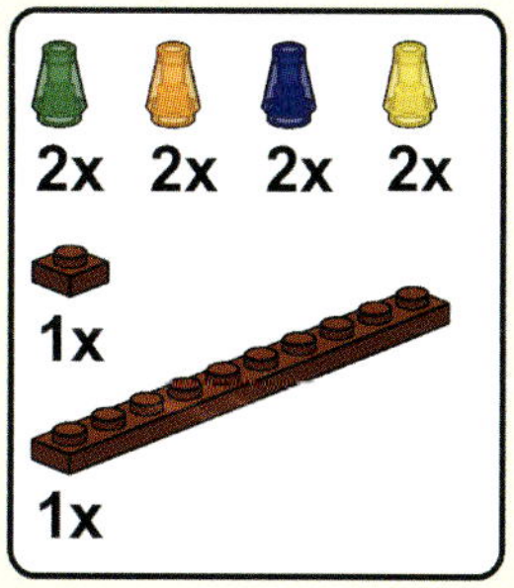
2x 2x 2x 2x
1x
1x

6

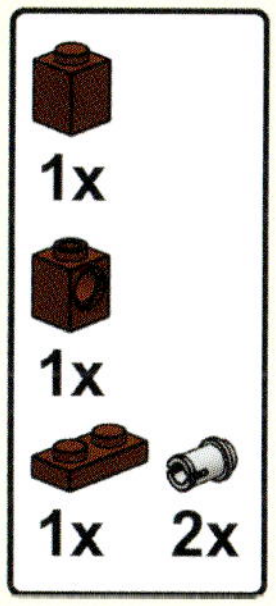
1x
1x
1x 2x

7

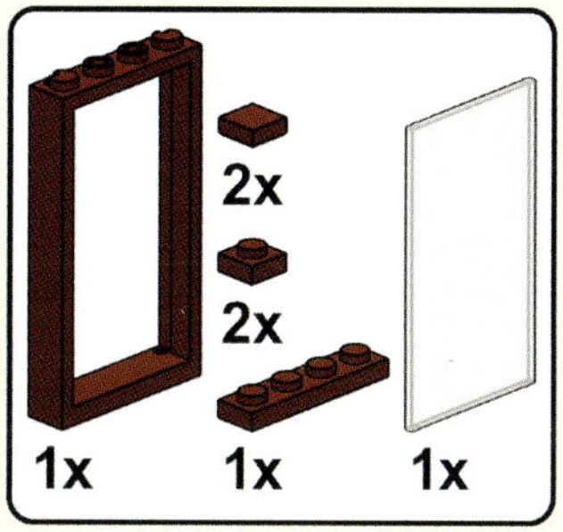
2x
2x
1x 1x 1x

8

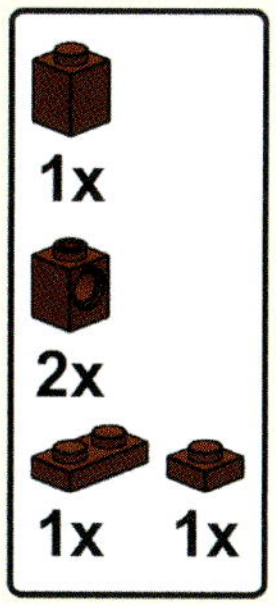
1x
2x
1x 1x

9

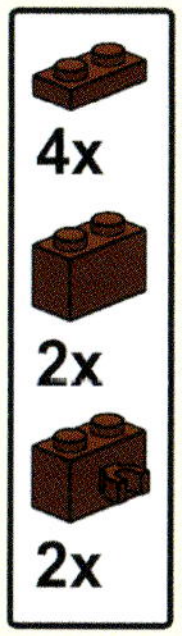
4x
2x
2x

10

2x
2x

11

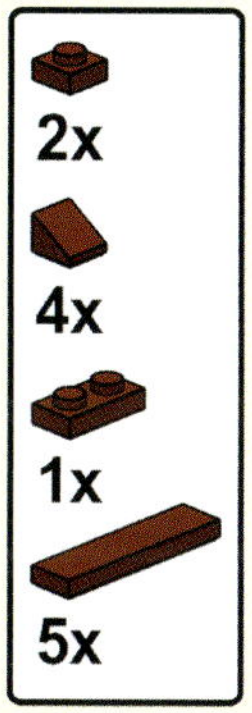
2x
4x
1x
5x

24

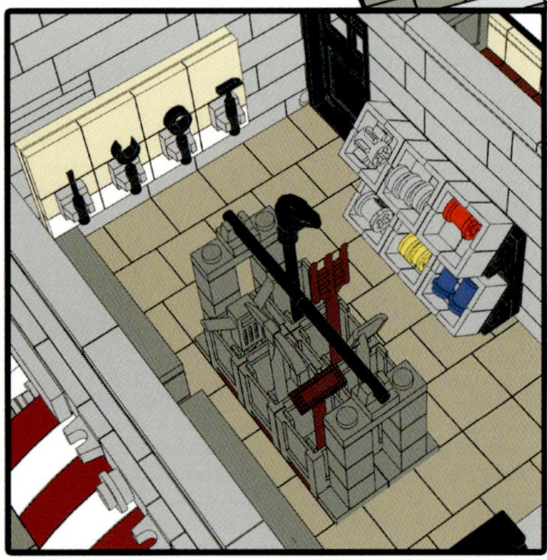

IHR KÖNNT JEDE ART VON LADEN BAUEN. HIER SEHT IHR EIN BEISPIEL, WIE AUS EINER DROGERIE EIN EISENWARENLADEN WIRD, MIT WERKZEUG IN DEN REGALEN UND SCHRAUBZWINGEN IN DEN KISTEN.

25

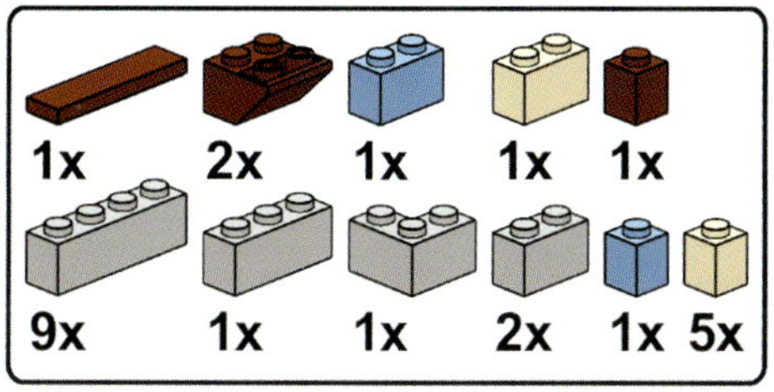

26

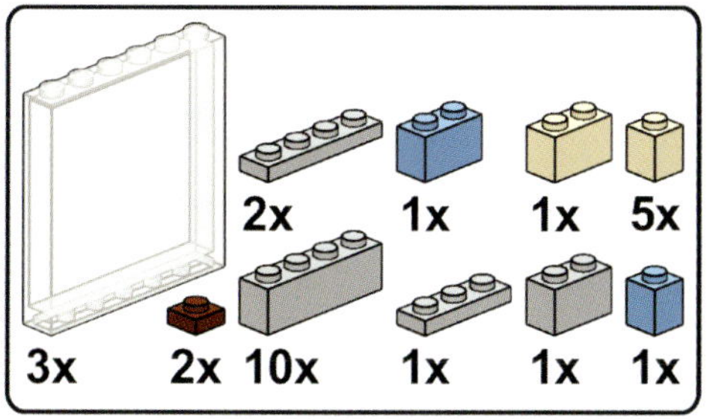

27

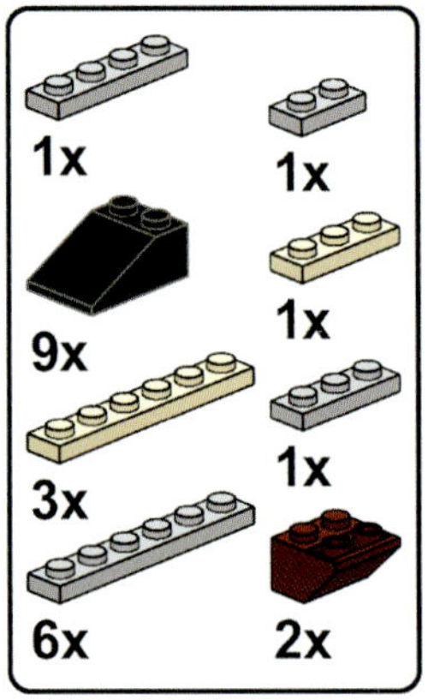

28

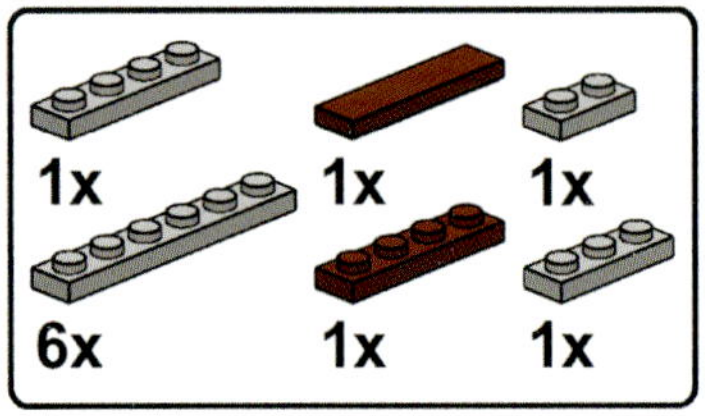

29

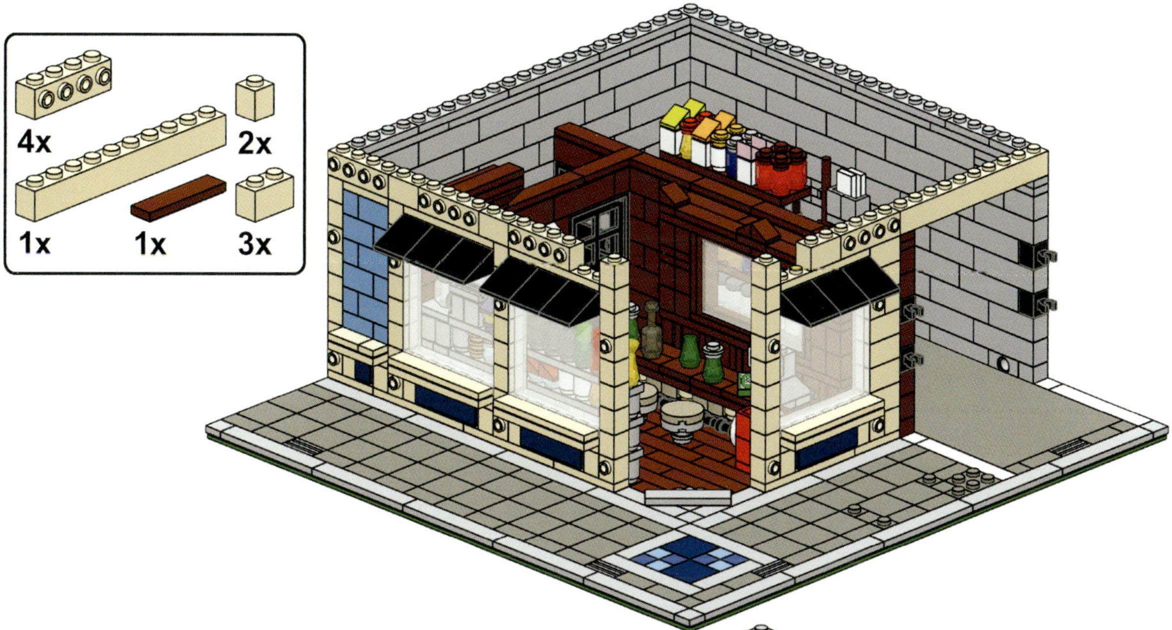

30

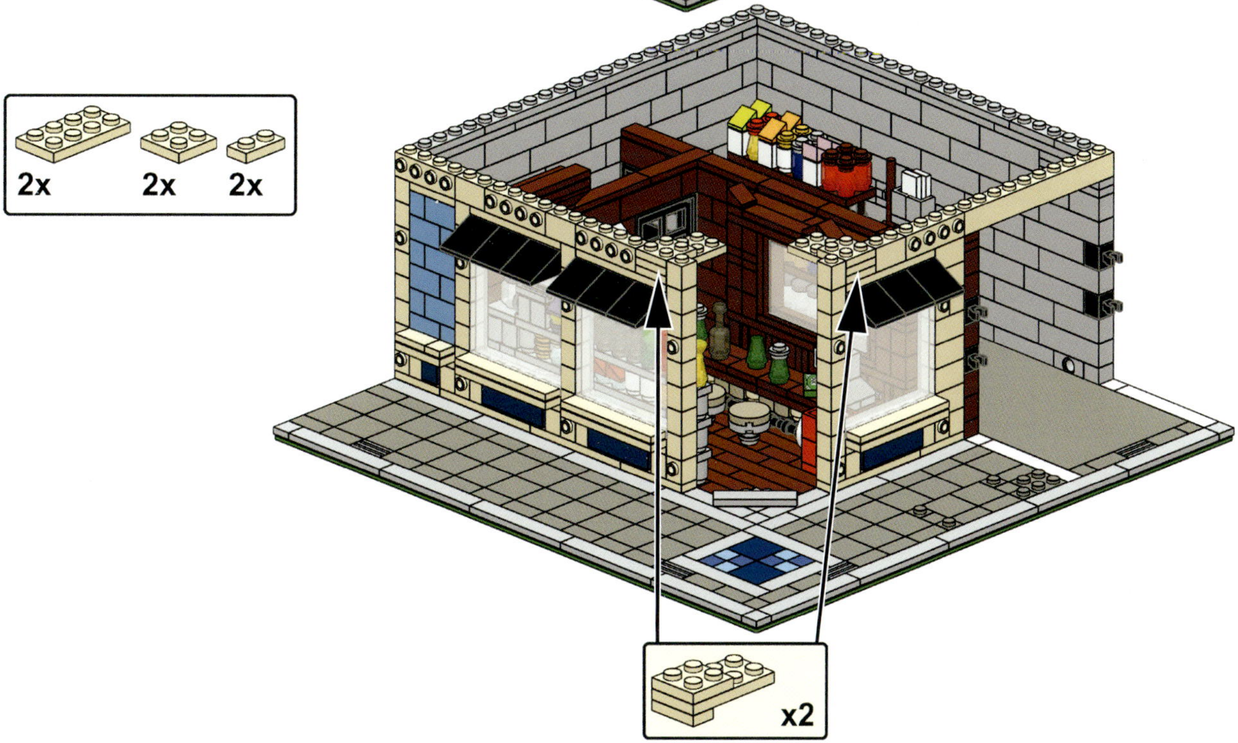

31

32

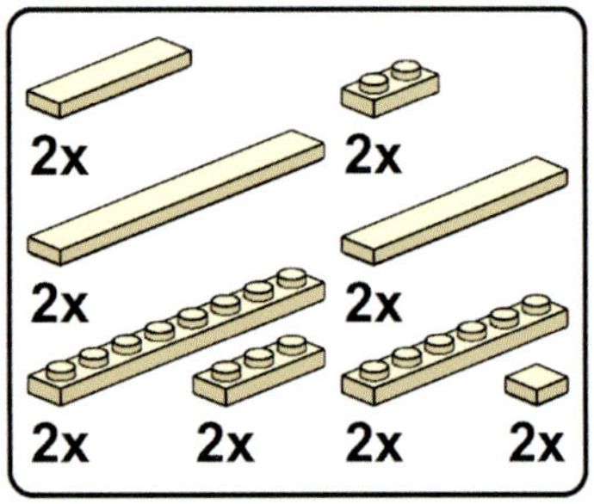

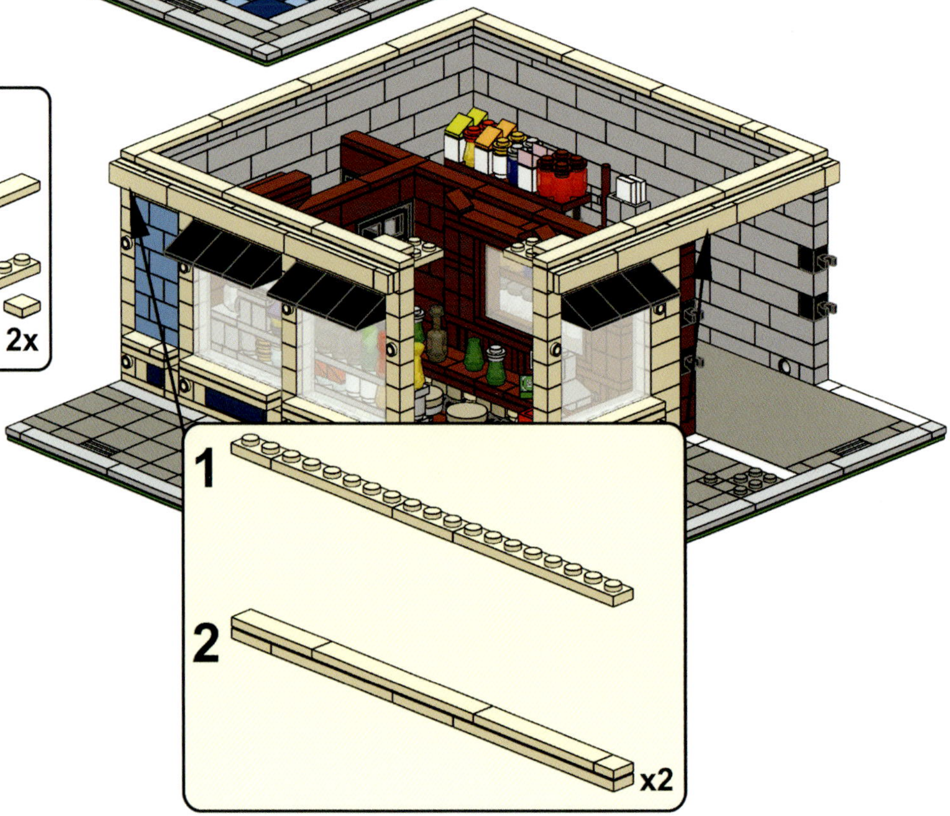

1

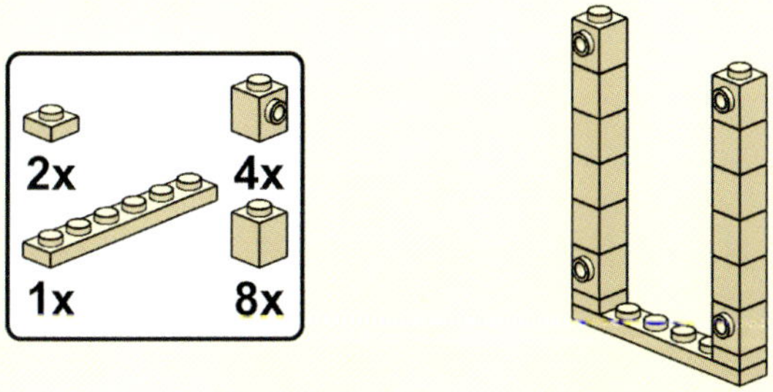
2x
4x
1x
8x

2

1x
1x
1x
1x
1x

3

2x
1x
1x
2x

4

2x
2x
1x
1x

5

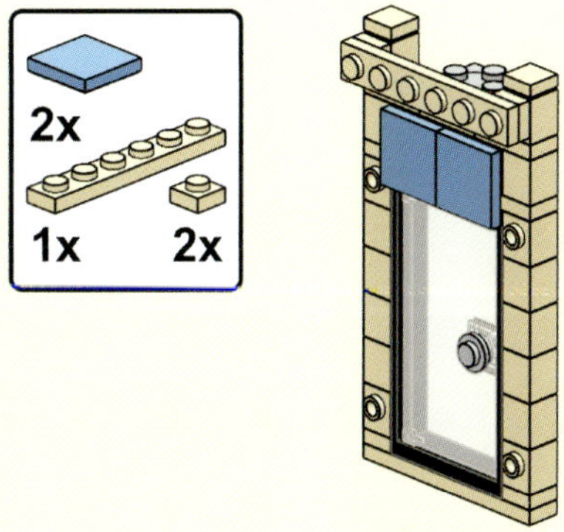
2x
1x
2x

6

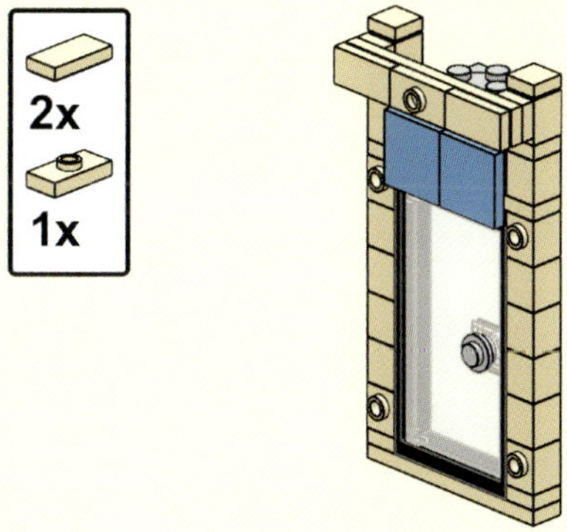
2x
1x

7

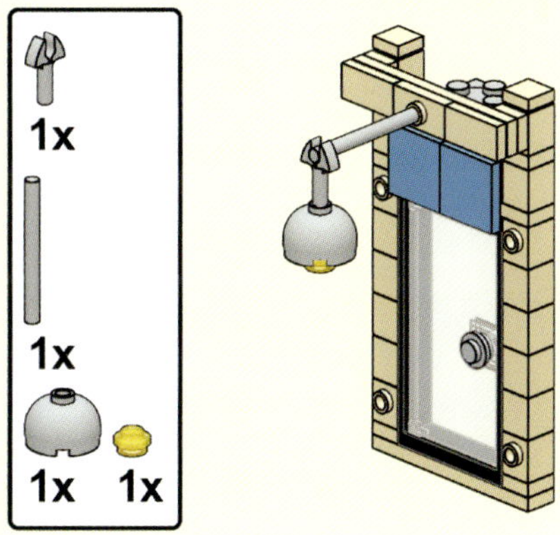
1x
1x
1x
1x

33

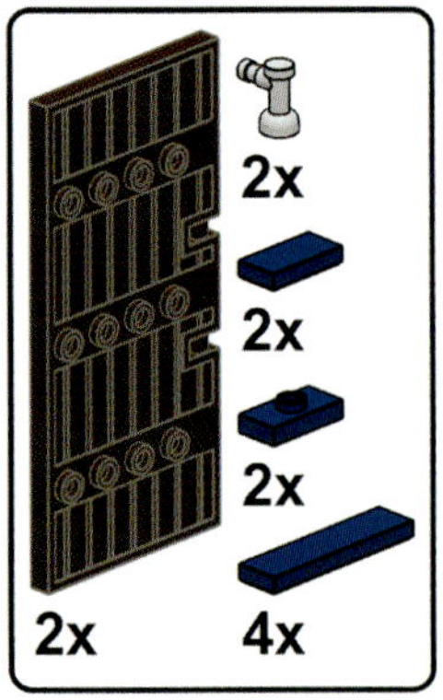

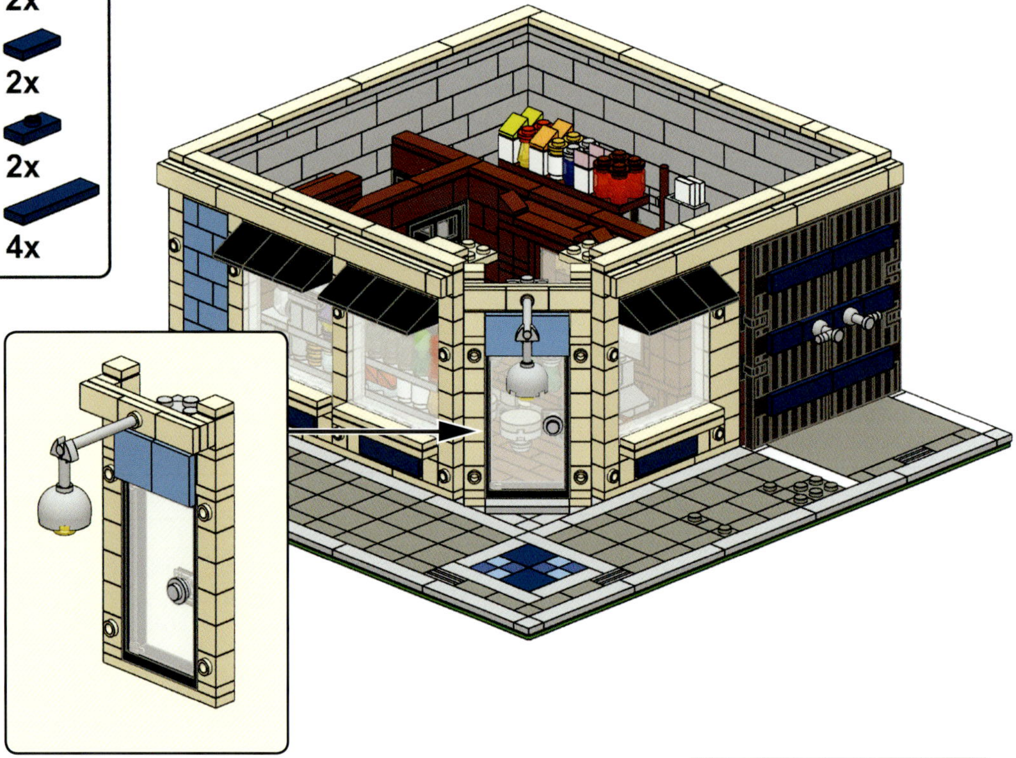

IHR KÖNNTET AUCH EINE TÜR MIT NUR EINEM SCHARNIER BAUEN.

34

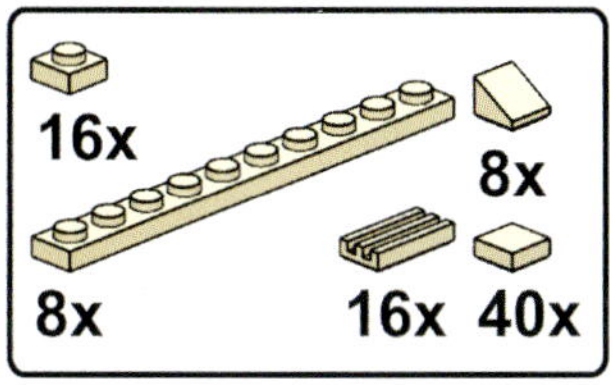

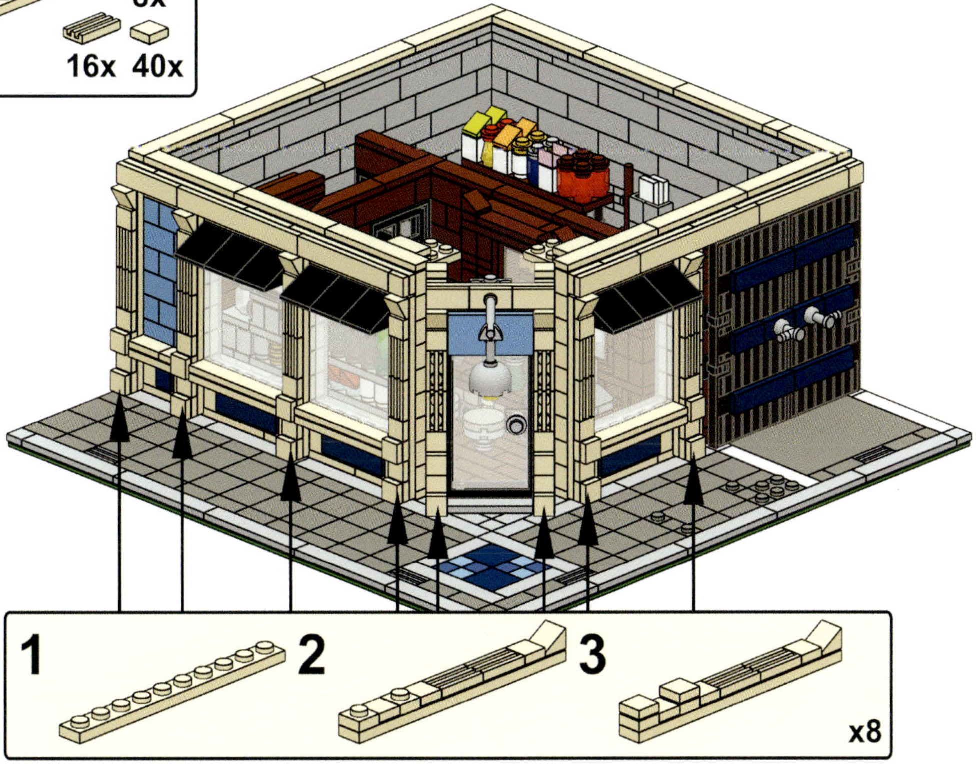

EINE ANDERE MARKISE UND
EINE ANDERE VERKLEIDUNG
LASSEN DEN SHOP GANZ
ANDERS WIRKEN.

35

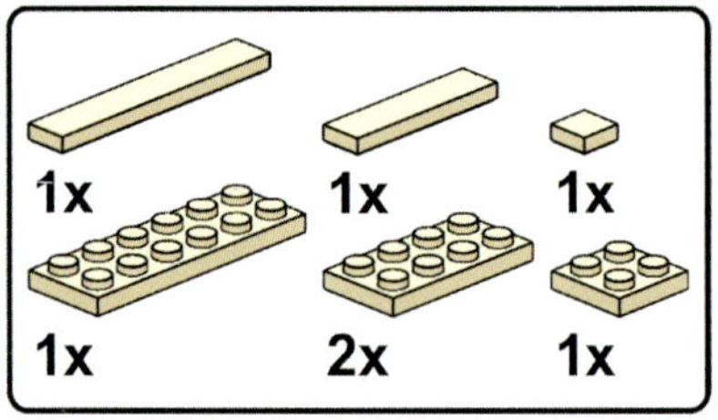

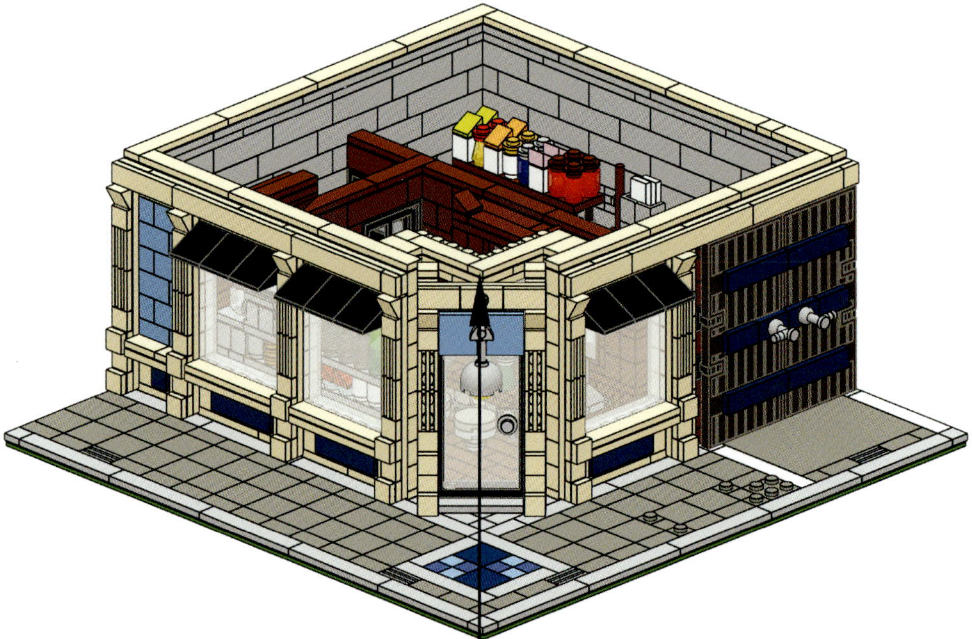

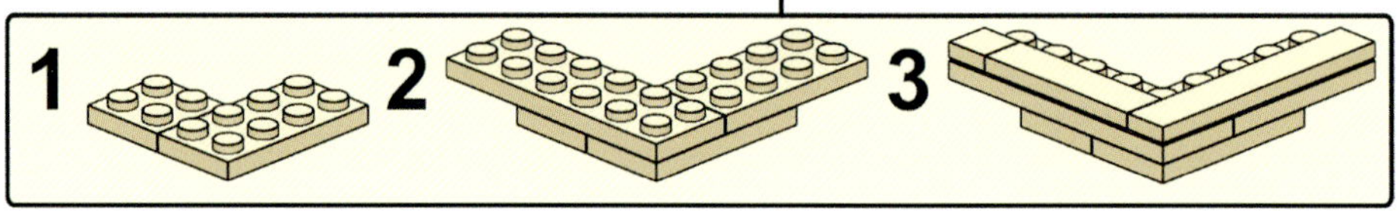

36

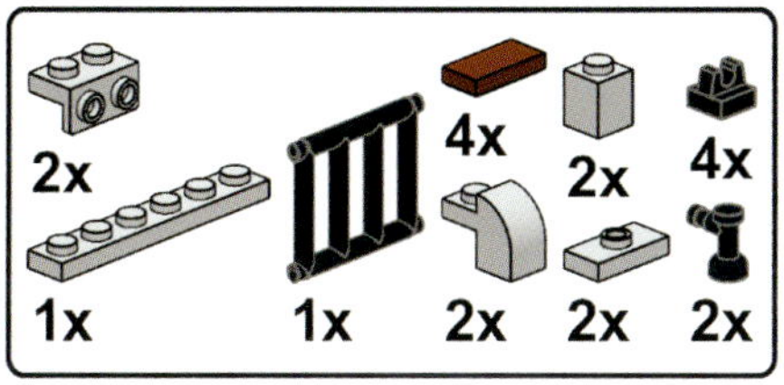

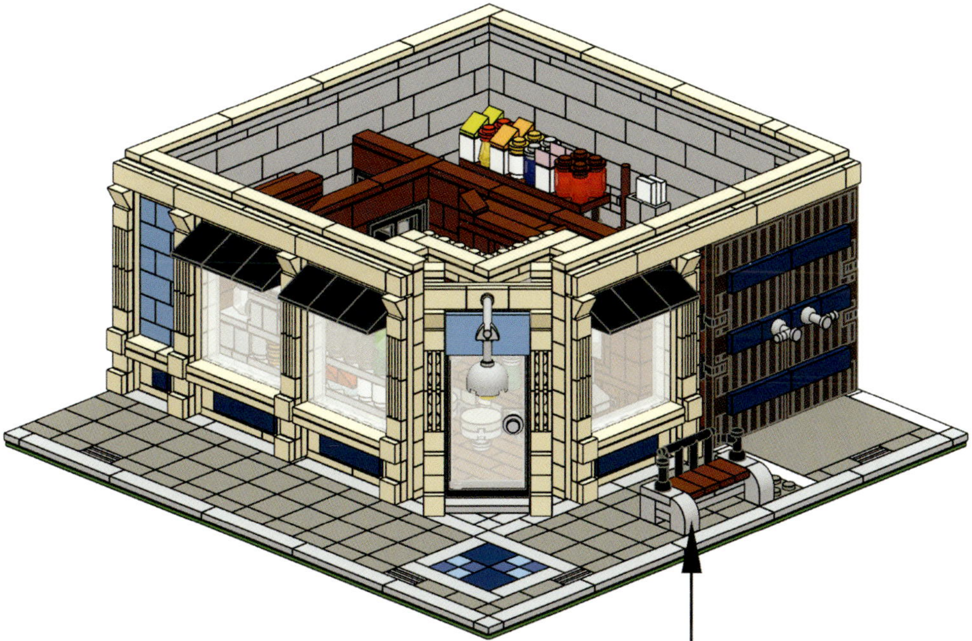

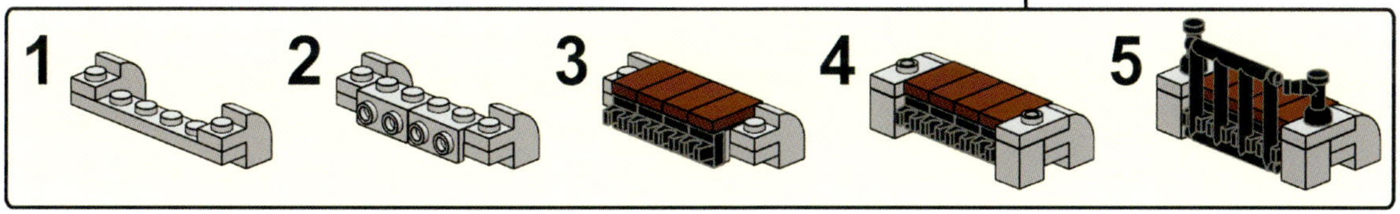

37

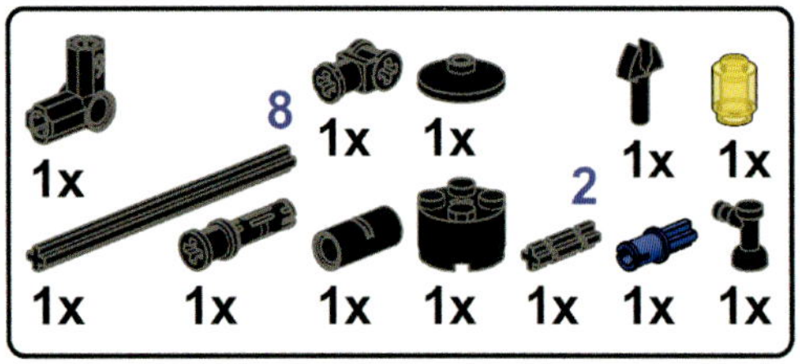

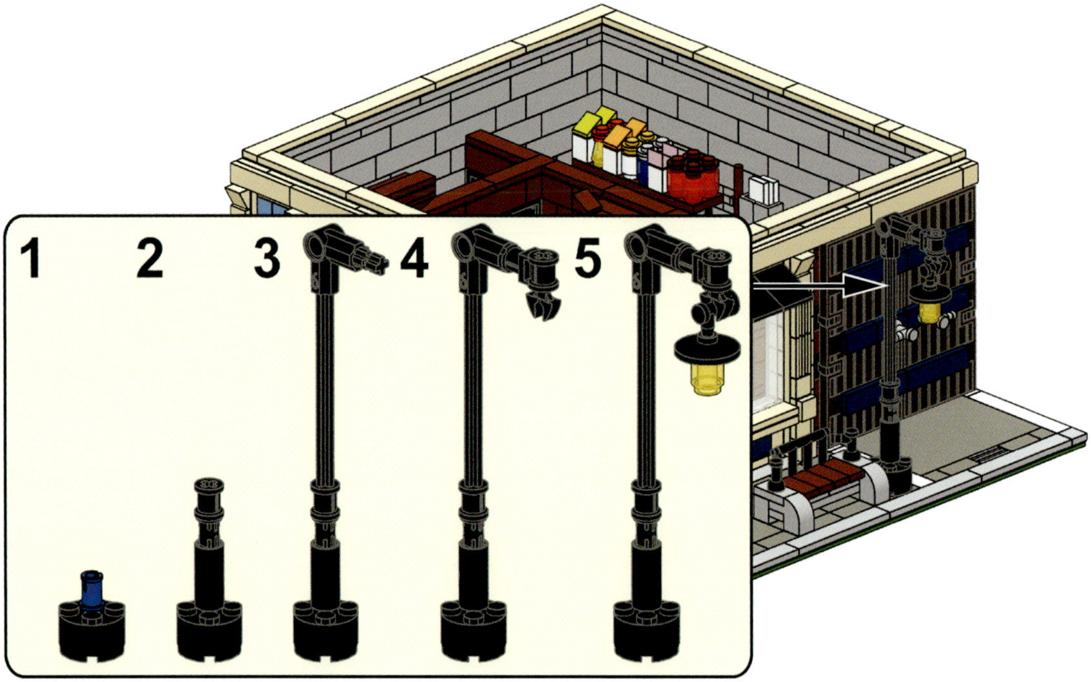

Erste Etage

1

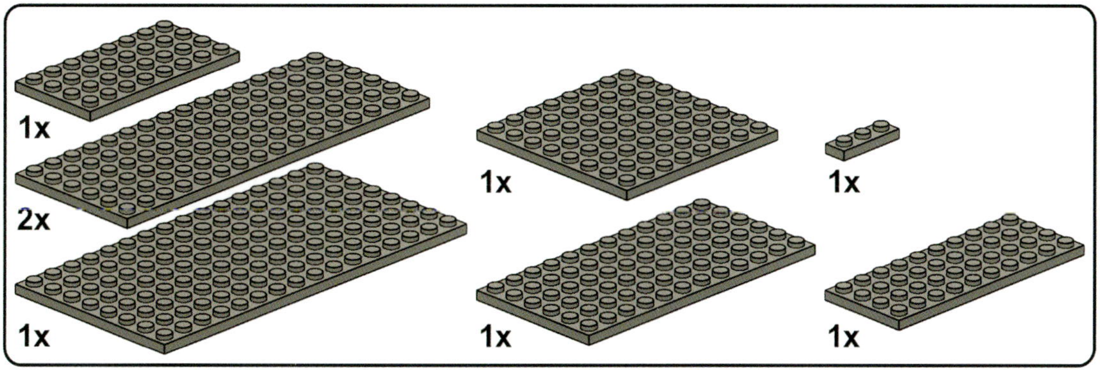

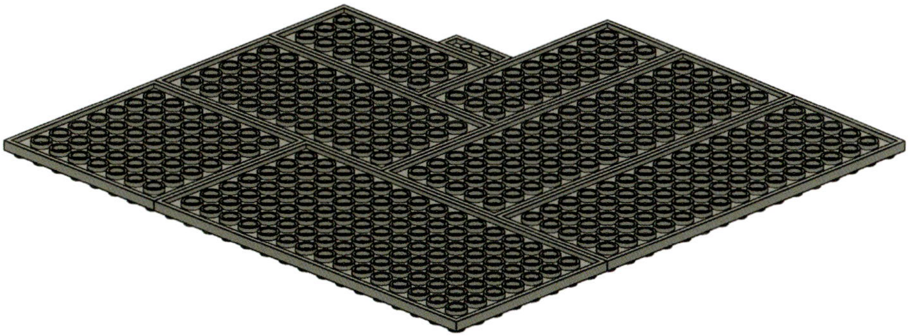

2

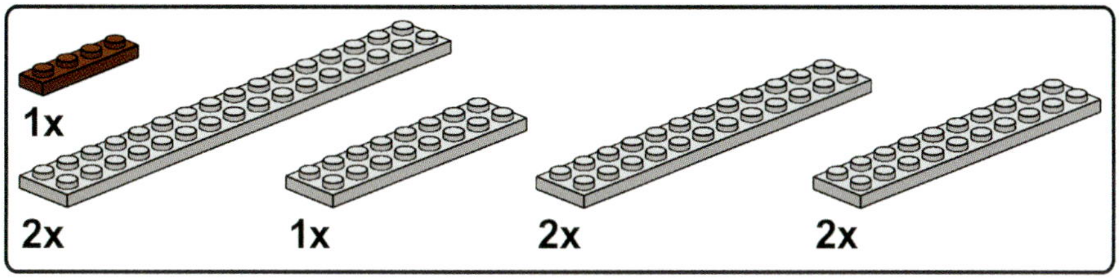

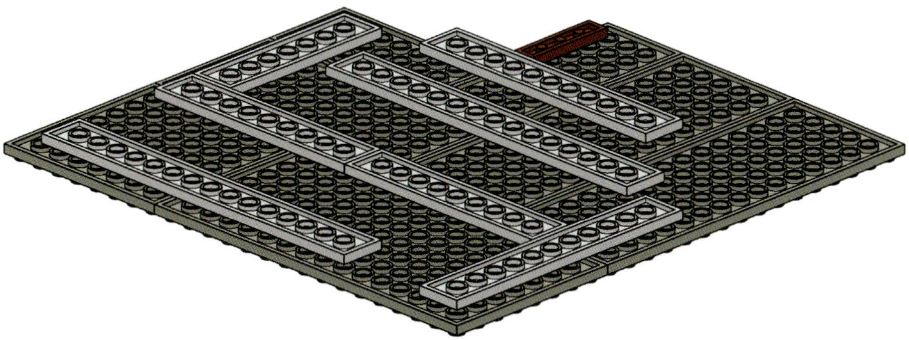

3

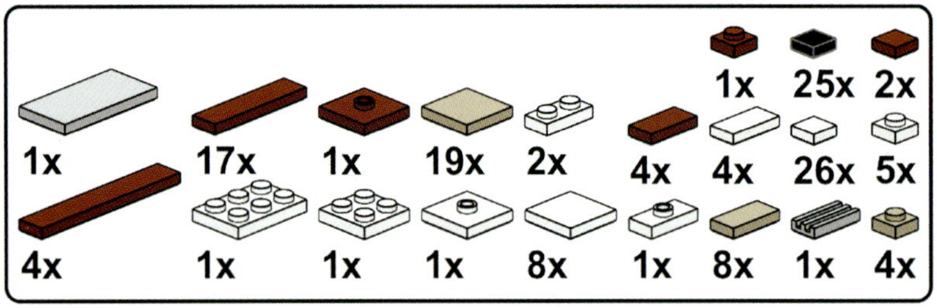
1x
25x
2x
1x
17x
1x
19x
2x
4x
4x
26x
5x
4x
1x
1x
1x
8x
1x
8x
1x
4x

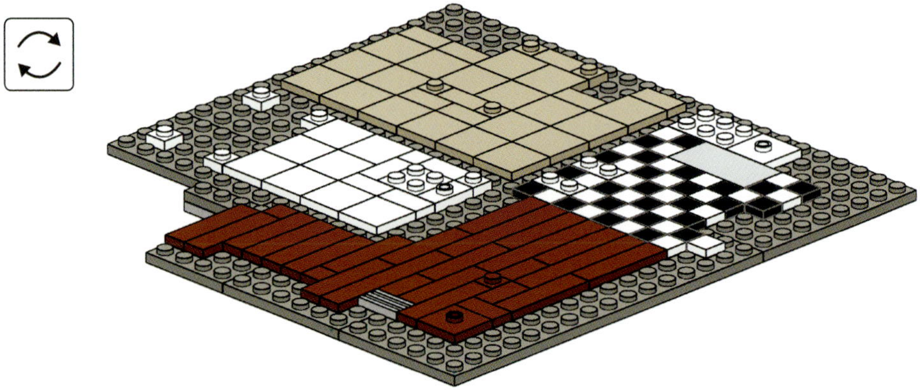

4

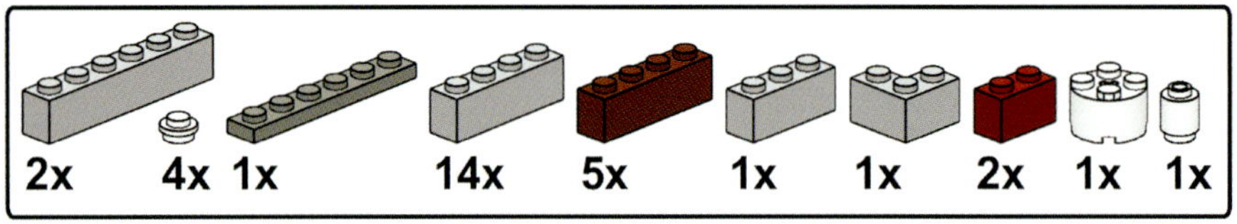
2x
4x
1x
14x
5x
1x
1x
2x
1x
1x

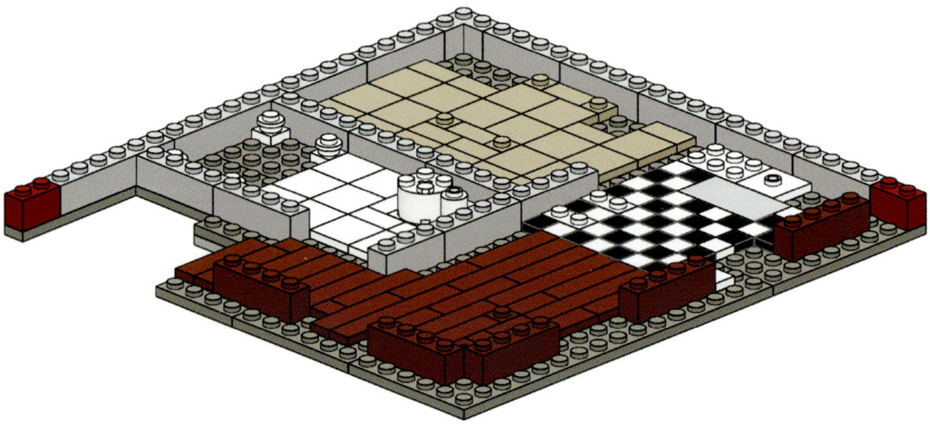

5

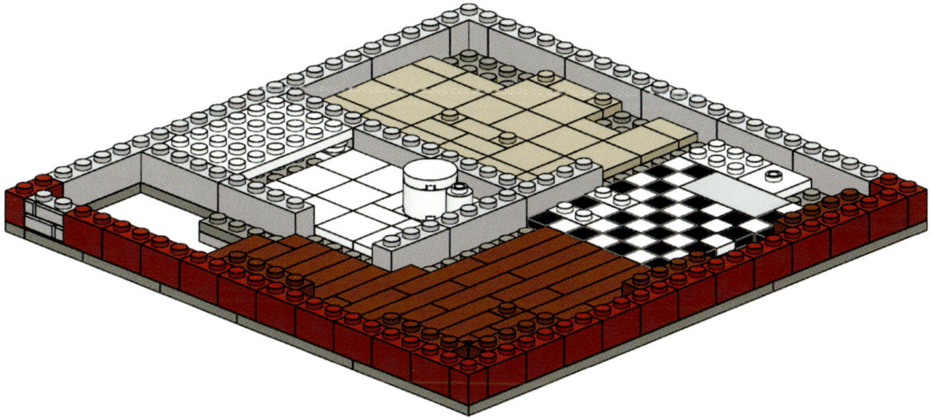

6

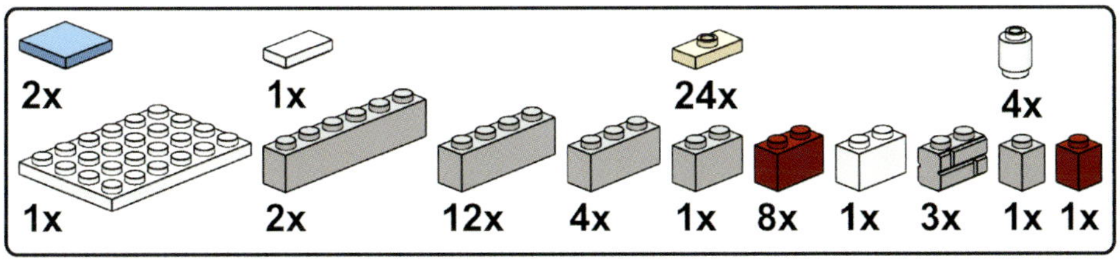

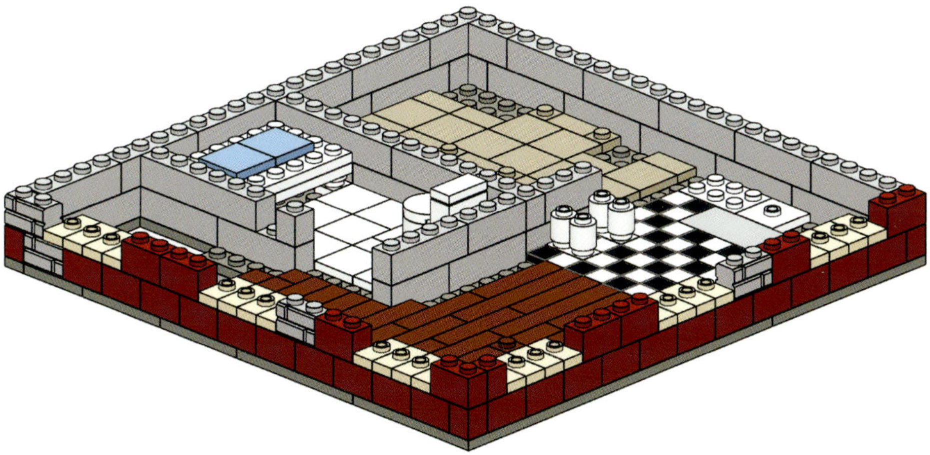

7

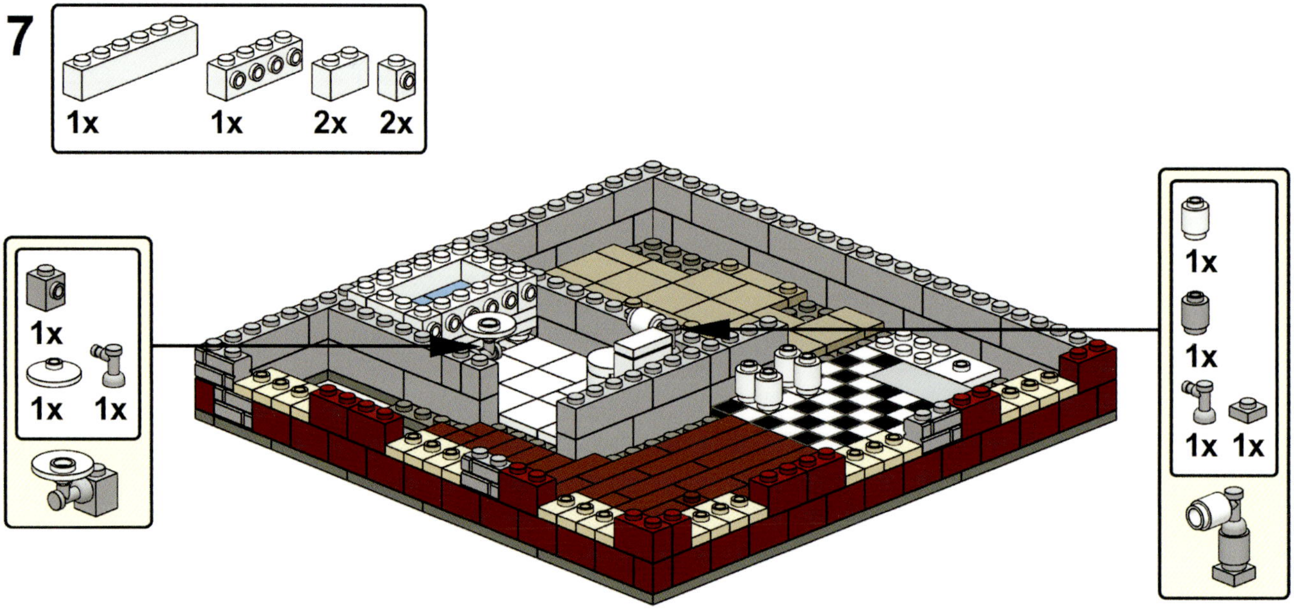

8

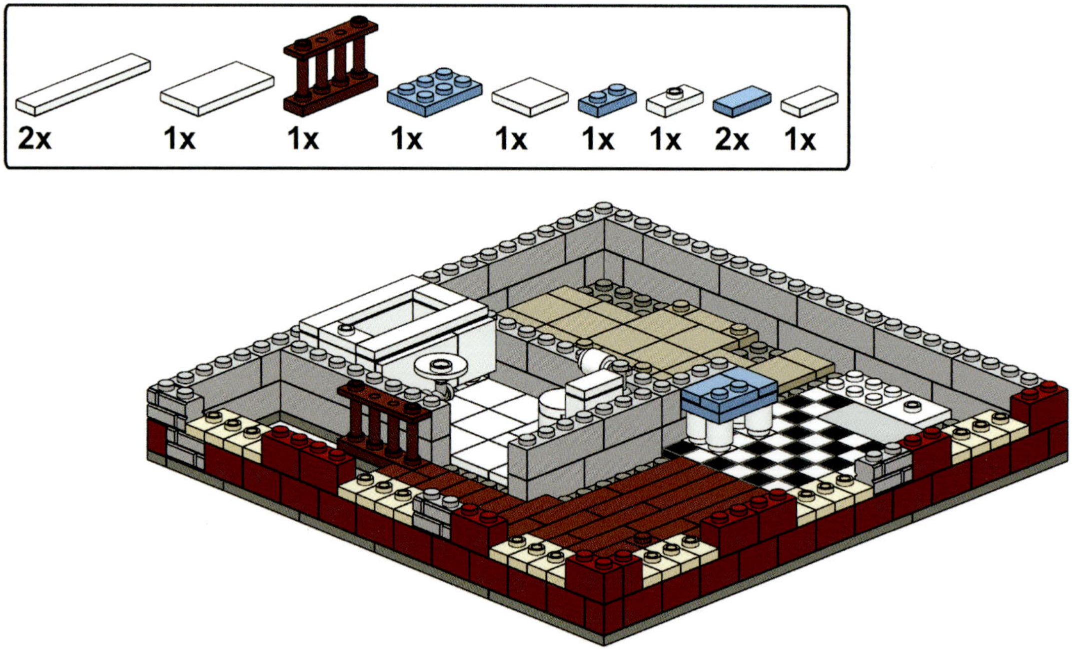

9

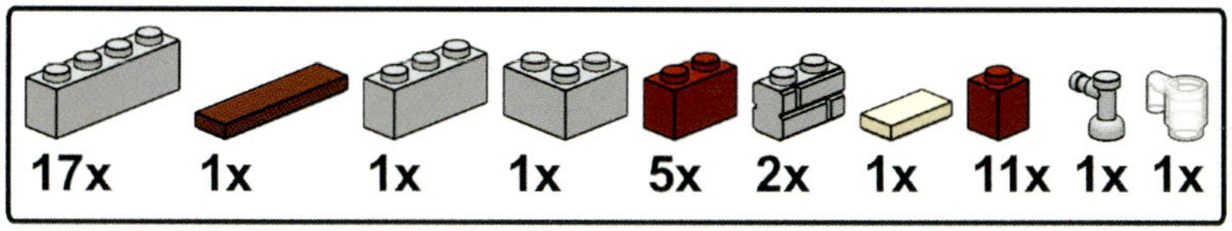

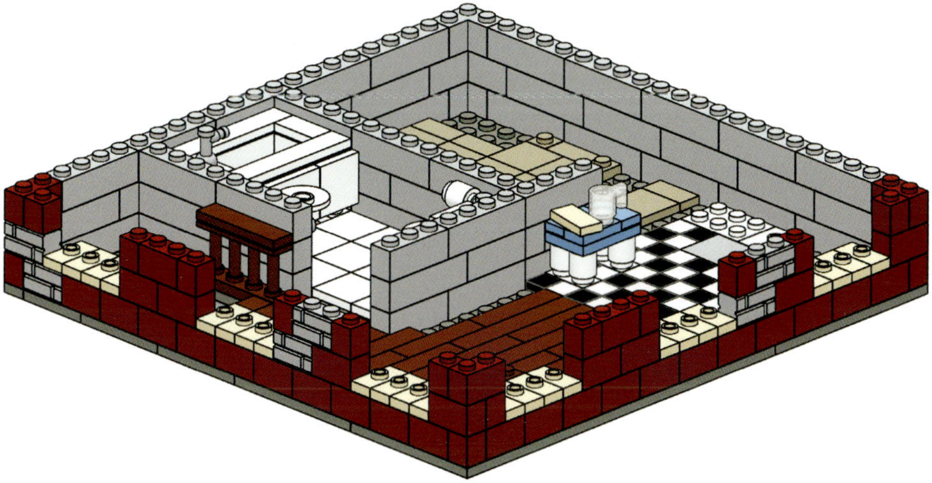

10

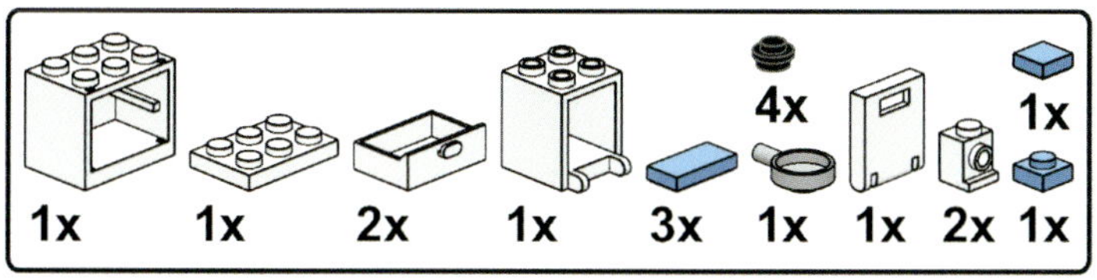

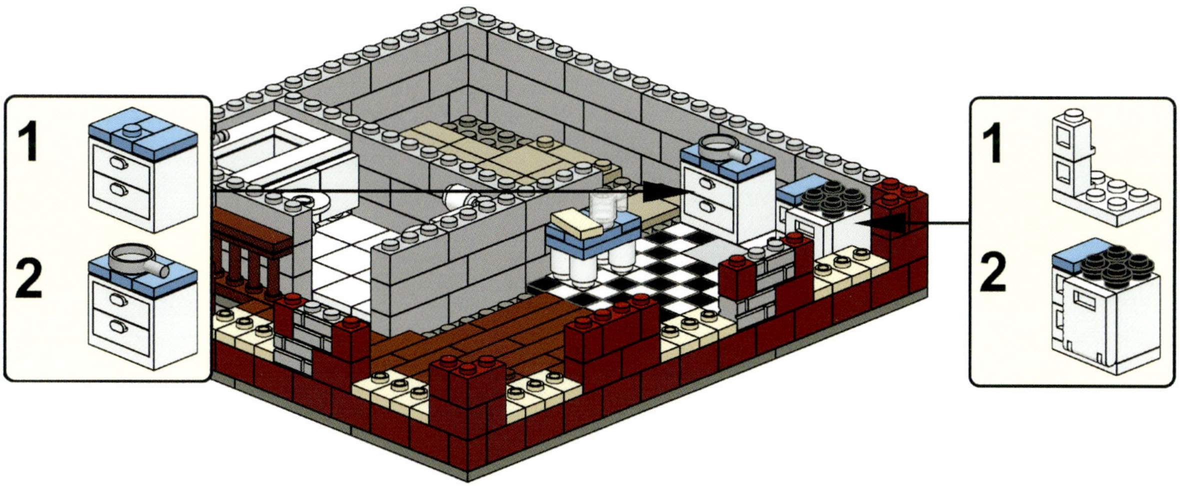

11

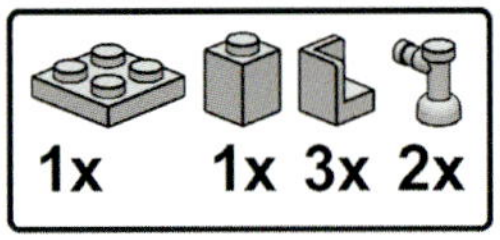

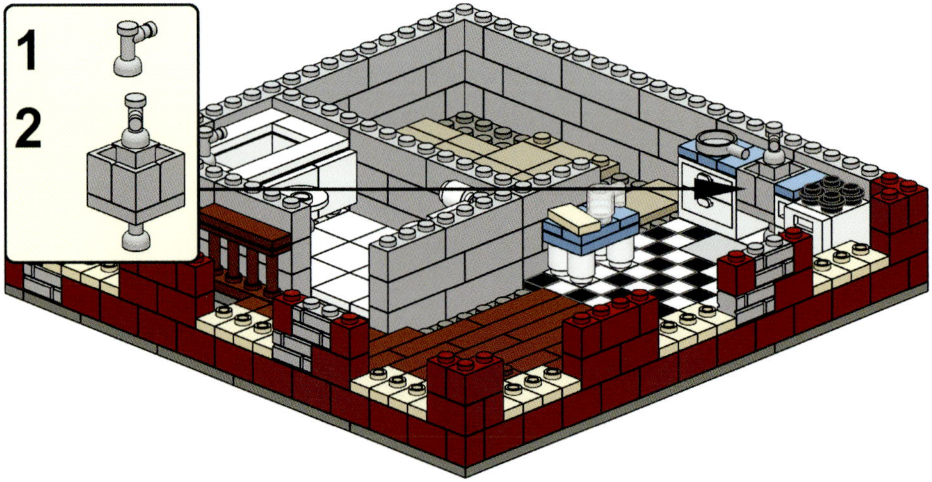

12

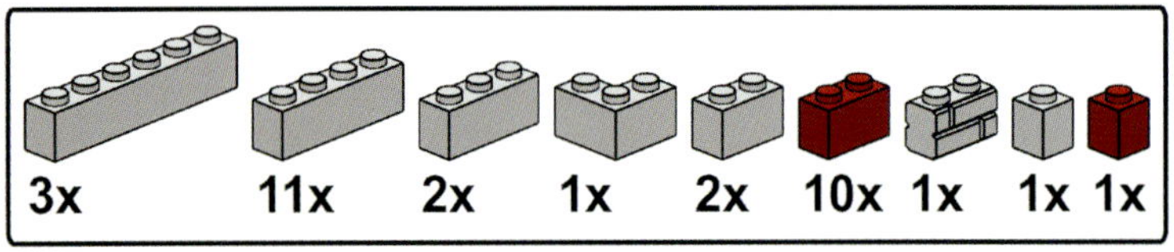

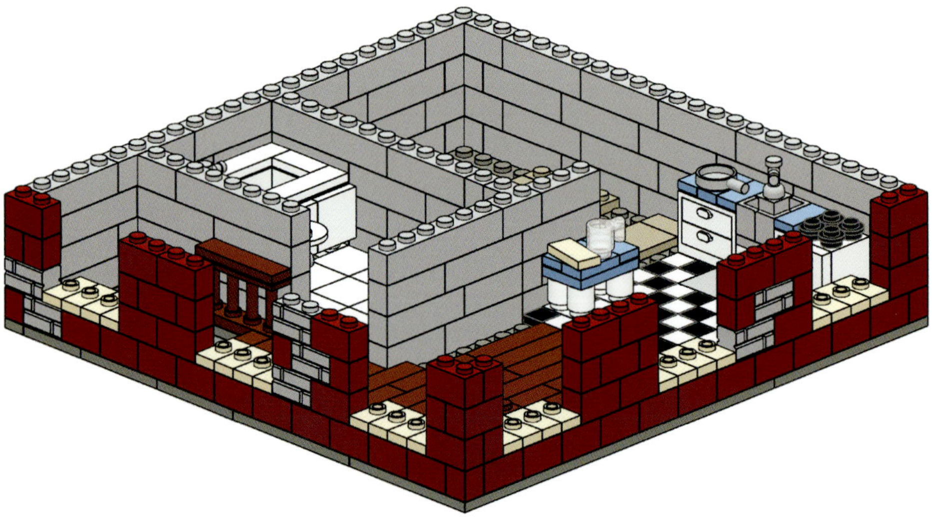

13

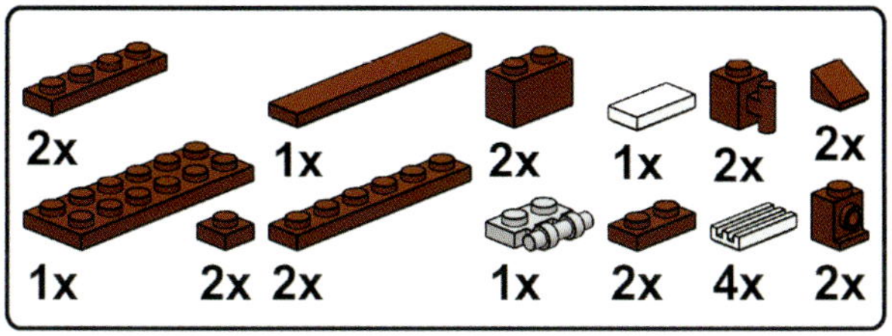

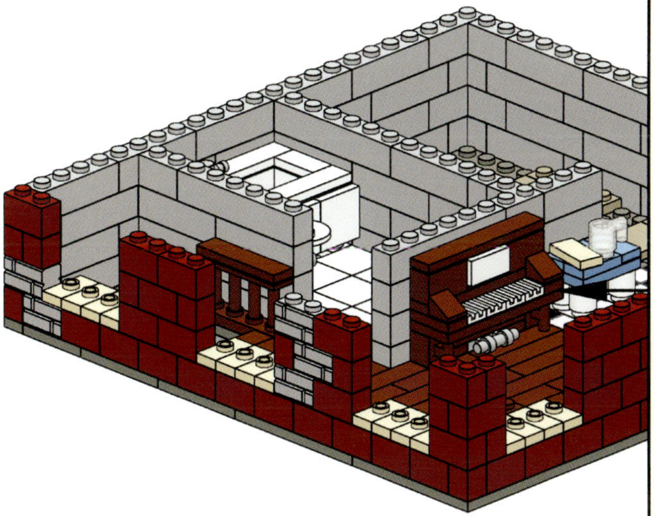

14

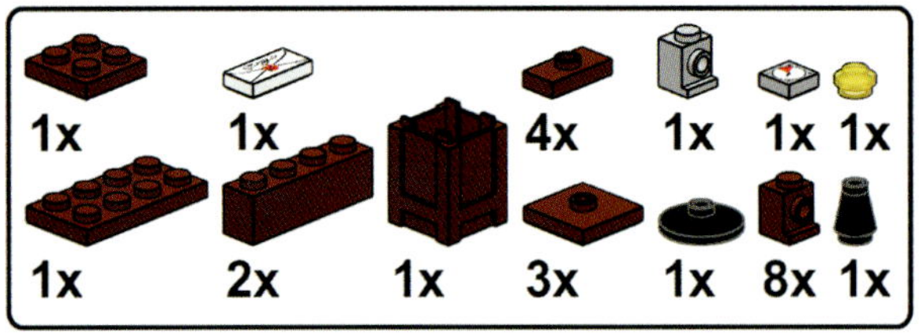

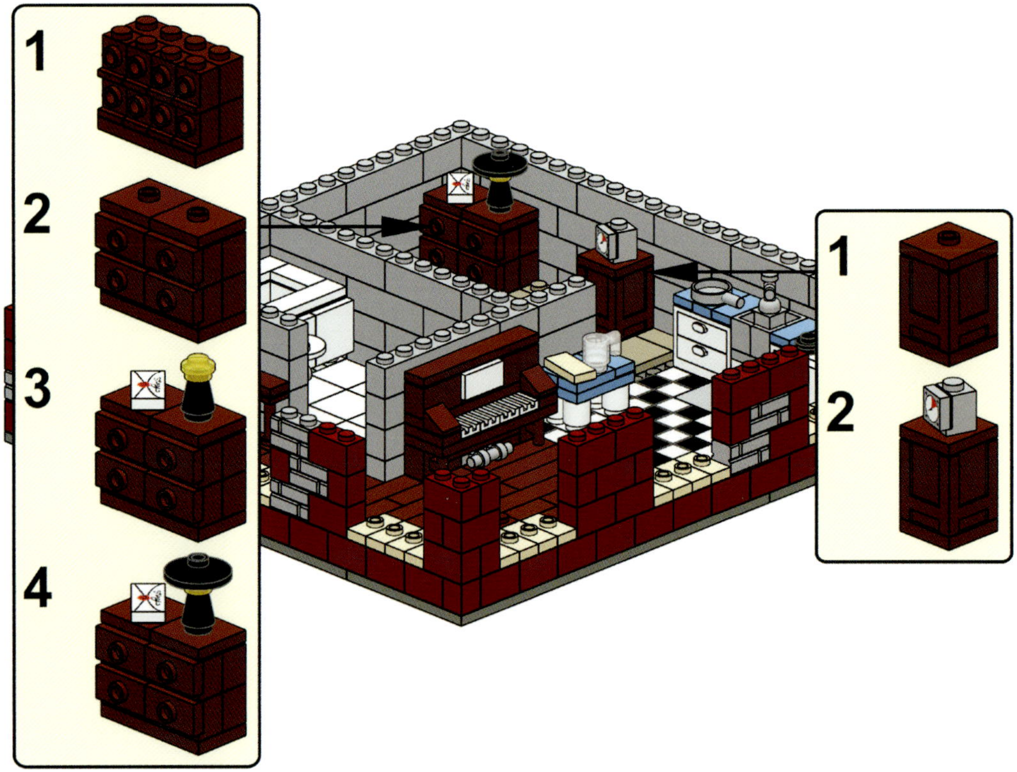

15

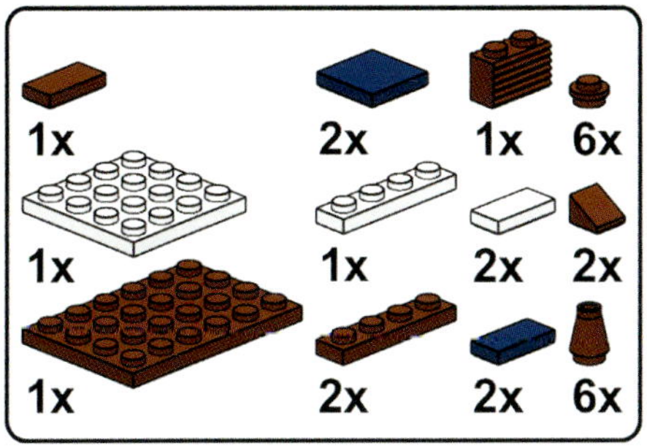

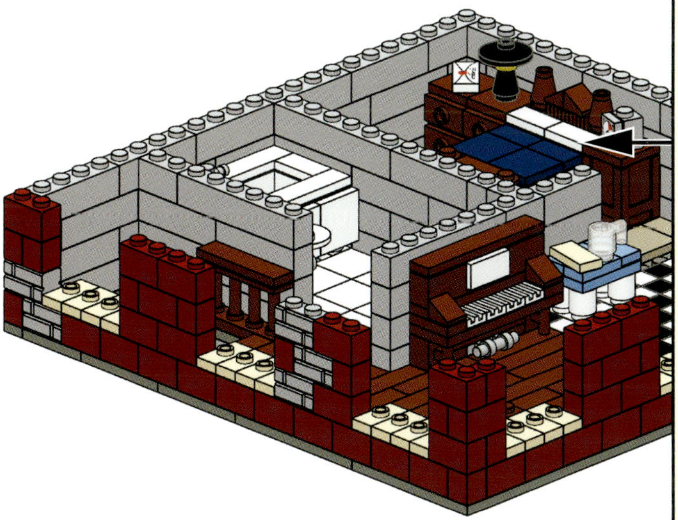

16

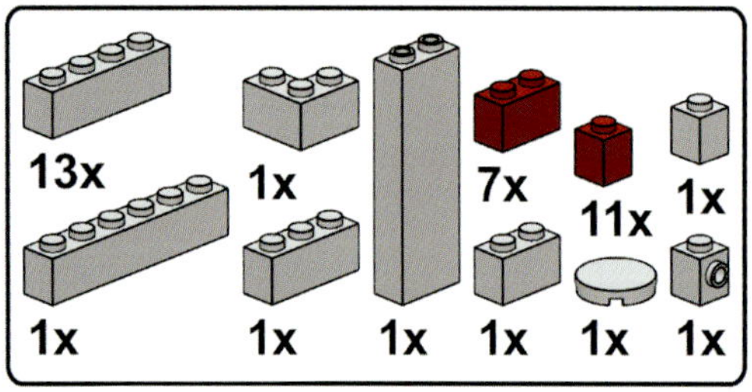

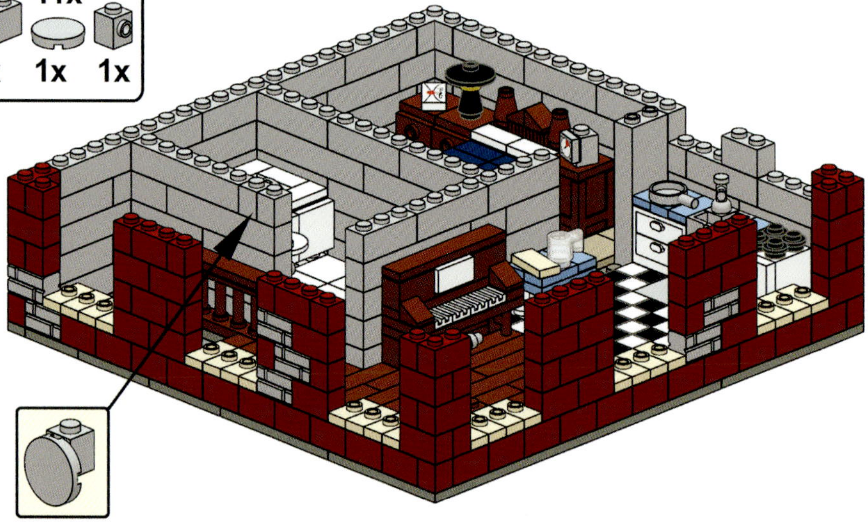

17

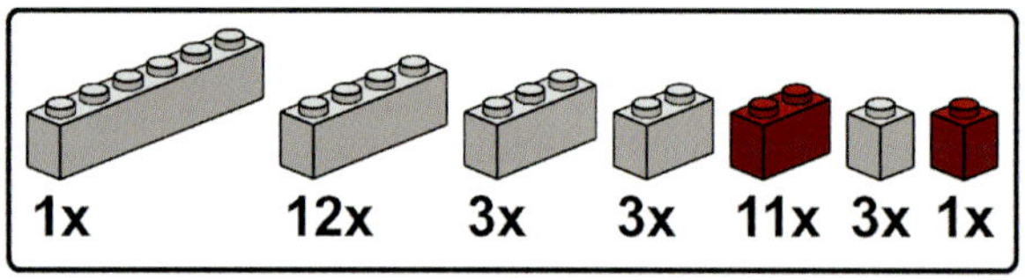

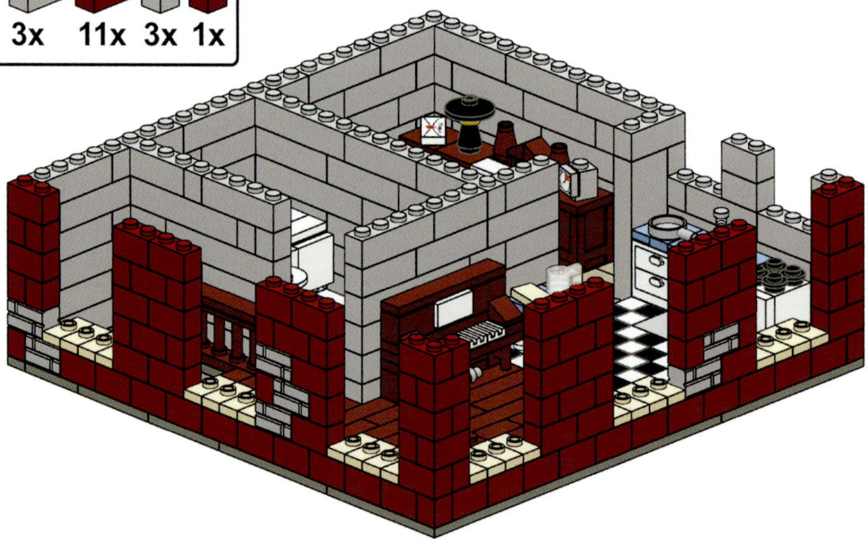

18

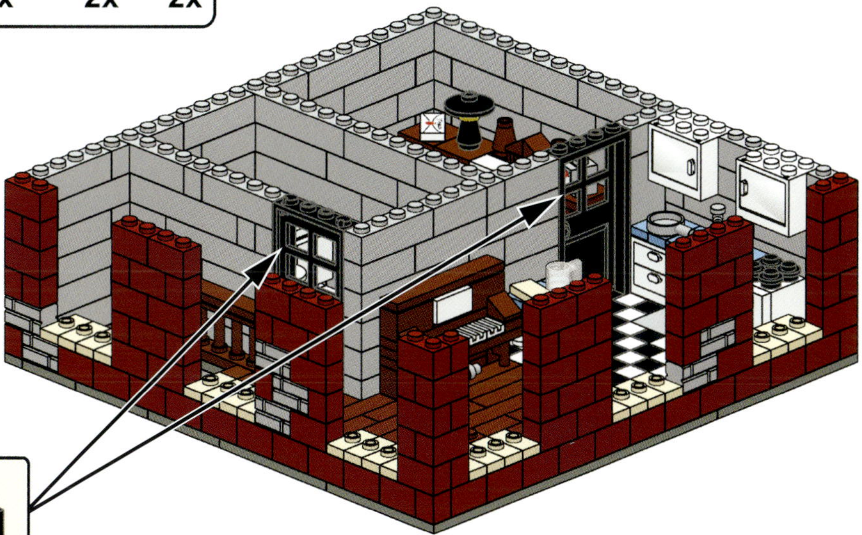

19

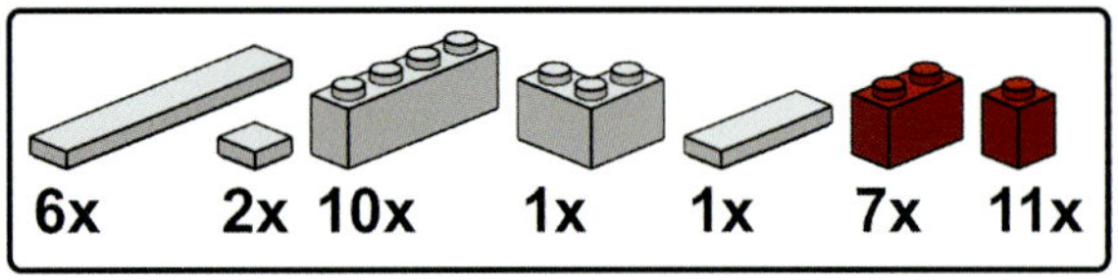

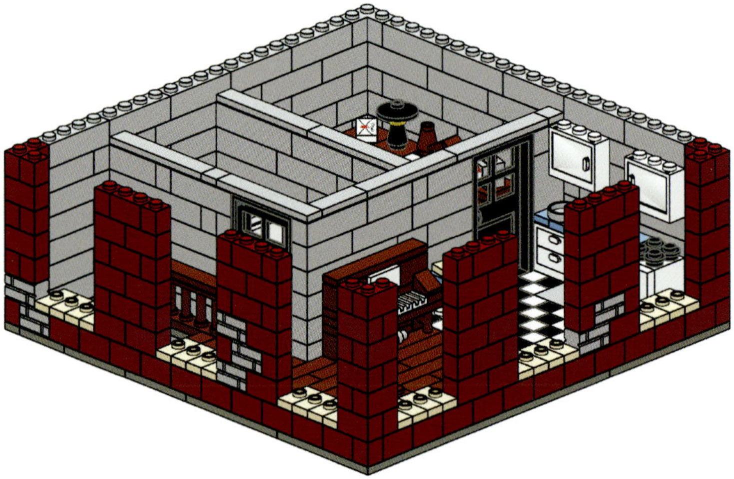

20

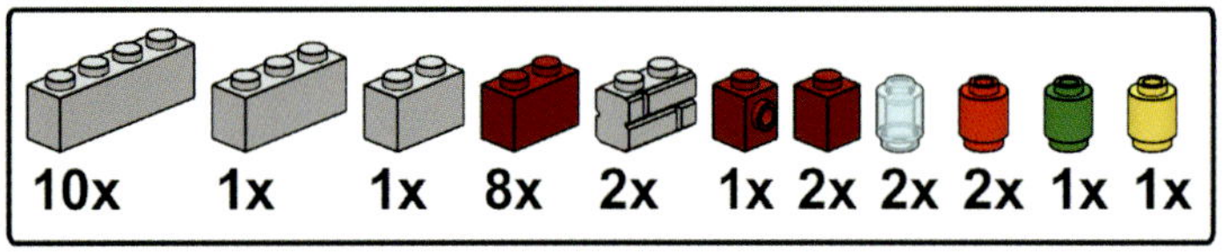

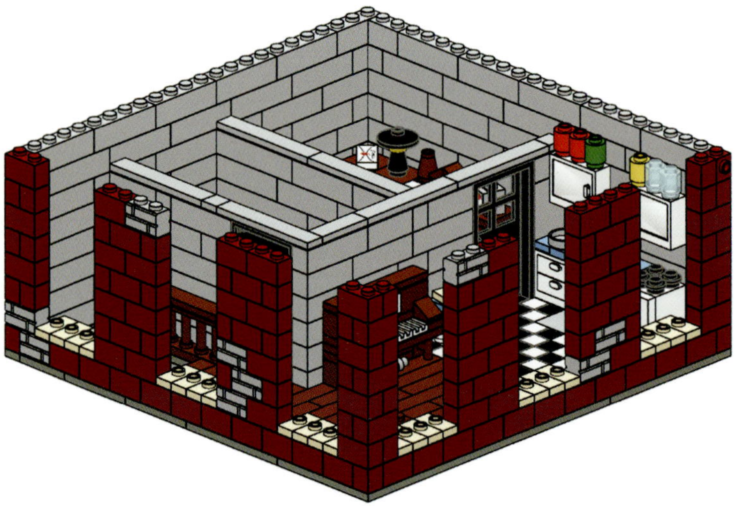

21

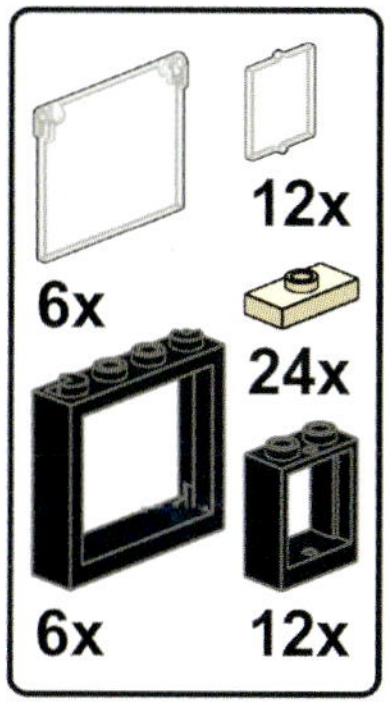

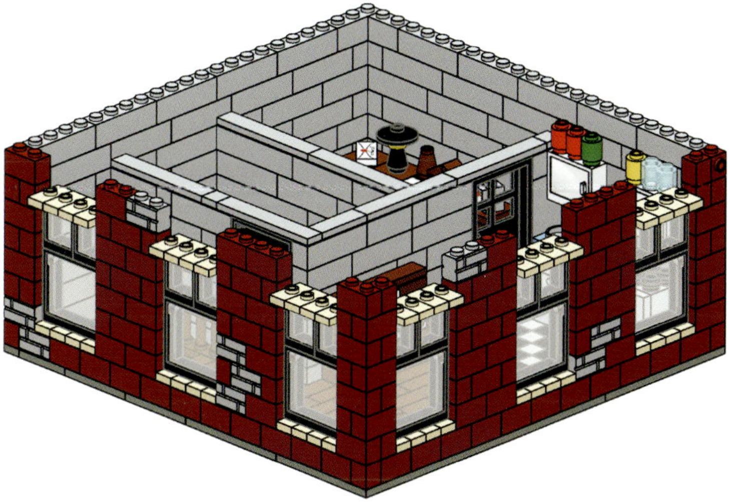

22

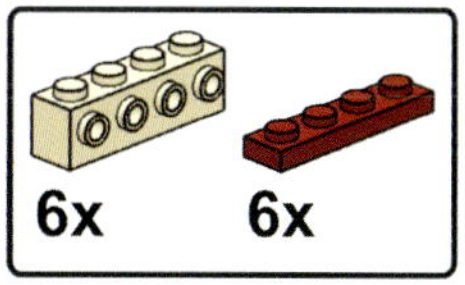

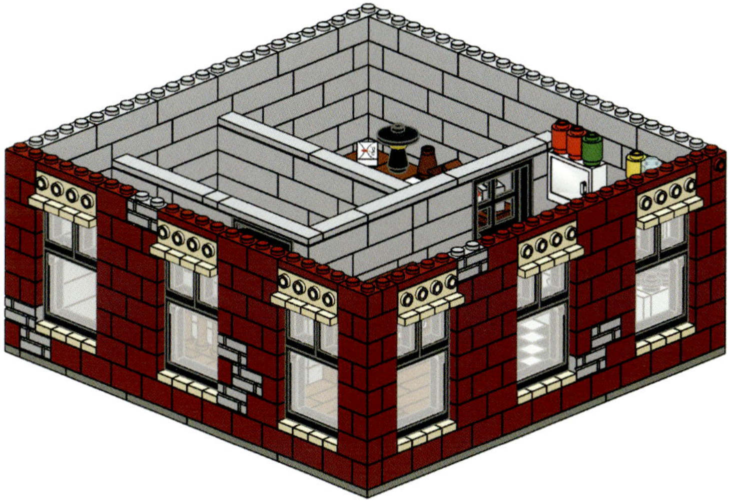

23

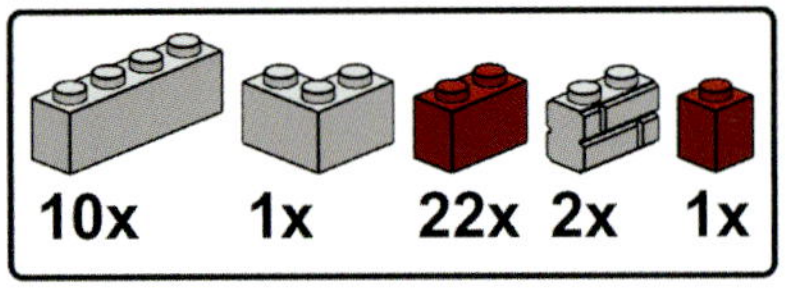

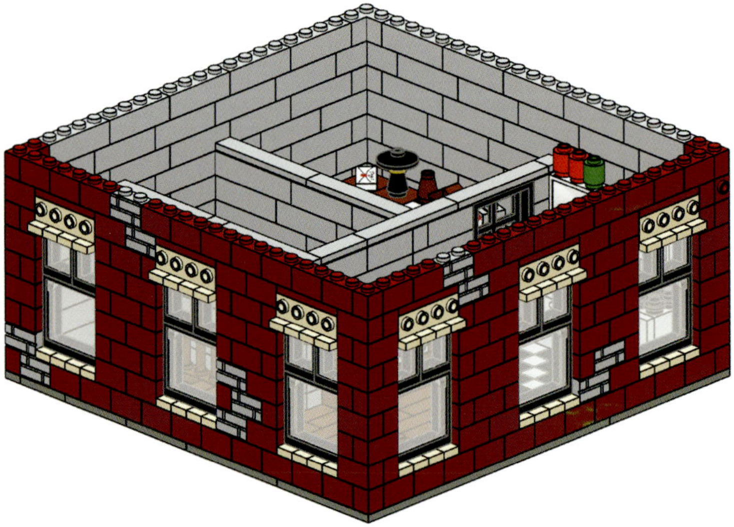

24

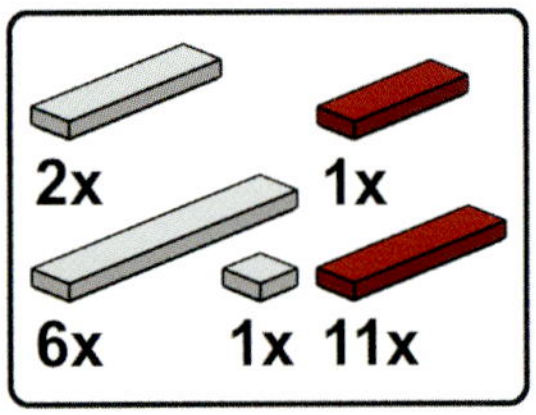

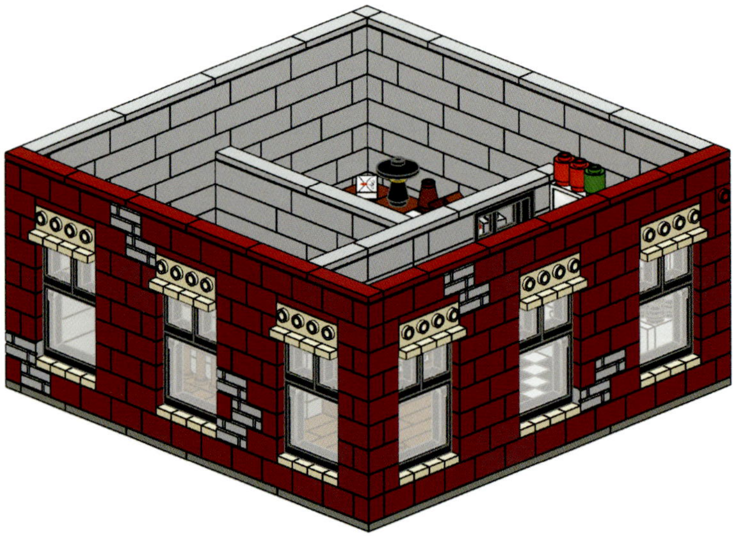

25

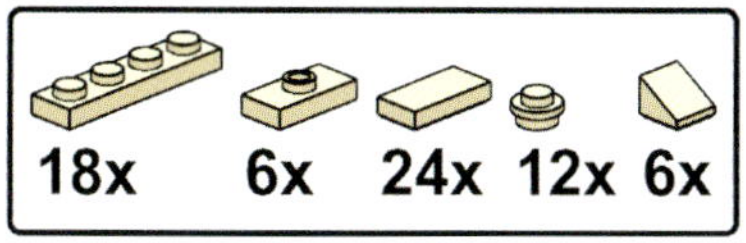

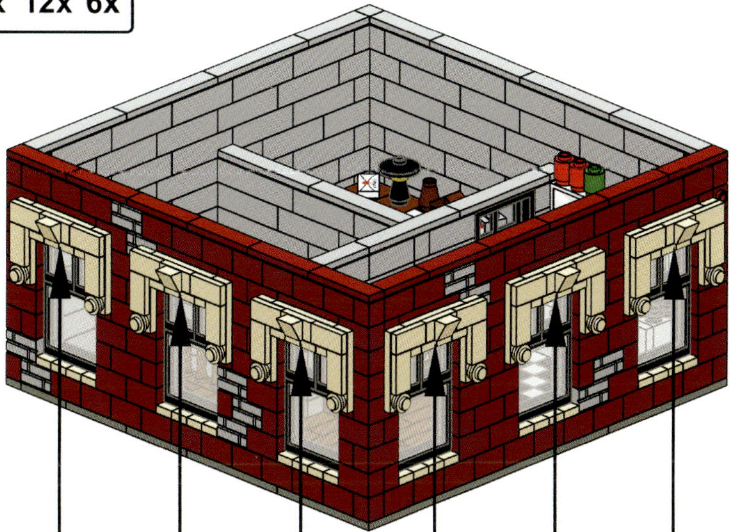

VERSUCHT MAL, DEN FASSADENSTUCK ÜBER DEN FENSTERN ZU VERÄNDERN.

26

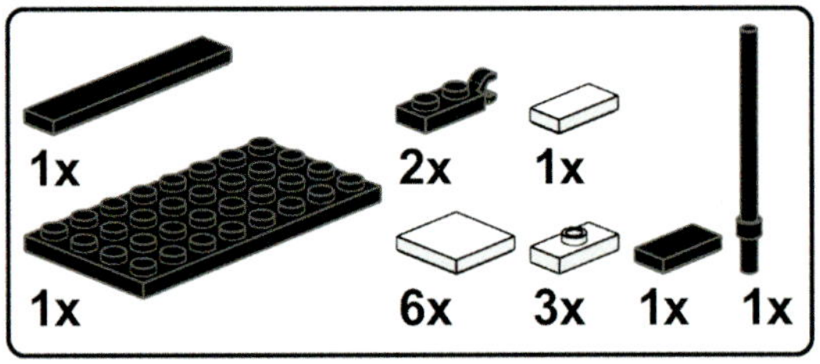

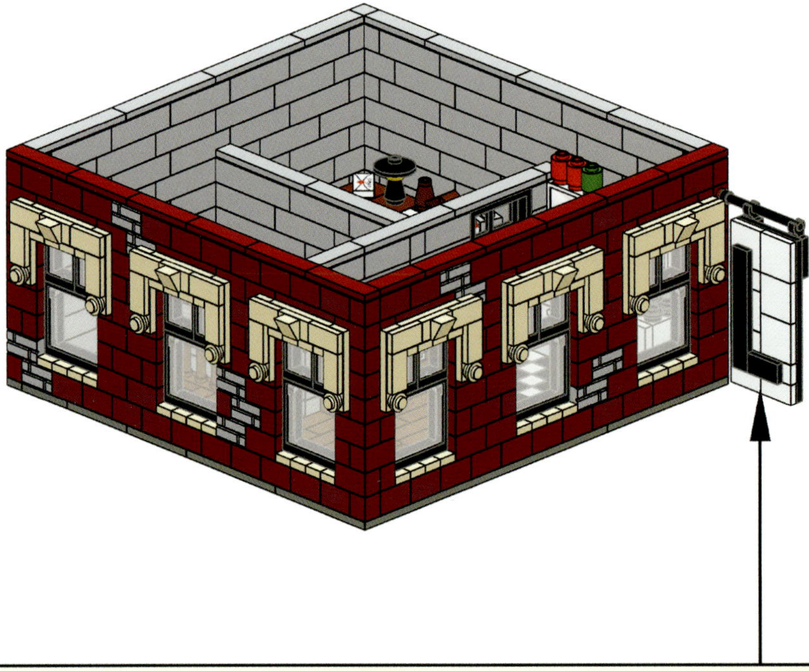

27

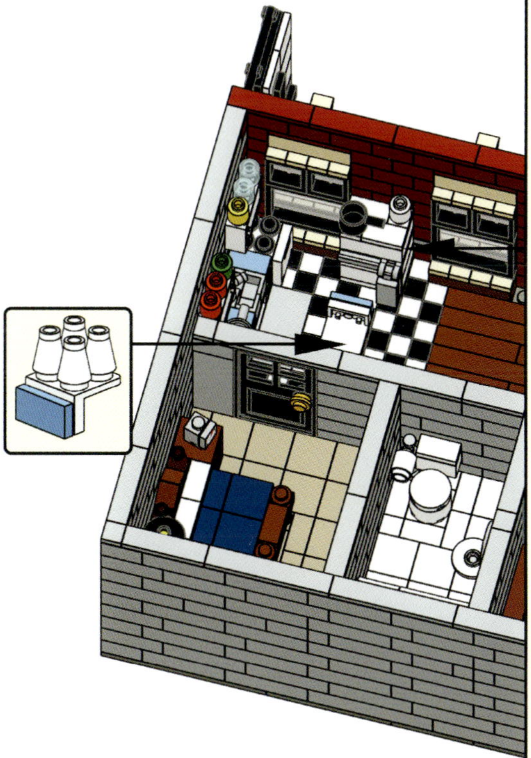

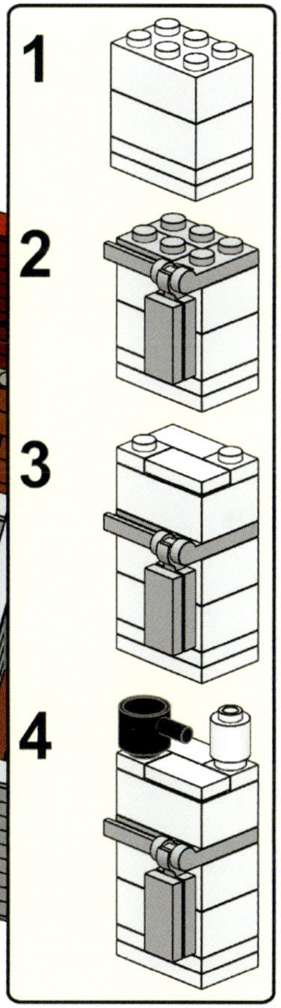

28

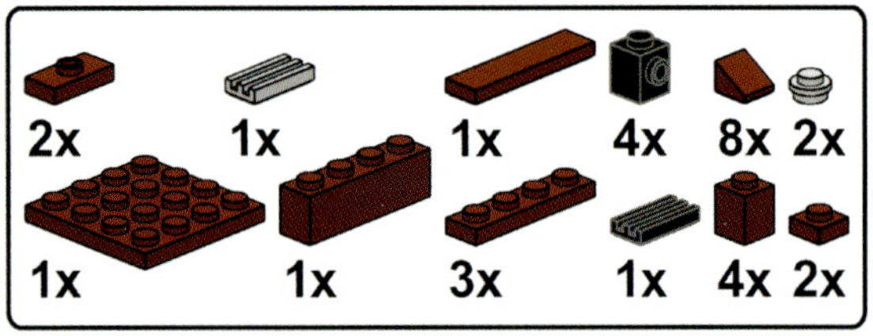

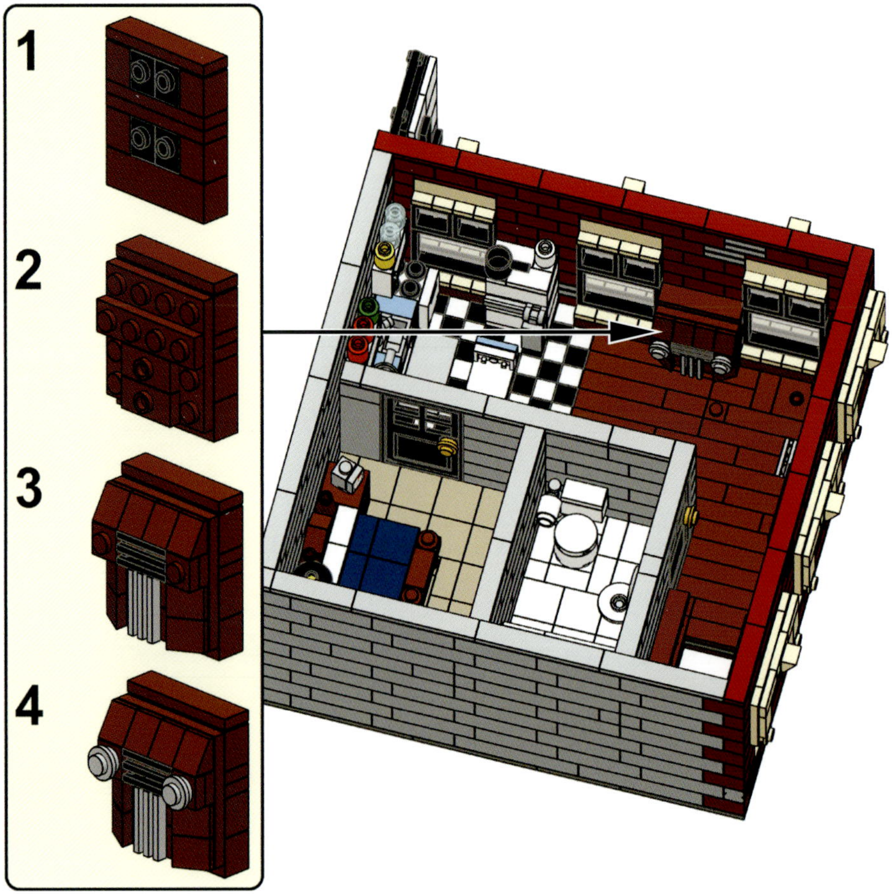

29

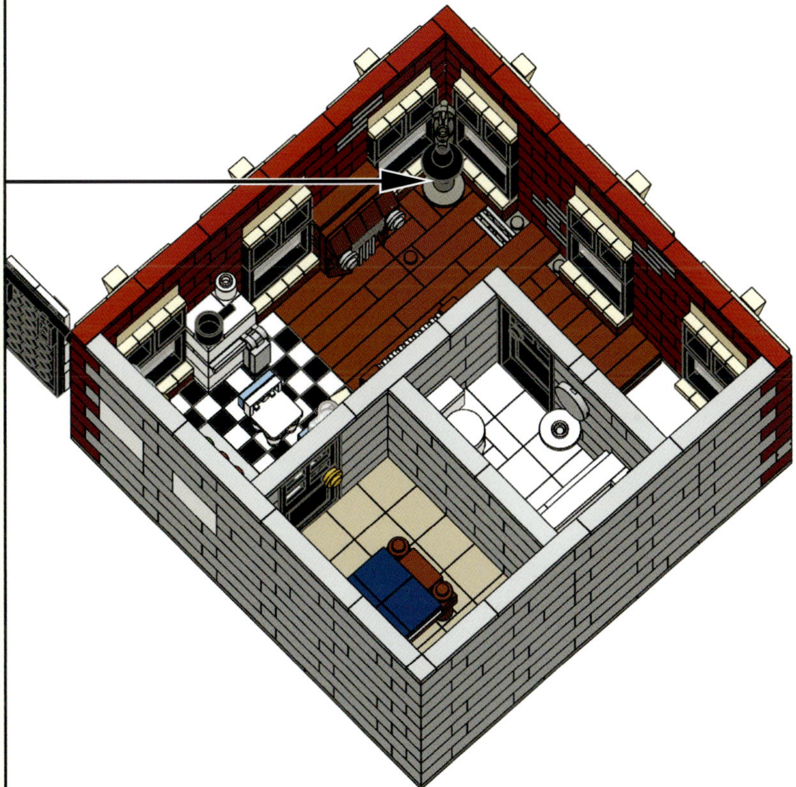

30

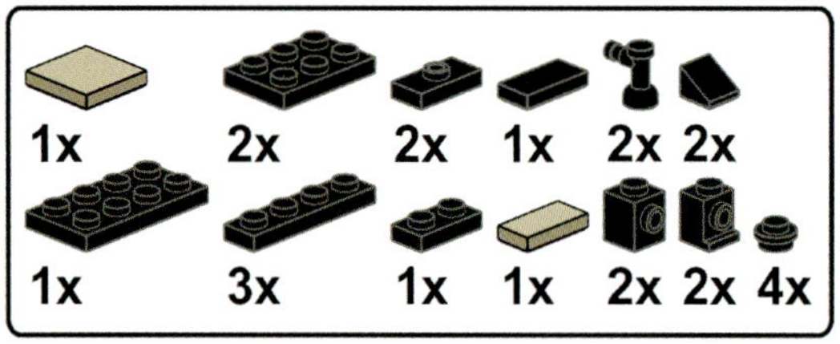

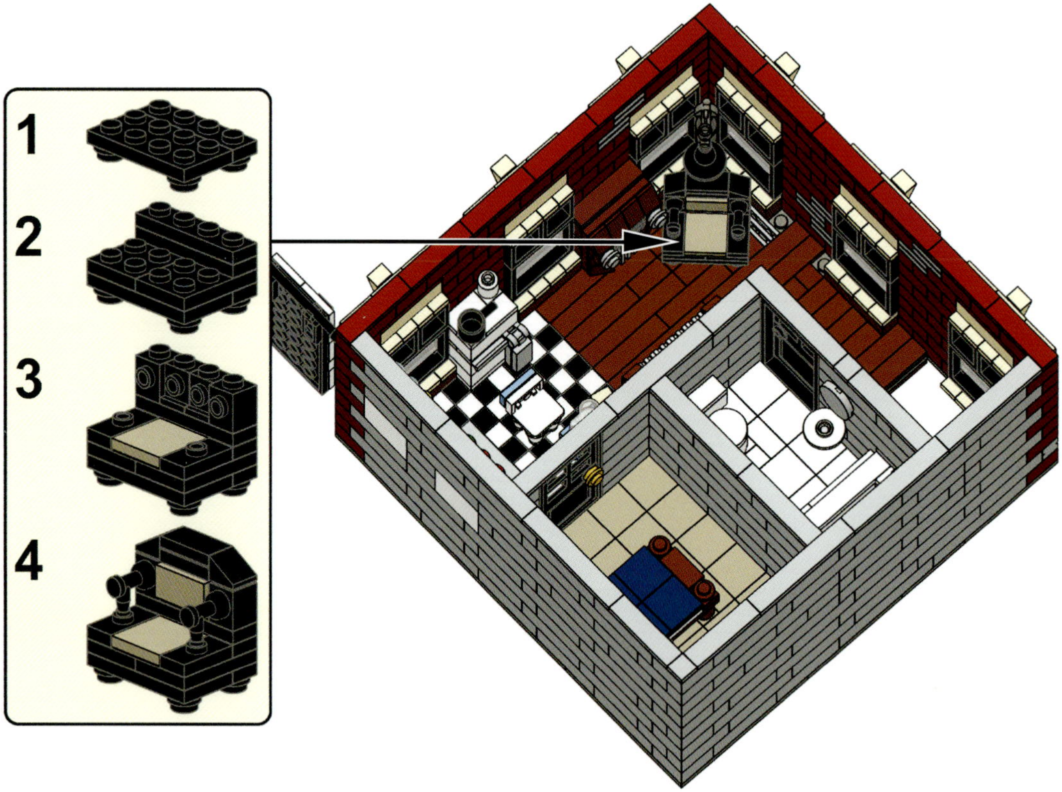

31

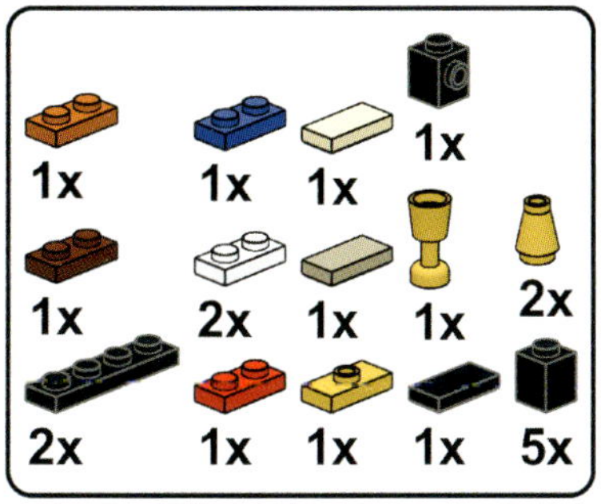

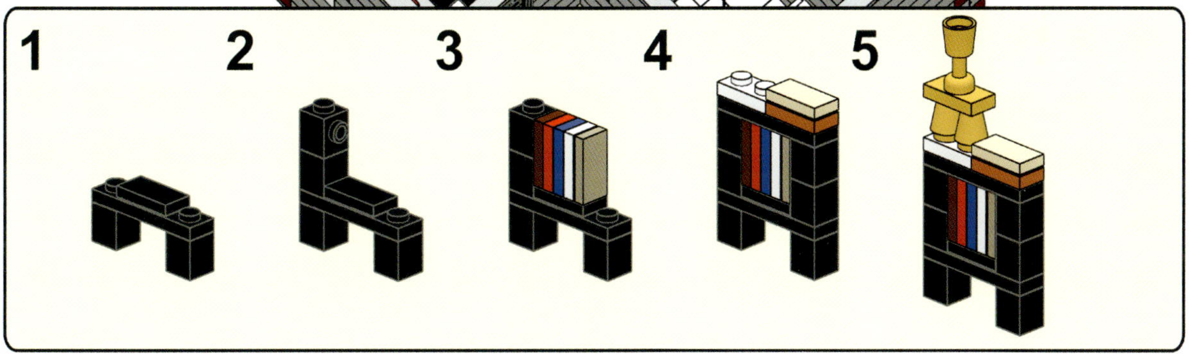

Dach

1

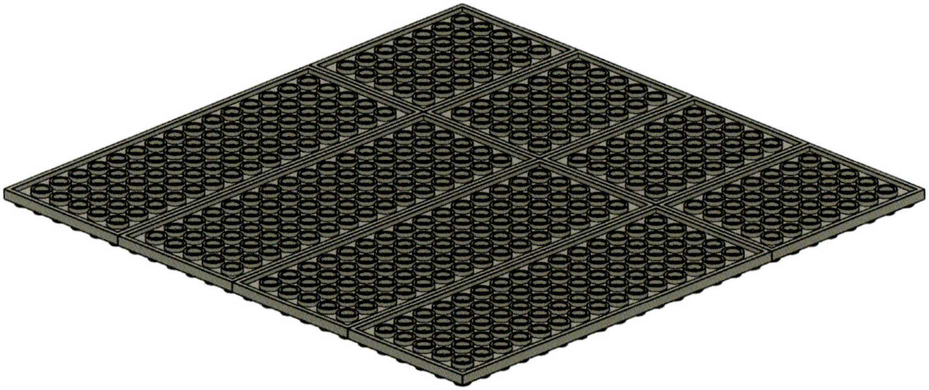

2

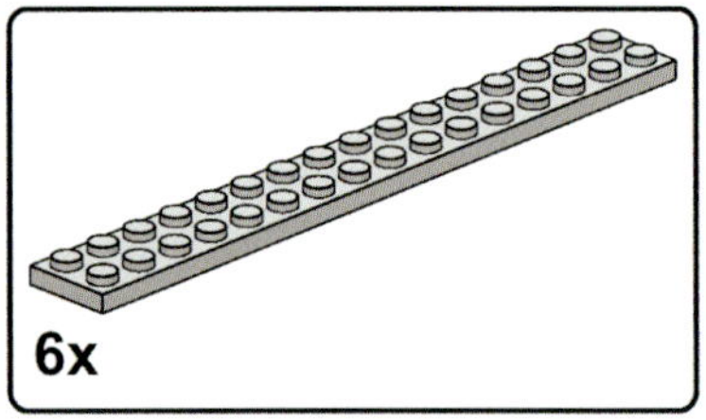

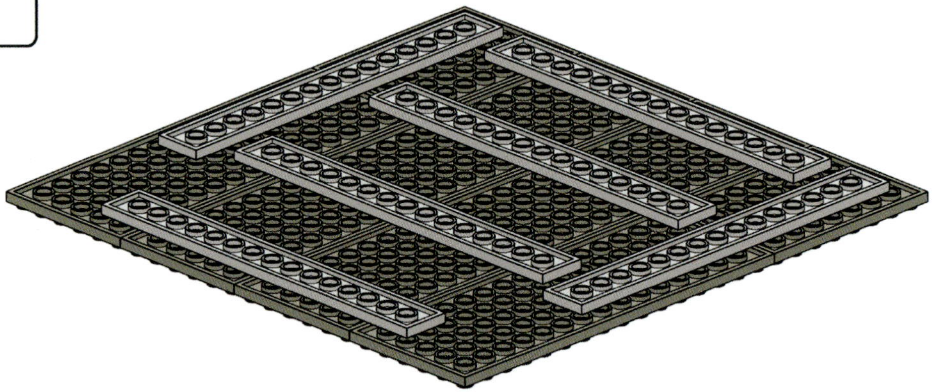

3

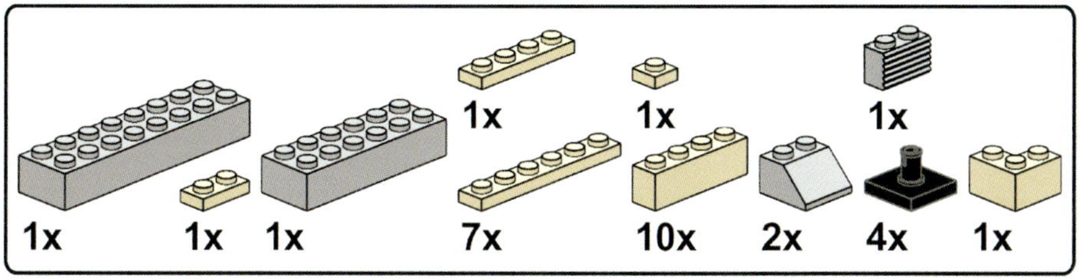

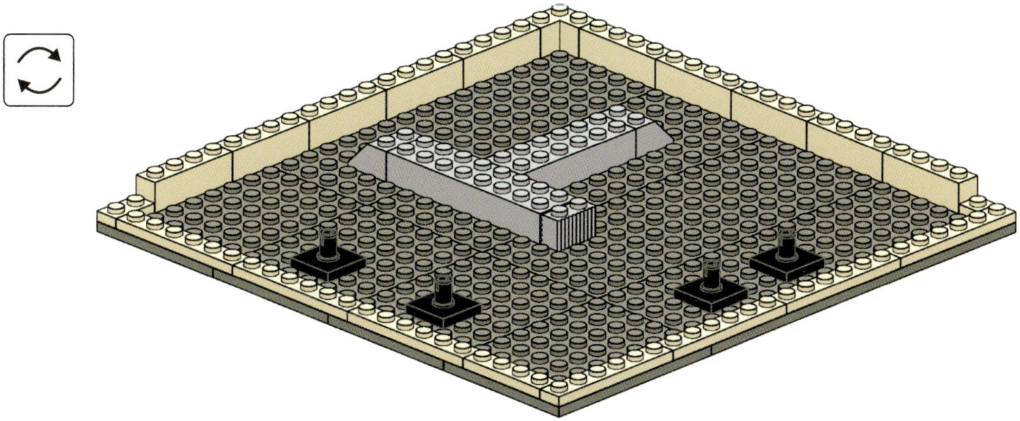

4

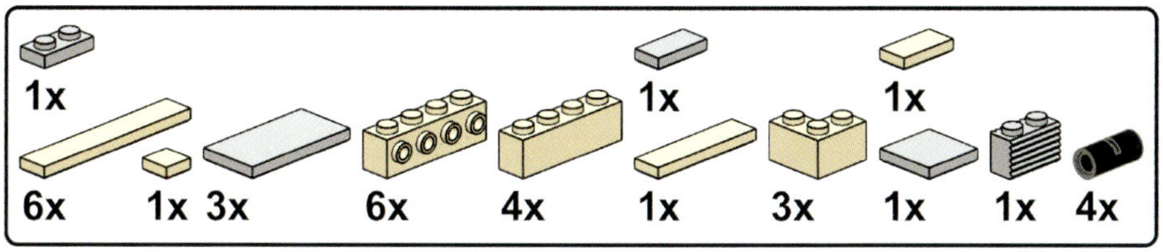

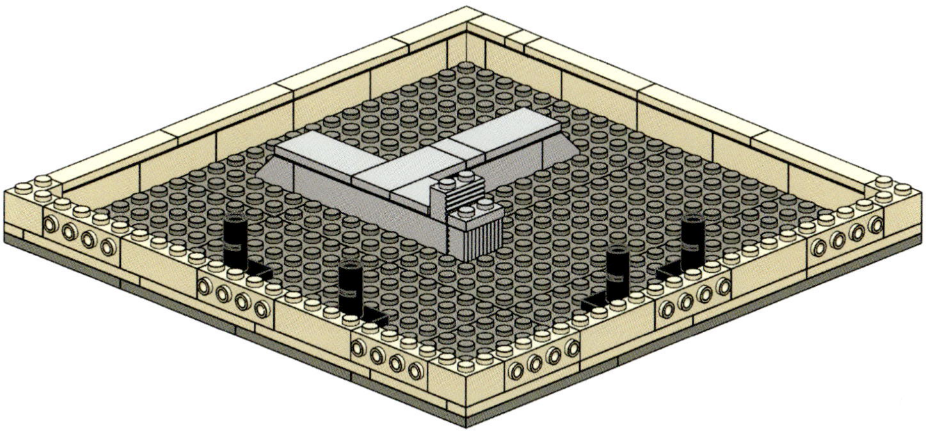

5

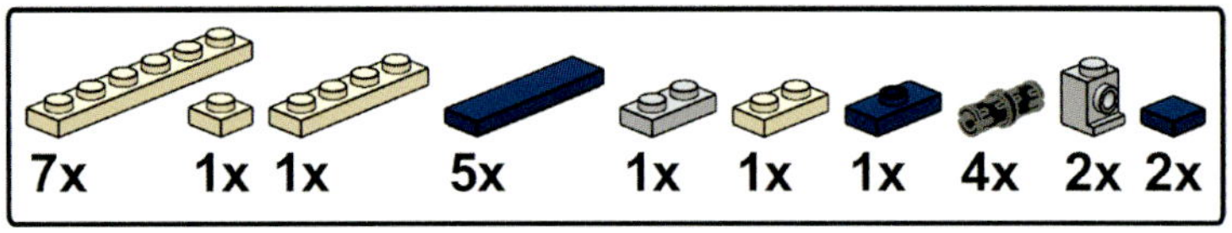

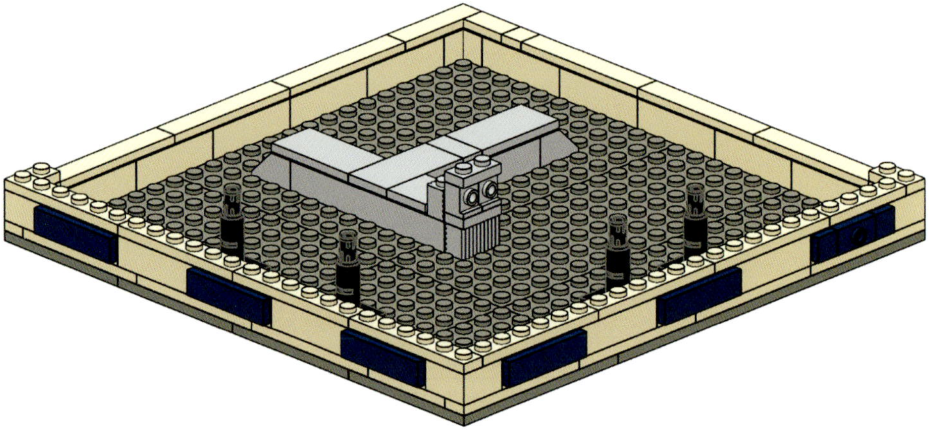

6

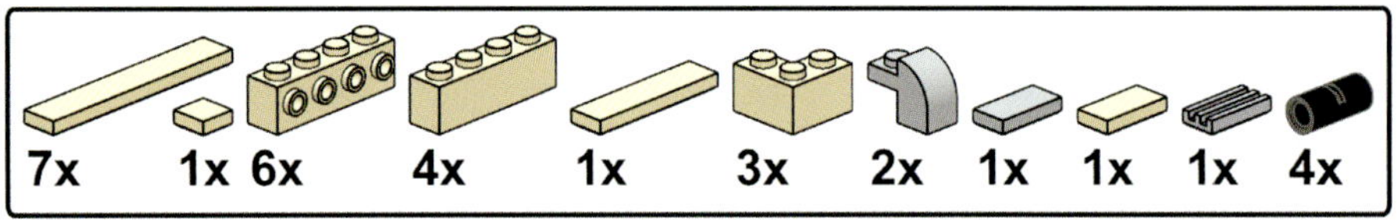

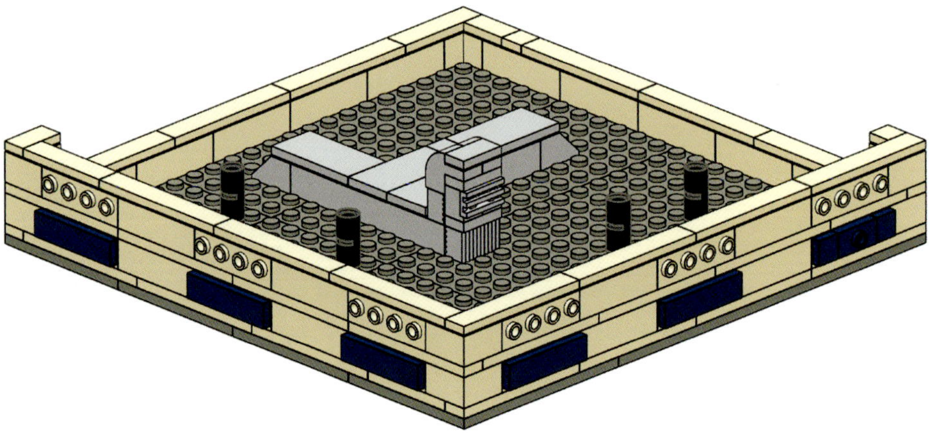

7

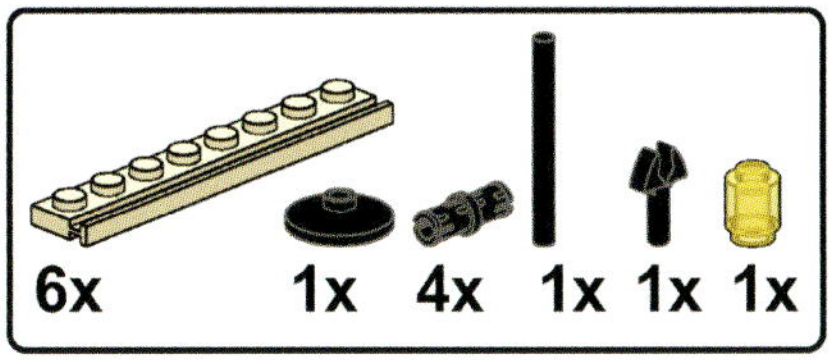

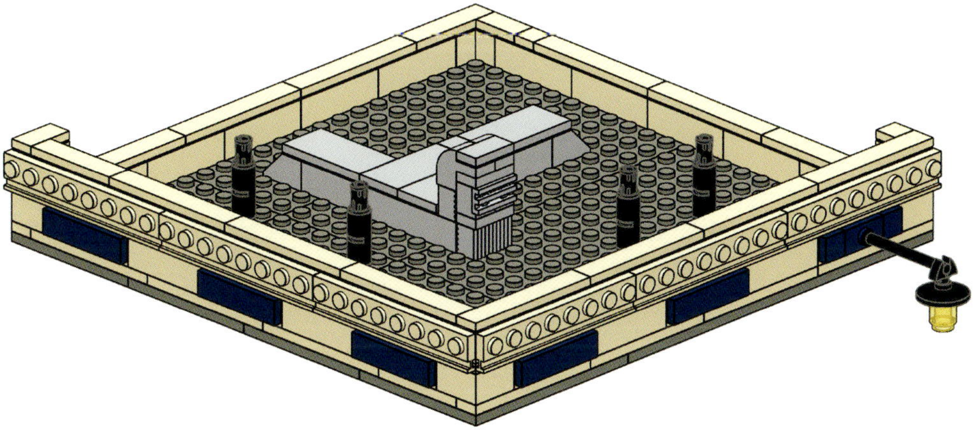

8

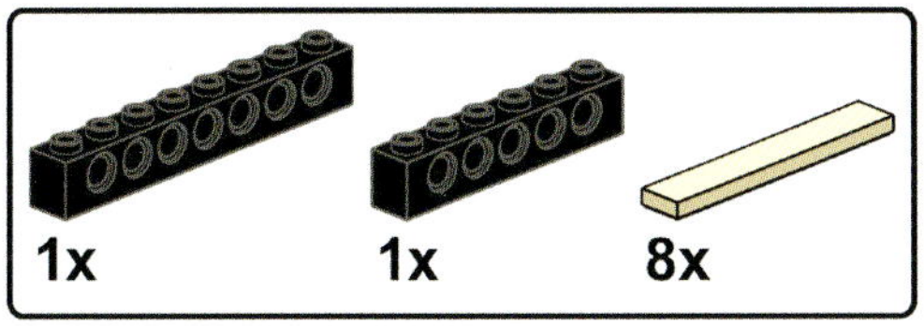

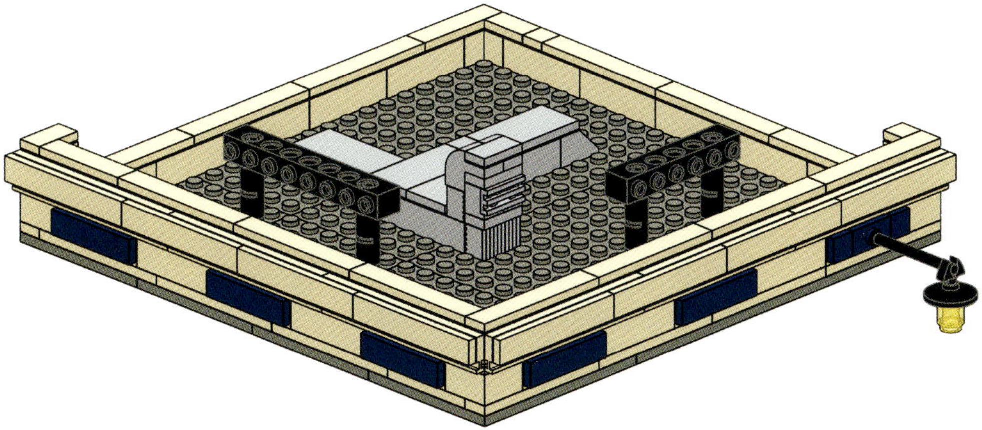

9

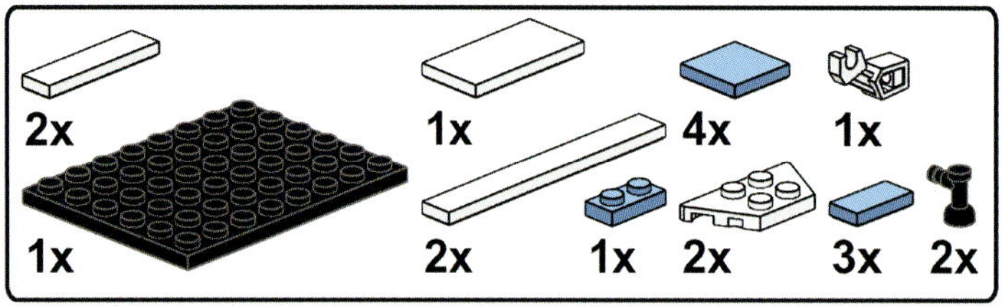

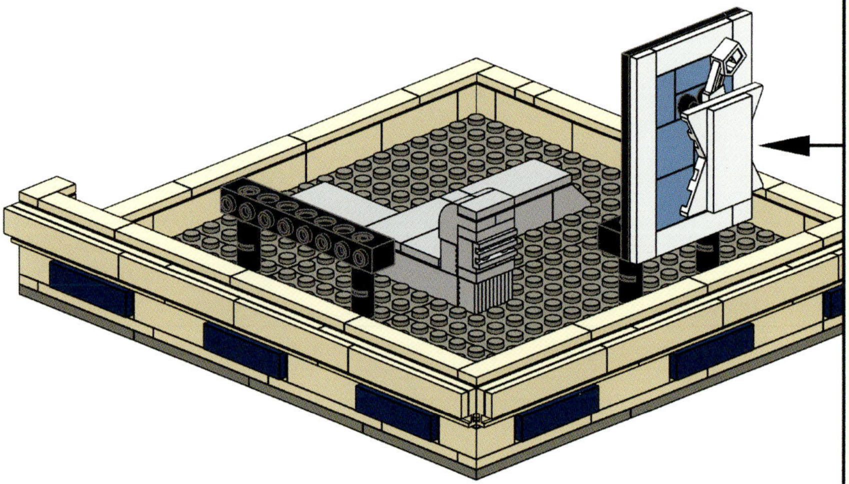

IHR KÖNNTET DIESE PLATTE UMGEDREHT AN TECHNIC STEINEN BEFESTIGEN UND SO DER STUCKLEISTE EINE GANZ ANDERE OPTIK VERLEIHEN.

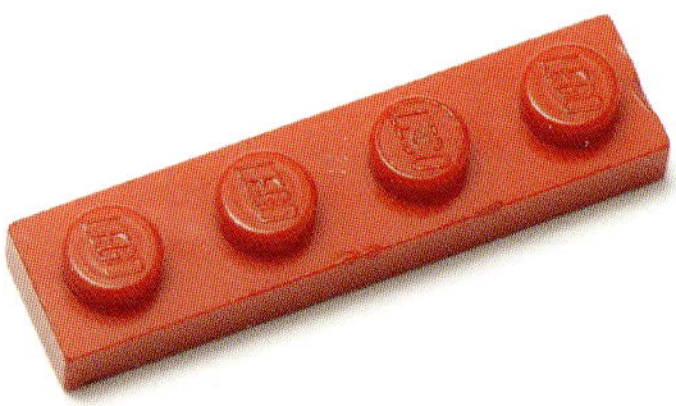

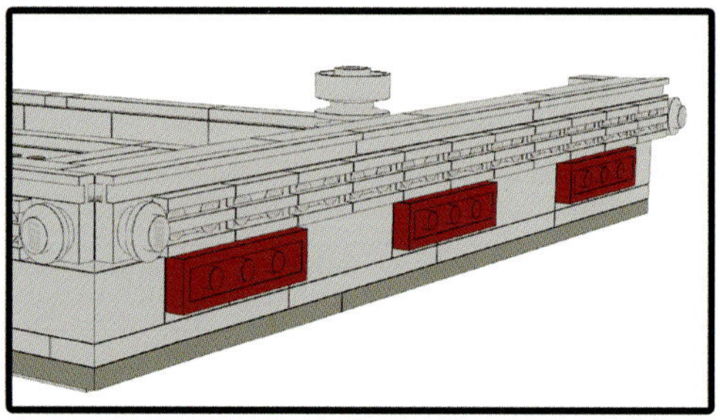

1

2

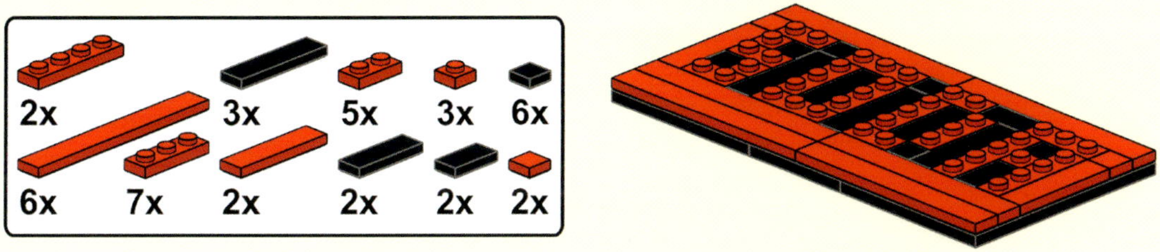

3

4

5

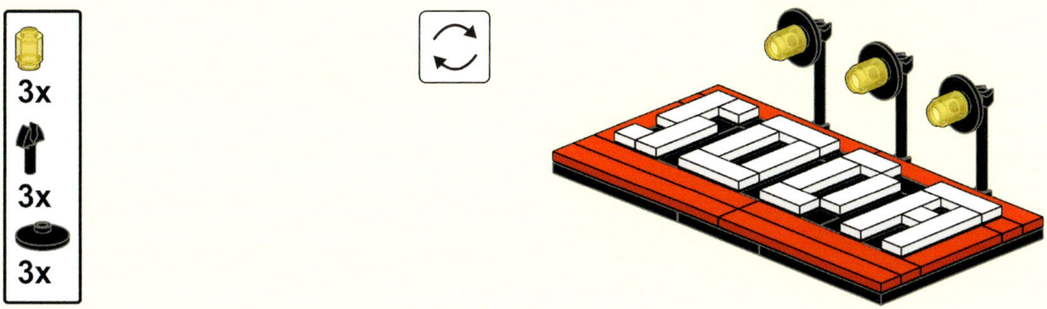

10

VERSUCHT MAL, EINE WERBETAFEL ZU BAUEN, DIE ZU EUREM LADEN PASST, Z. B. MIT EINER AUTO-SILHOUETTE ODER WERKZEUGTEILEN.

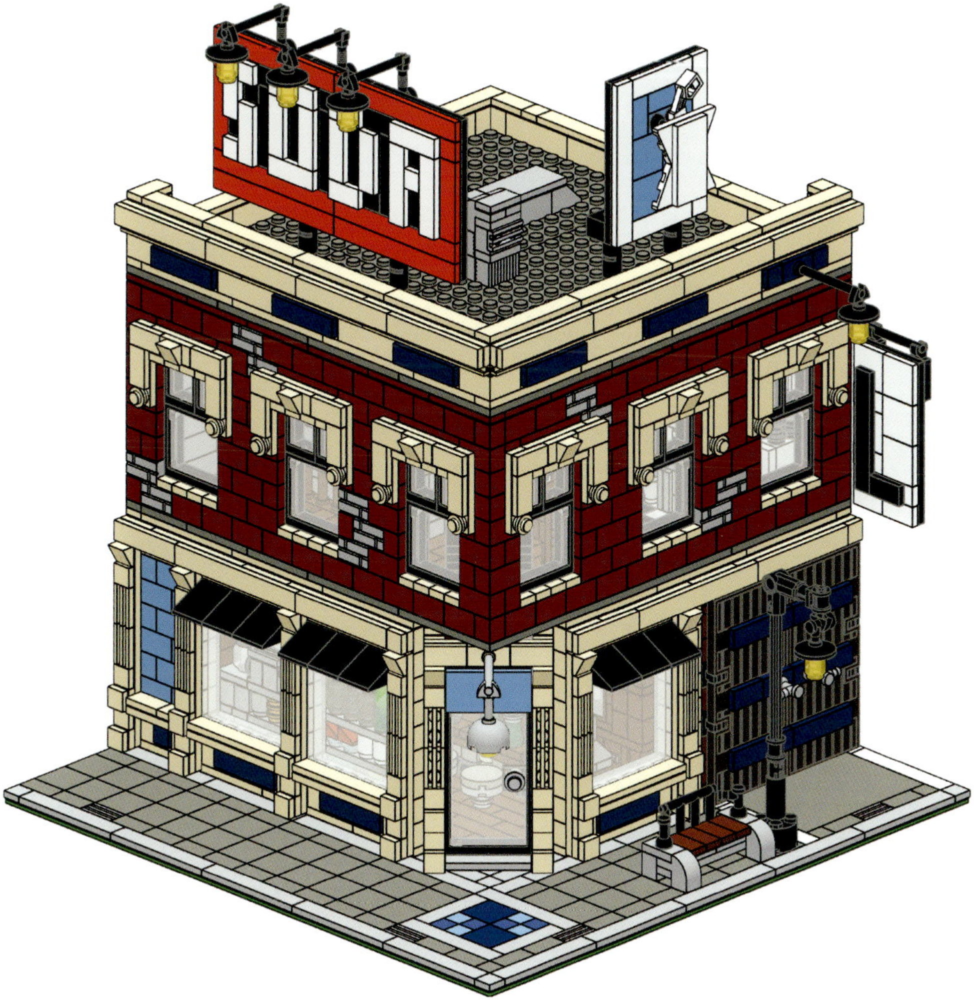

SODA

Häuser

Diese drei Wohnhaus-Typen nutzen dasselbe Basismodell als Ausgangspunkt, ihr solltet es deshalb zuerst bauen. Die hervorstehenden Noppen an der Front des Hauses erlauben es euch, verschiedene Fassadenteile daran zu montieren.

Tragende Bauteile unabhängig von den dekorativen zu bauen, gestattet es euch, mit neuen Techniken zu experimentieren.

Nach Vollendung des Erdgeschosses findet ihr Bauanleitungen für ein Apartmenthaus im Pariser Stil (Seite 171) und ein Reihenhaus im Kolonialstil (Seite 179), die die gesamte Basisstruktur in zwei verschiedenen Stilen nutzen. Das Haus im Amsterdamer Kanalring-Stil (Seite 186) zeigt ein völlig anderes Design in der obersten Etage und am Dach.

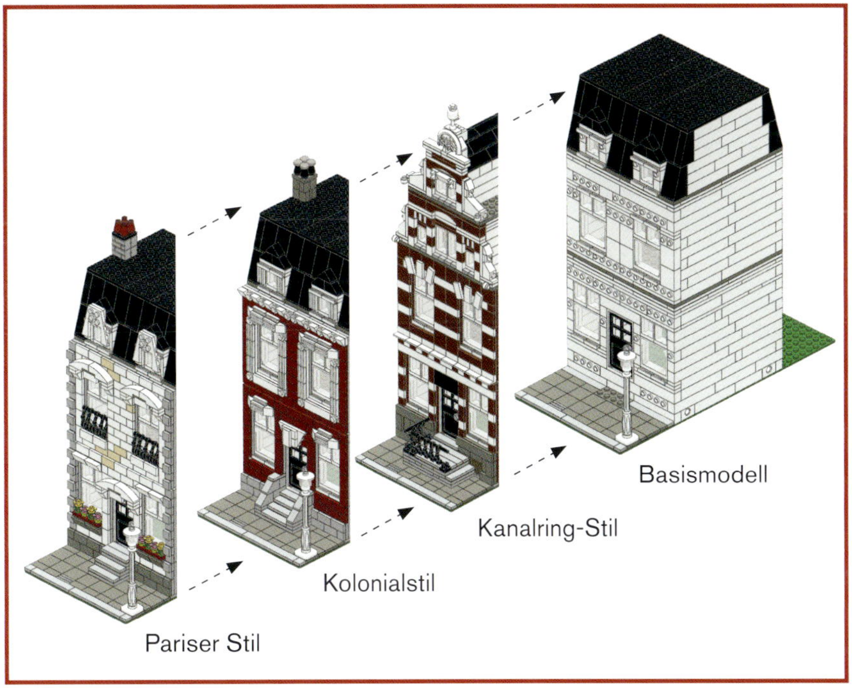

In diesem Kapitel findet ihr Anleitungen für ein Basismodell mit drei verschiedenen Fassaden.

Basismodell

Teileübersicht

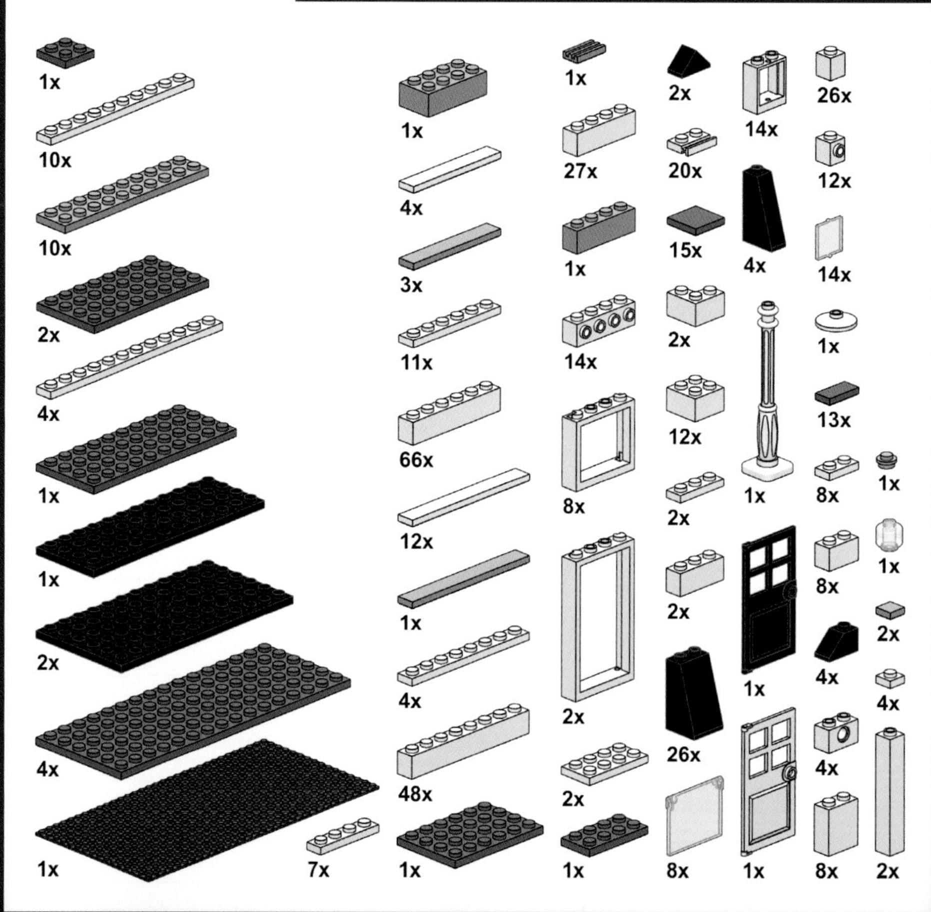

Erdgeschoss

1

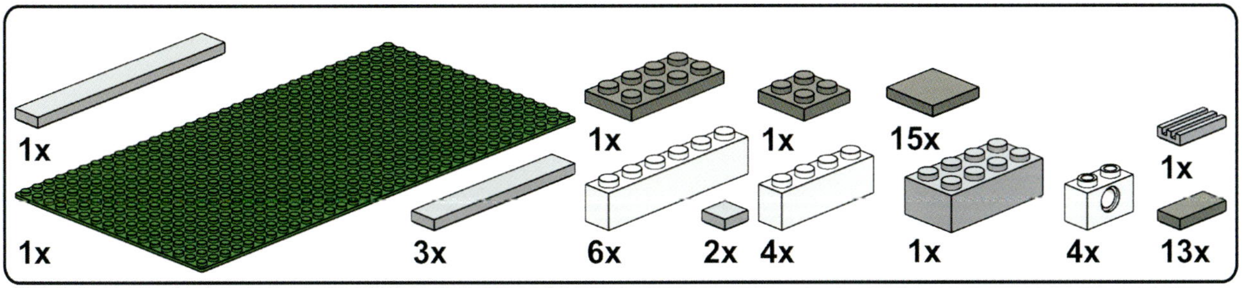

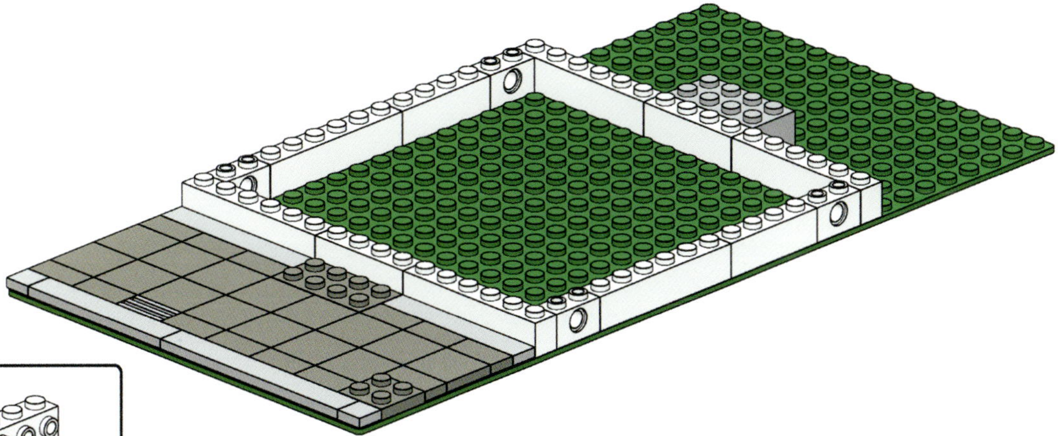

2

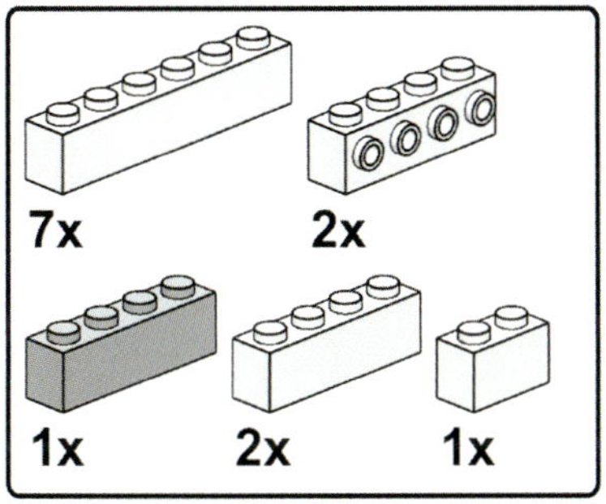

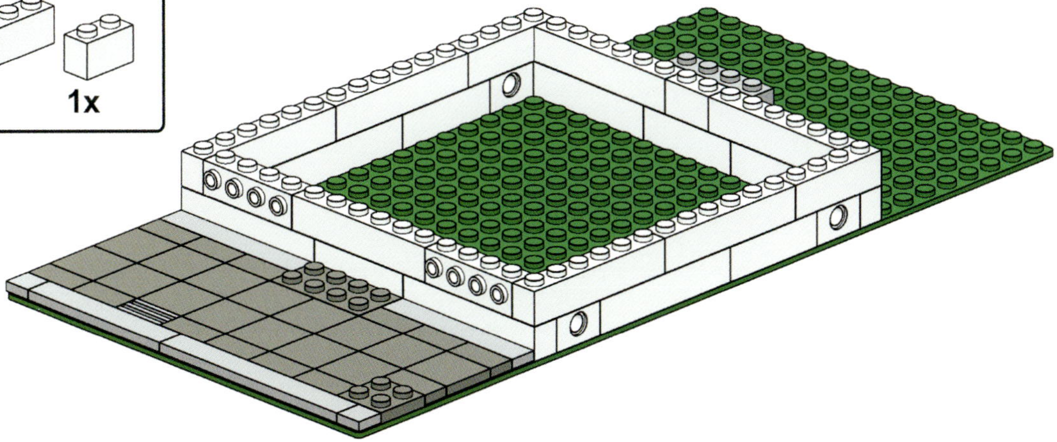

3

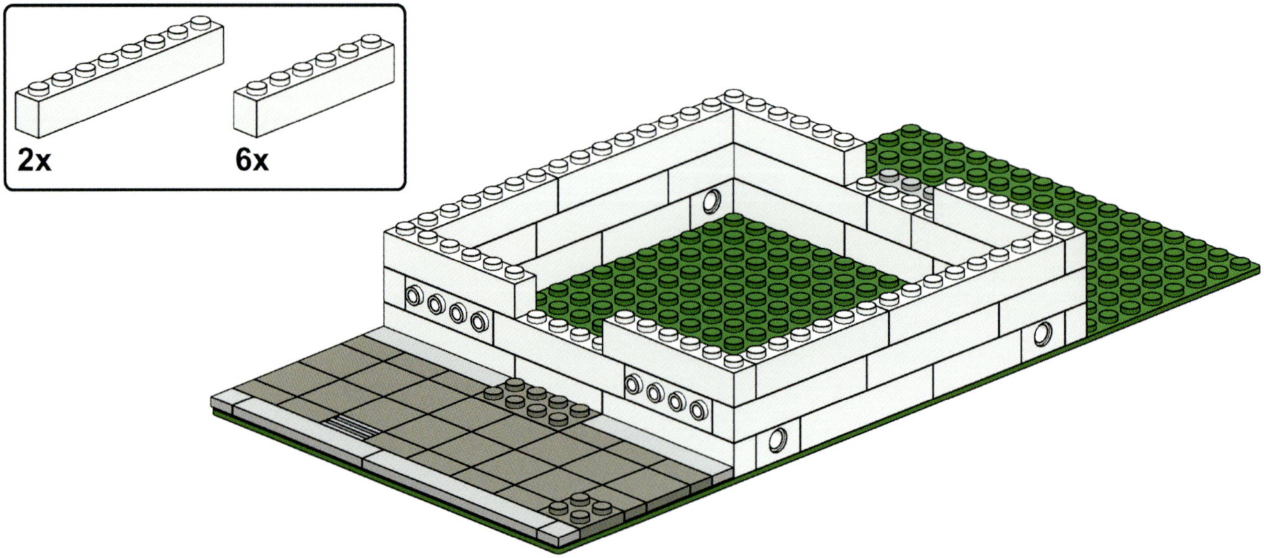

4

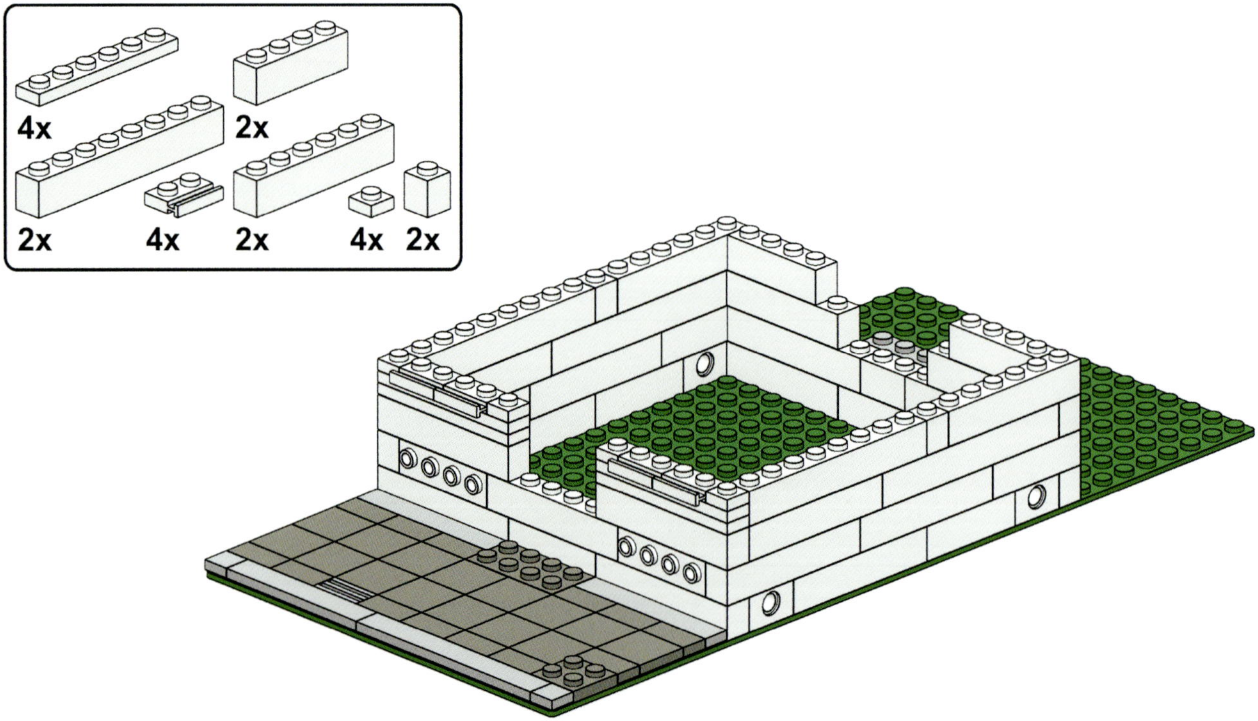

5

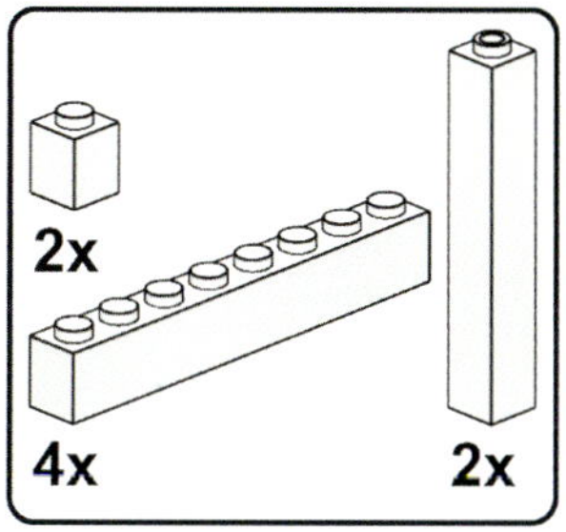

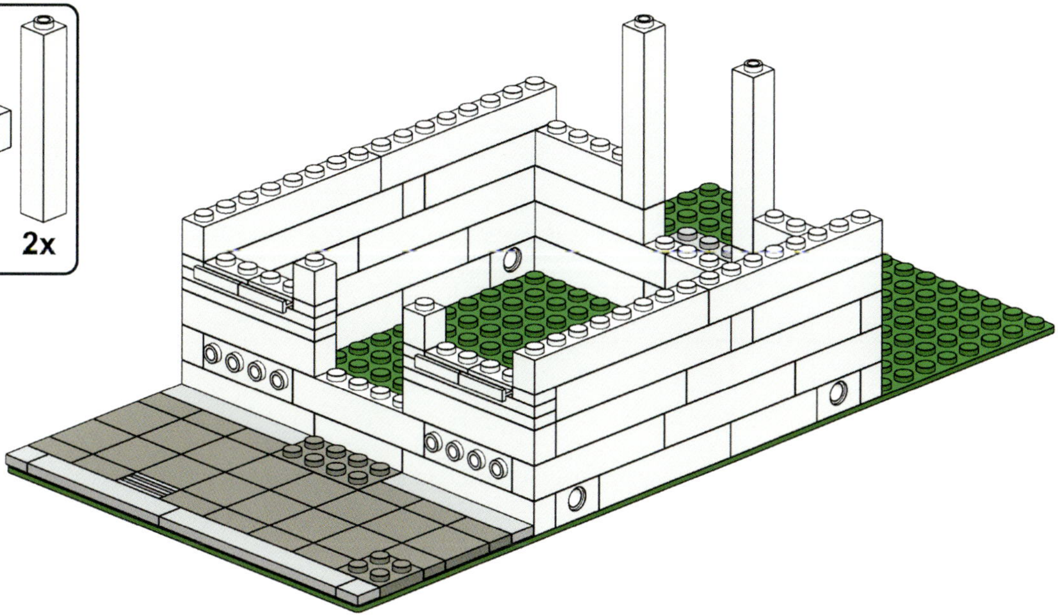

6

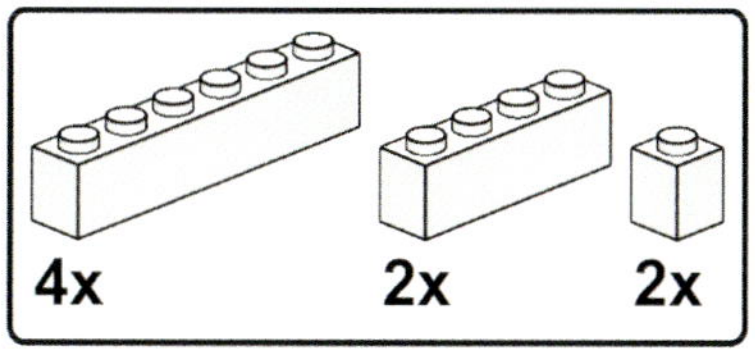

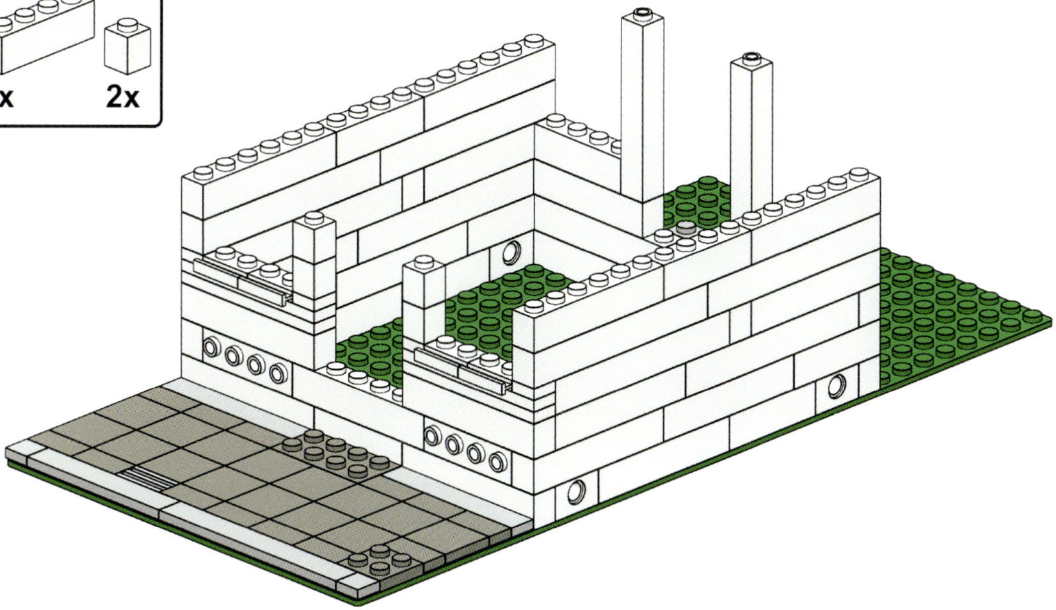

7

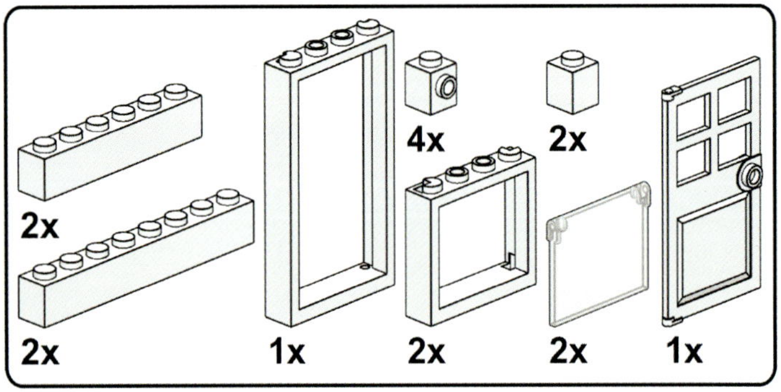

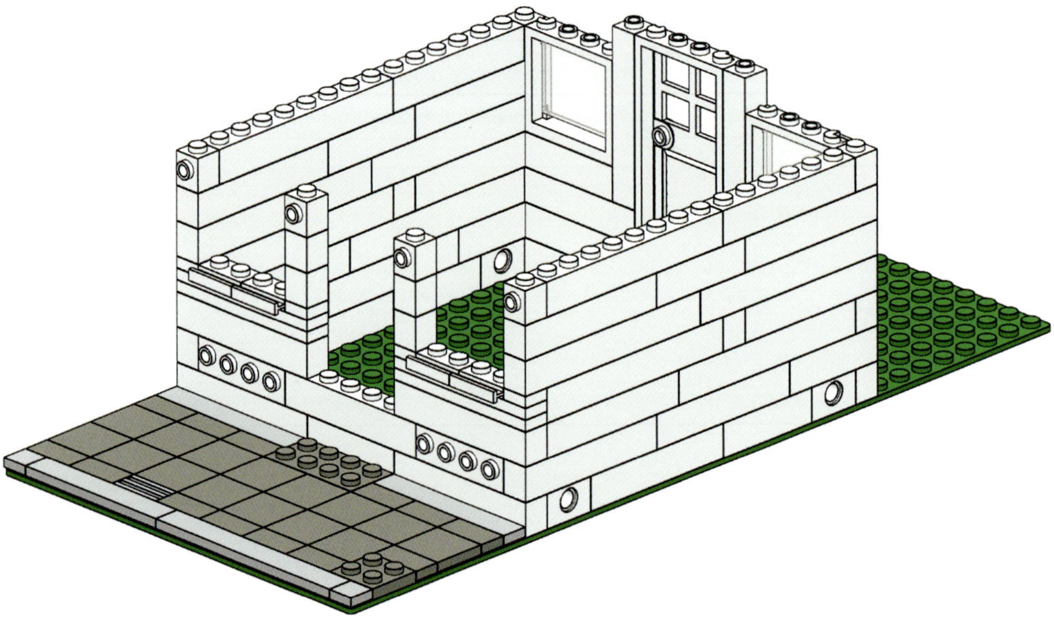

8

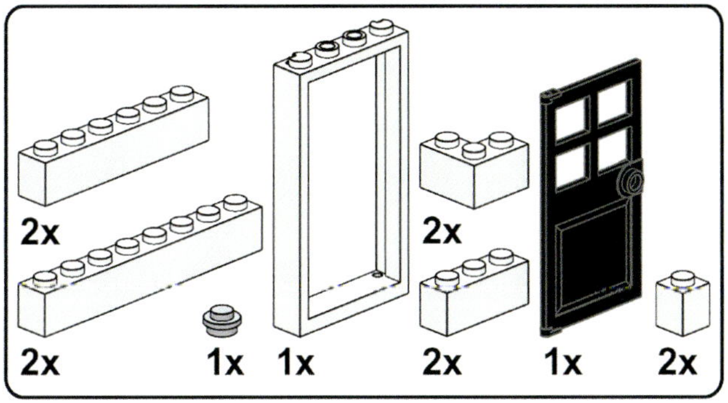

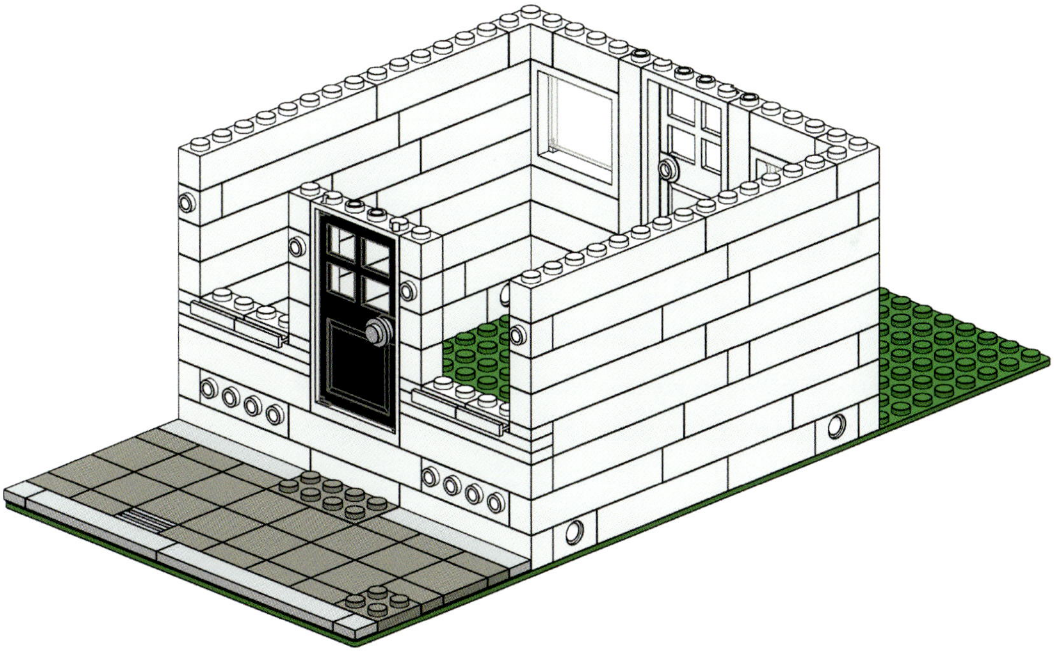

9

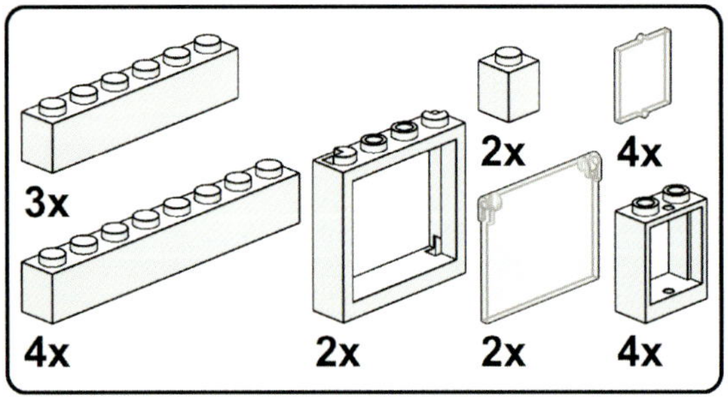

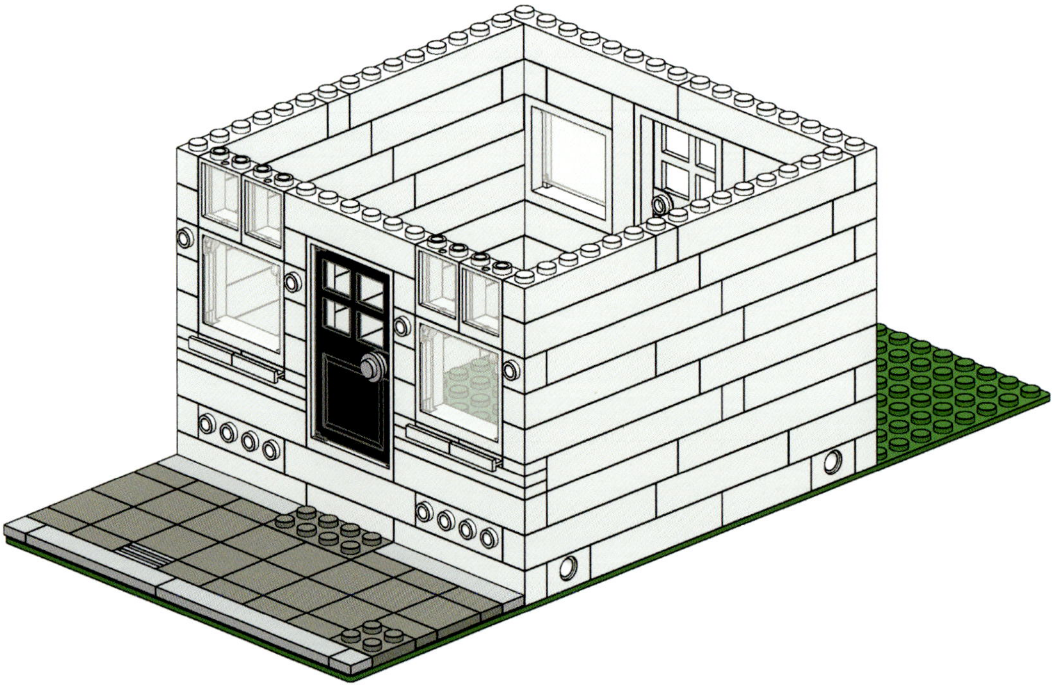

10

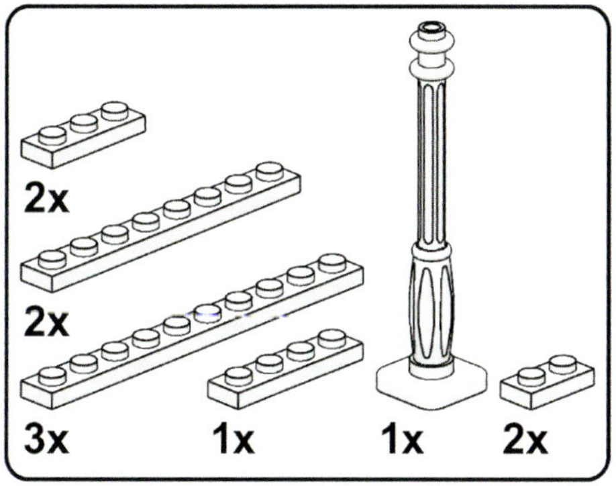

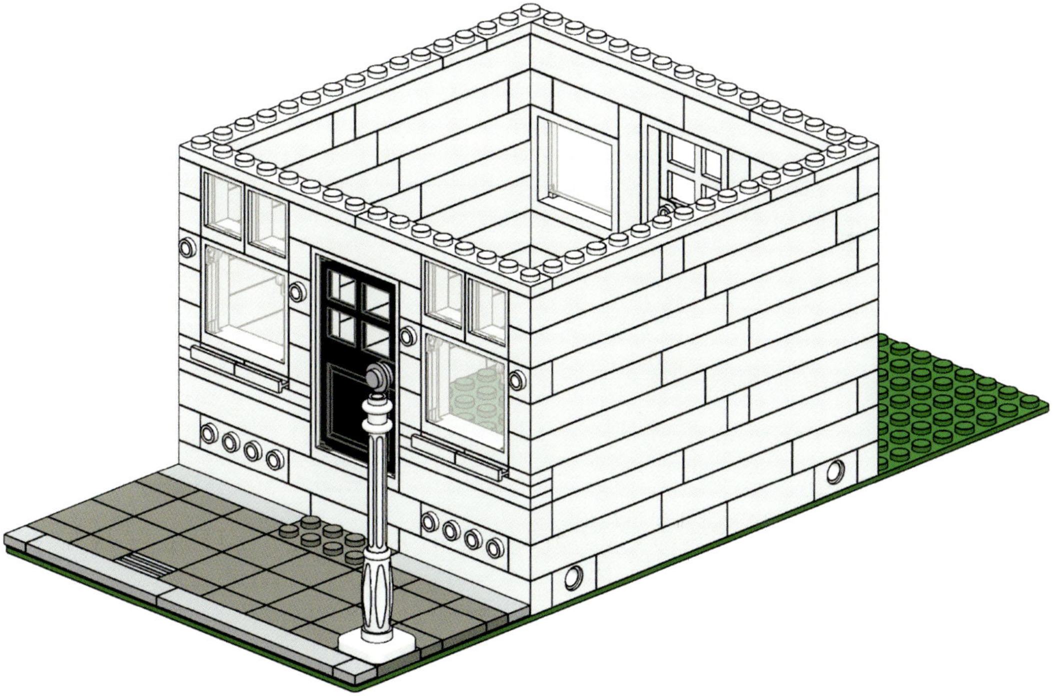

11

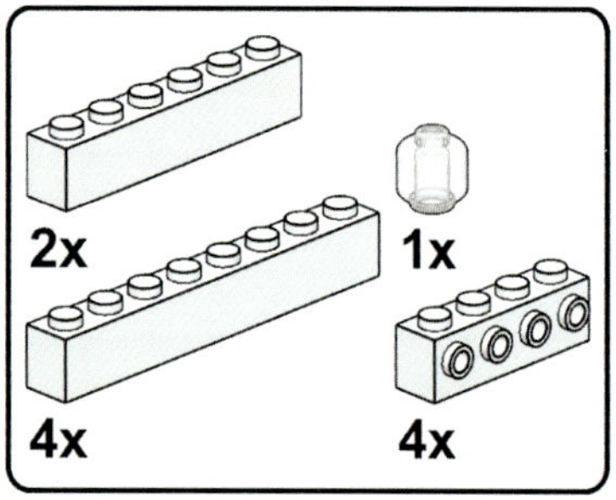

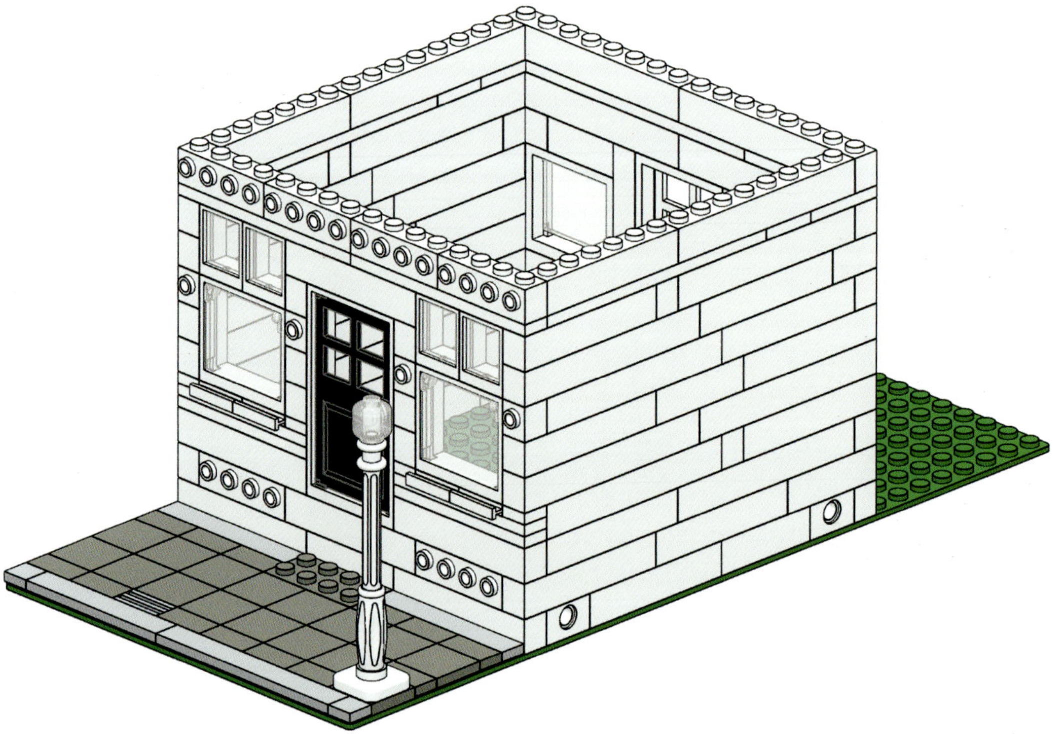

12

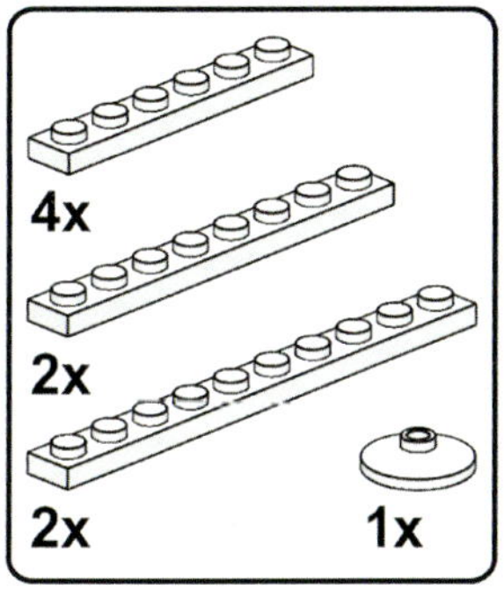

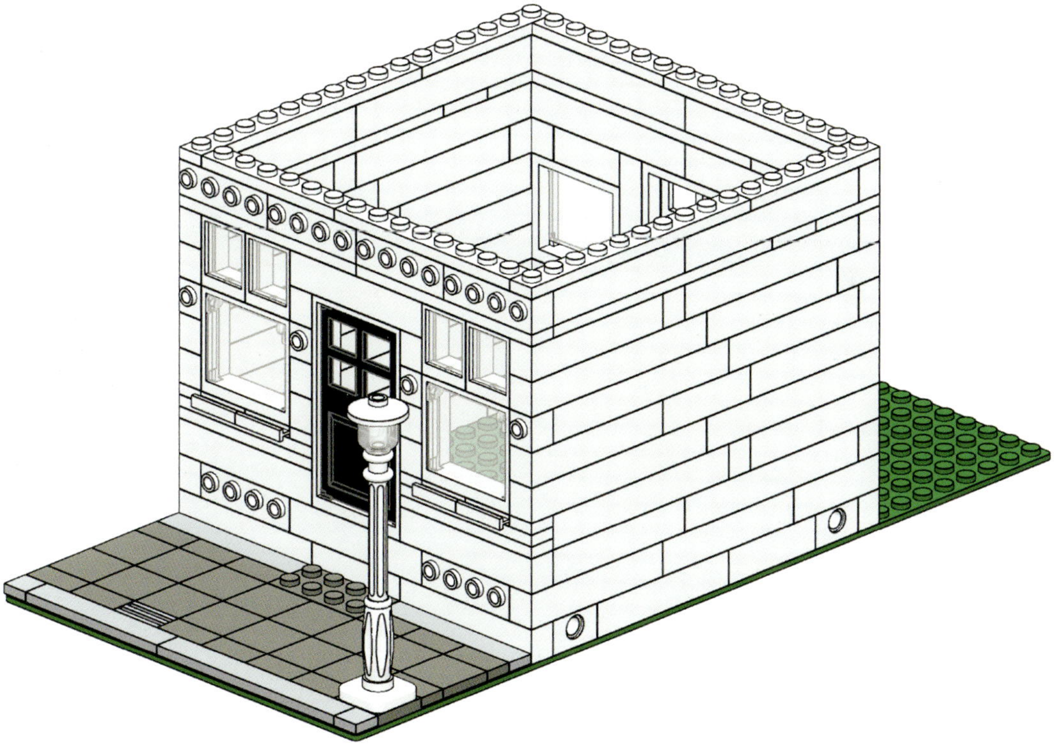

13

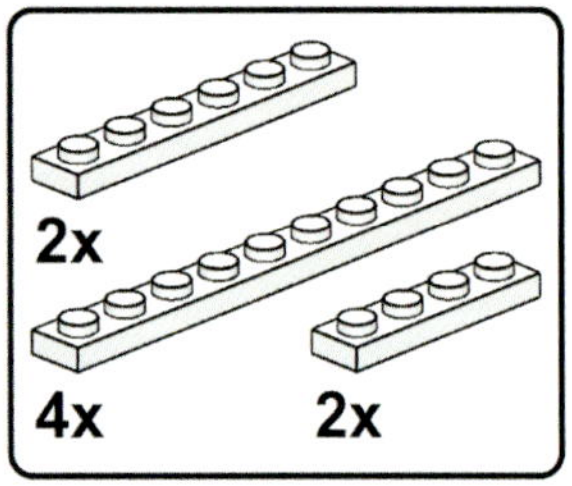

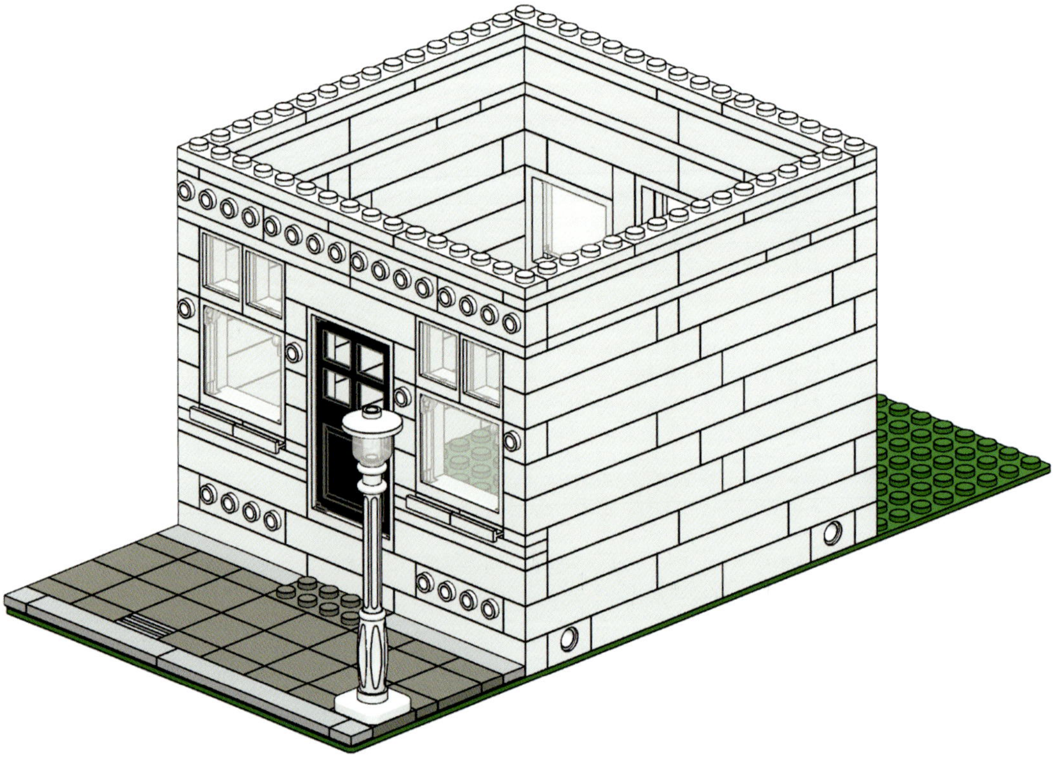

14

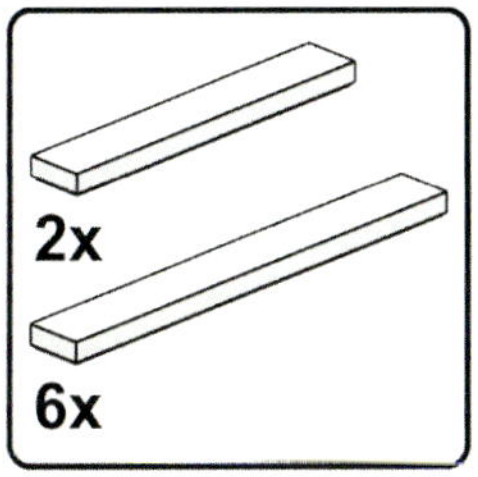

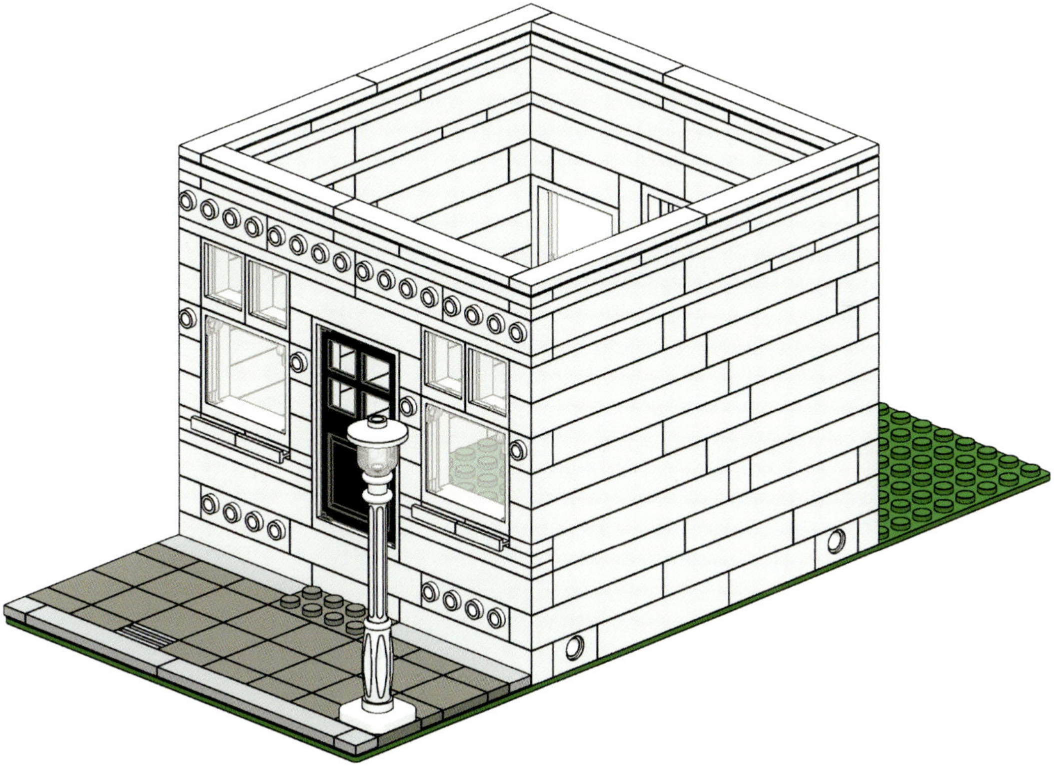

Erste Etage

1

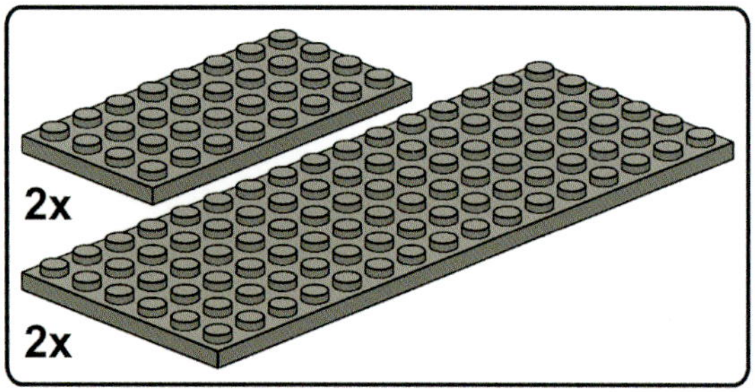

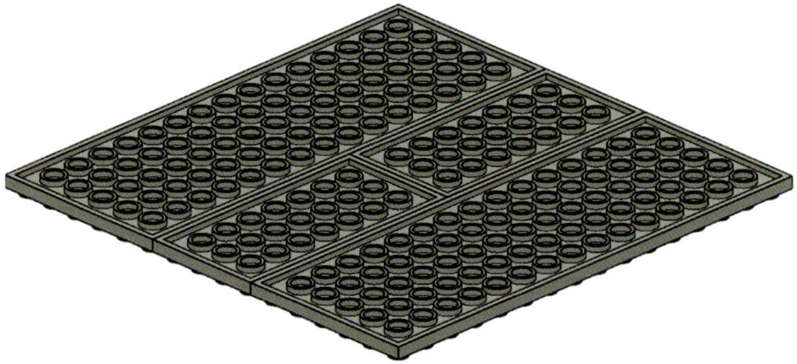

2

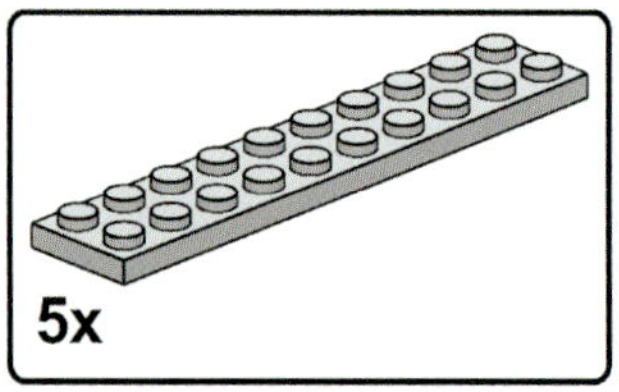

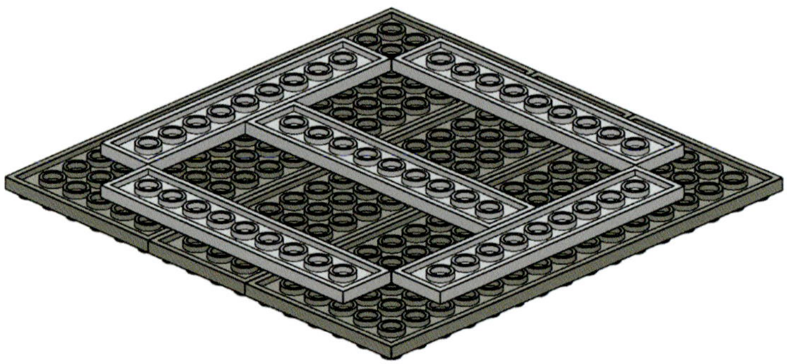

3

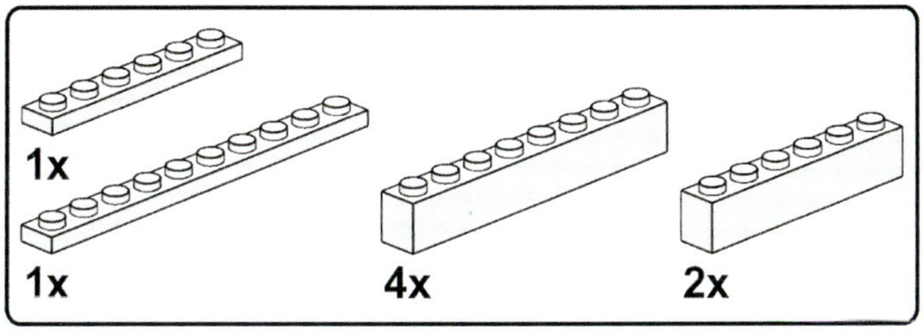

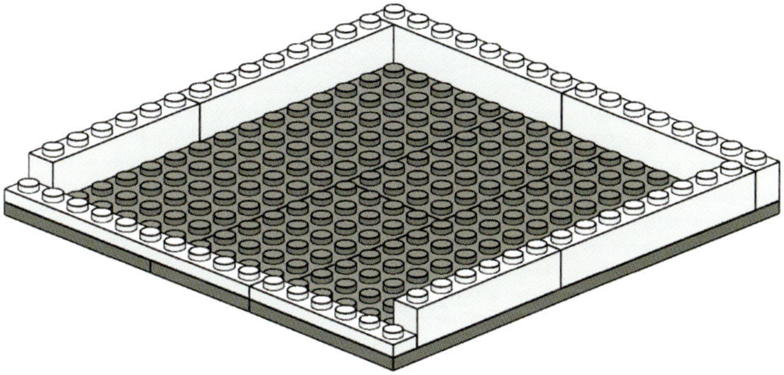

4

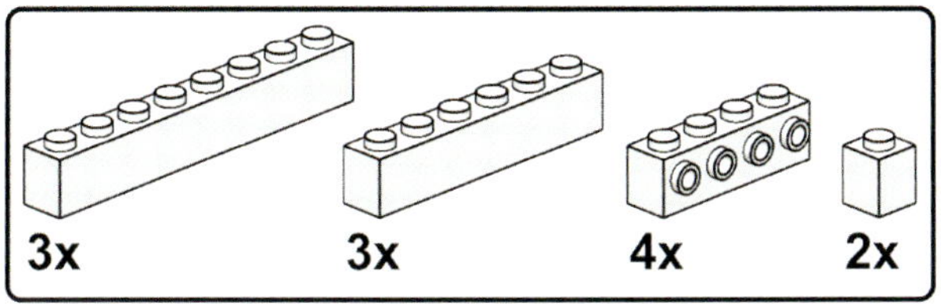

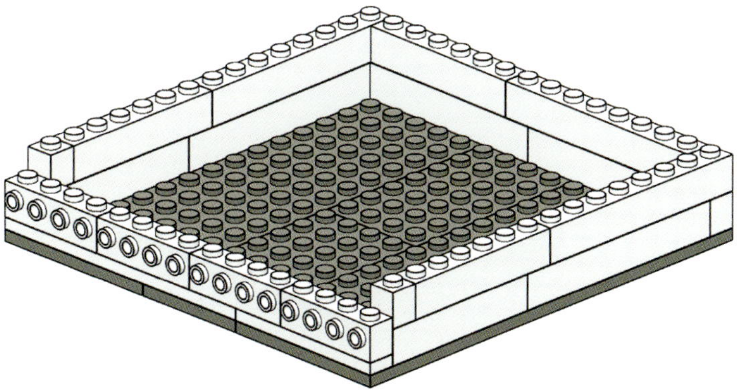

5

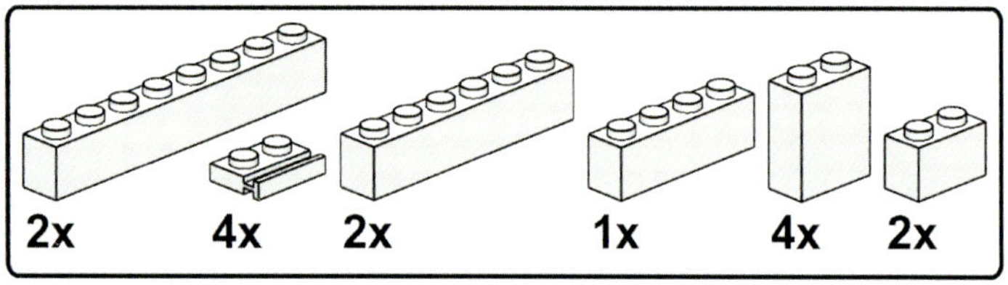

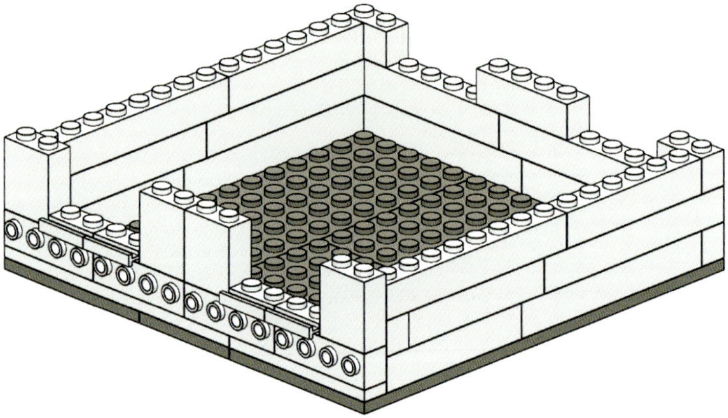

6

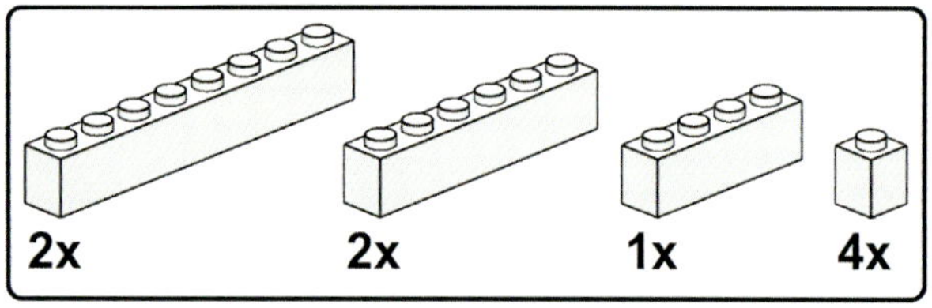

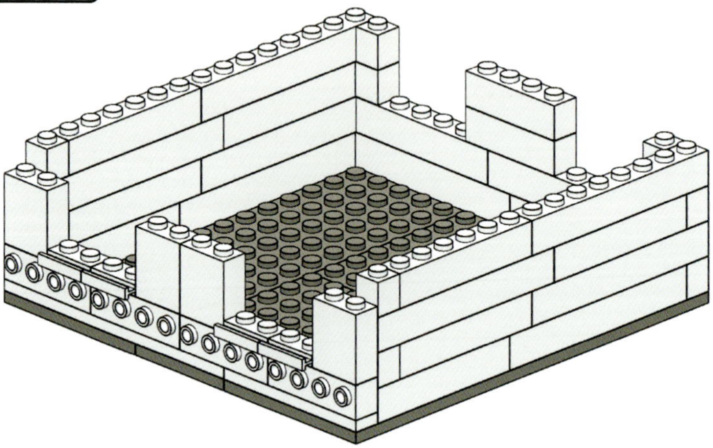

7

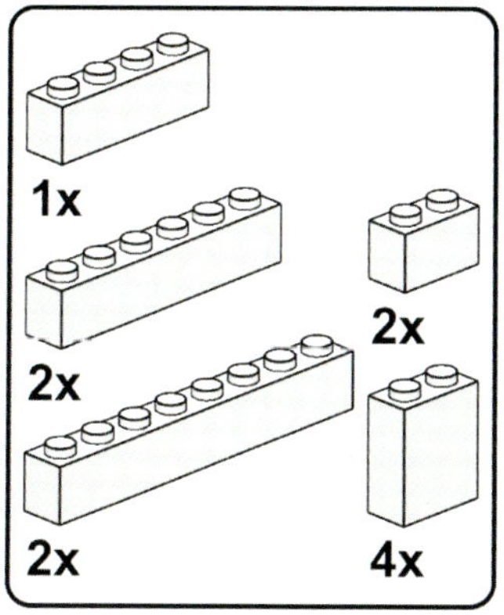

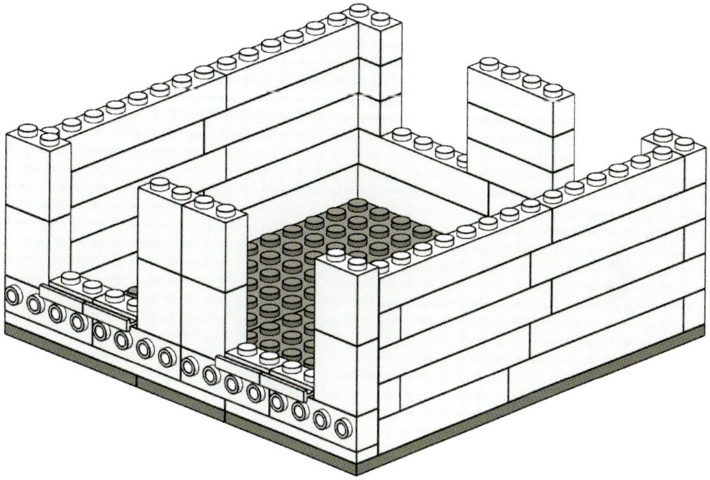

8

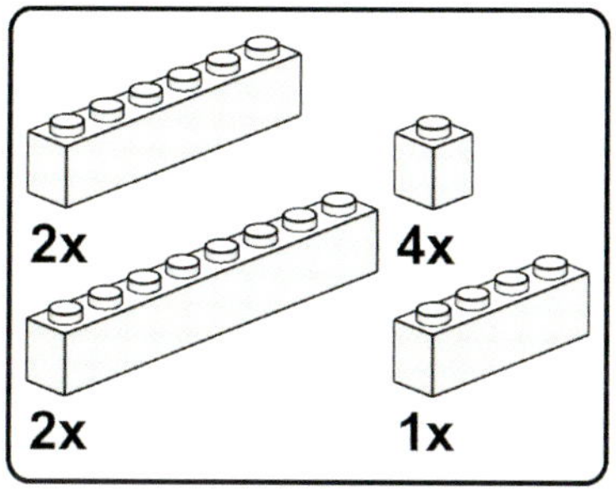

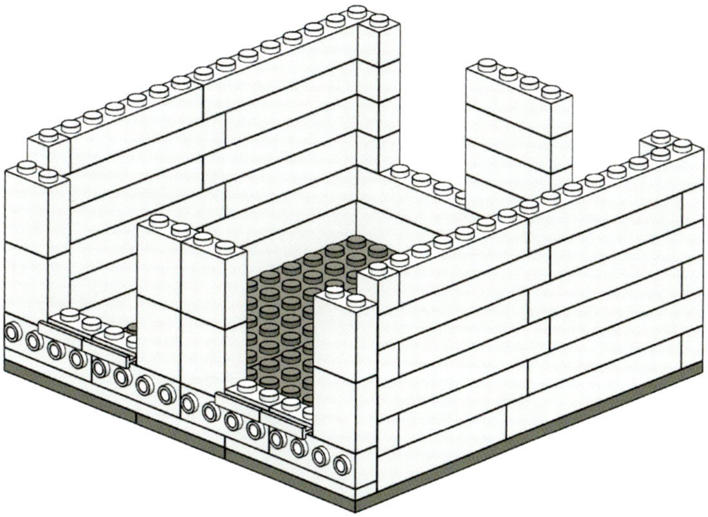

9

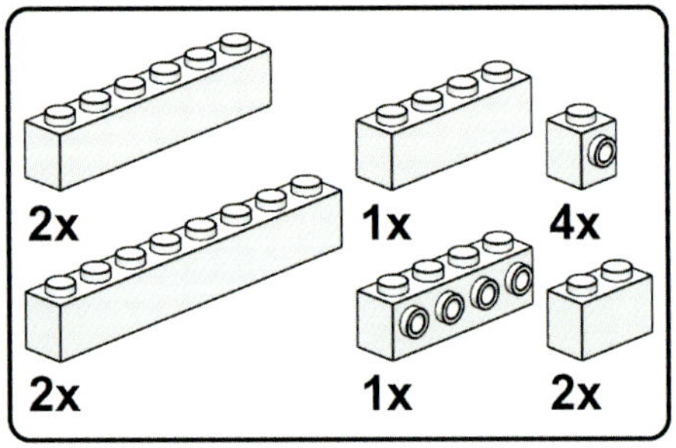

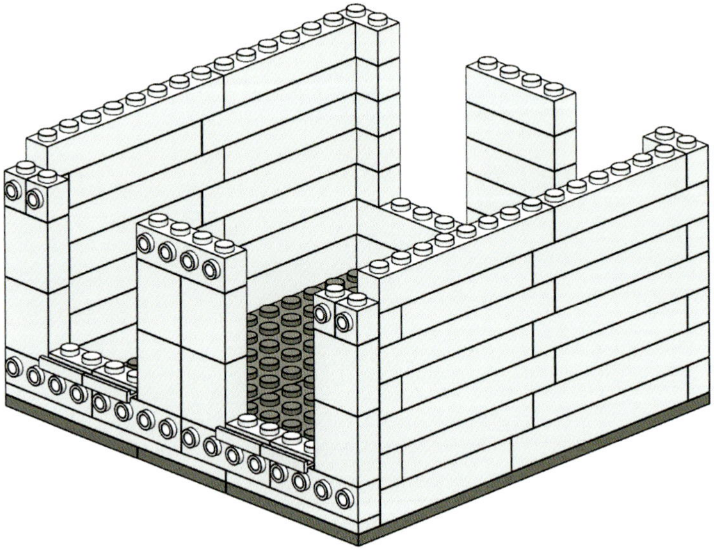

10

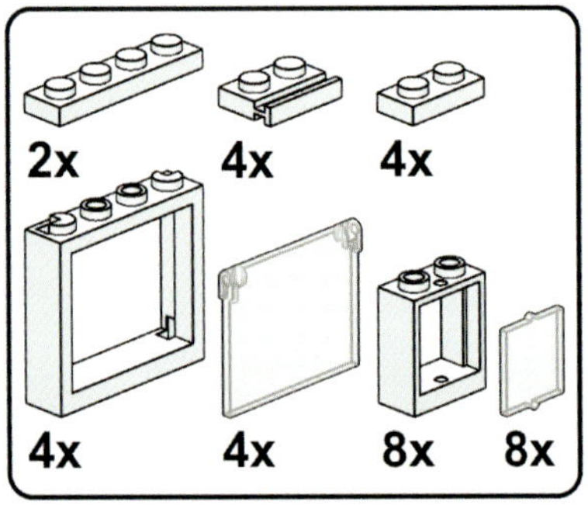

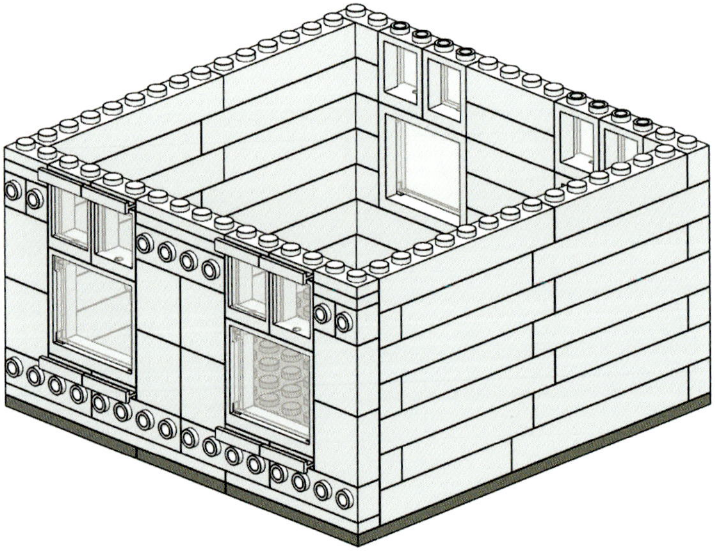

11

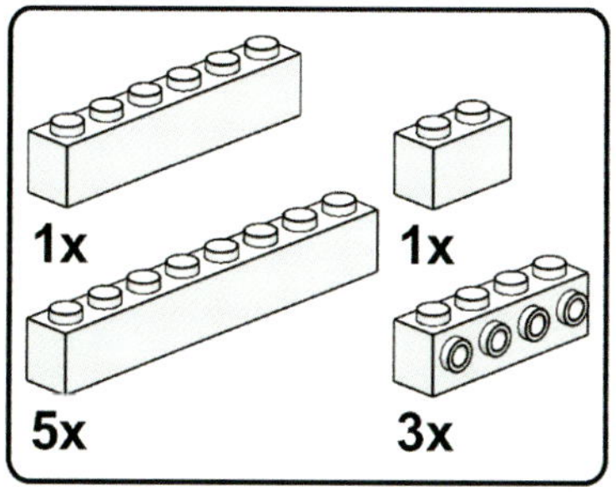

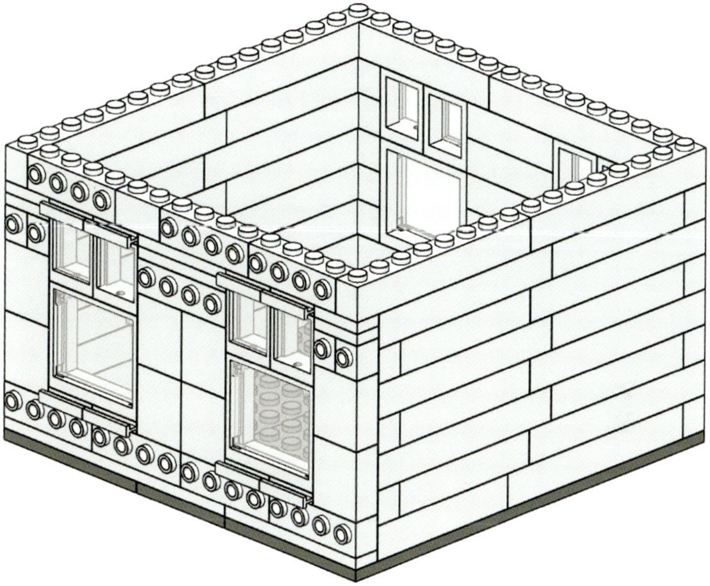

12

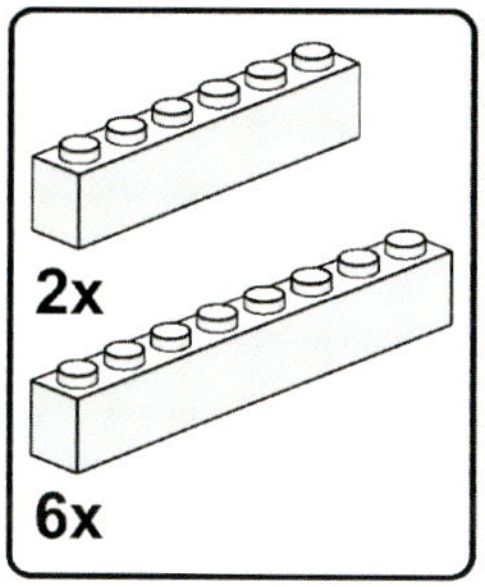

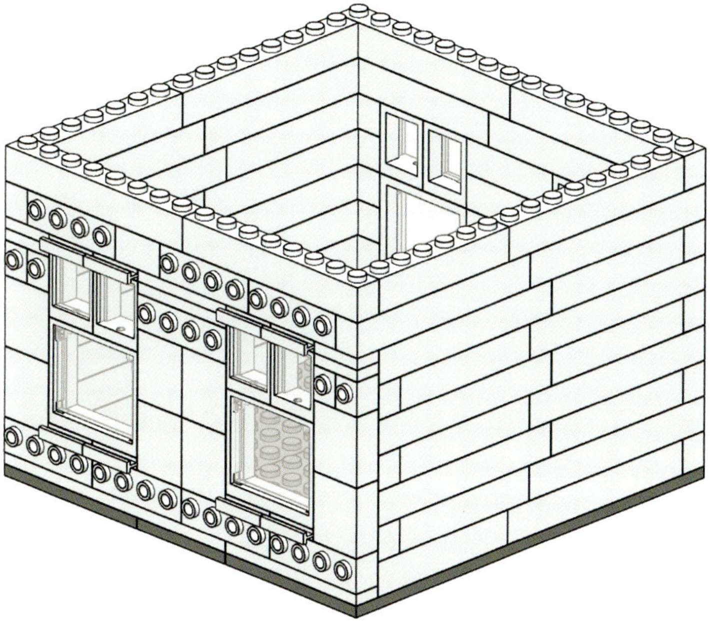

13

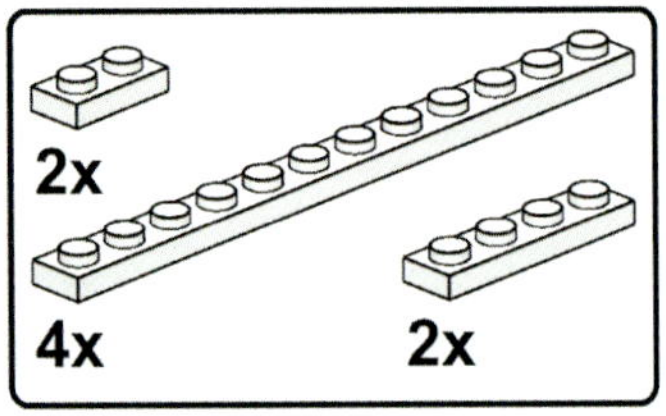

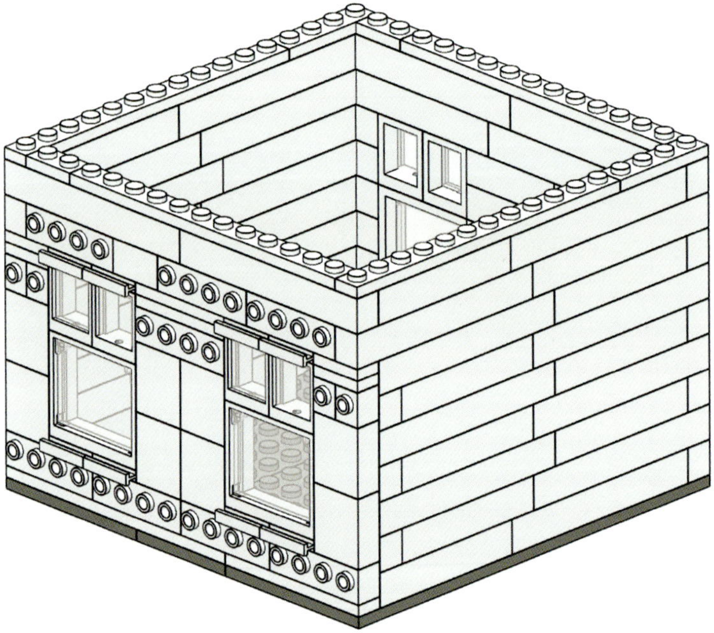

14

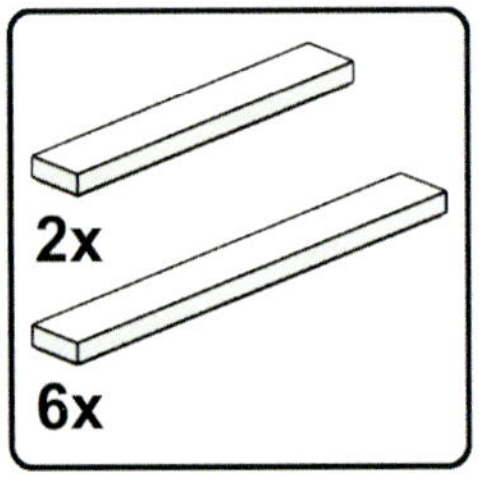

WENN IHR DAS KANALRING-HAUS BAUEN MÖCHTET, KÖNNT IHR ZU SEITE 186 SPRINGEN, ES HAT EIN INDIVIDUELLES DACH.

Dachgeschoss

1

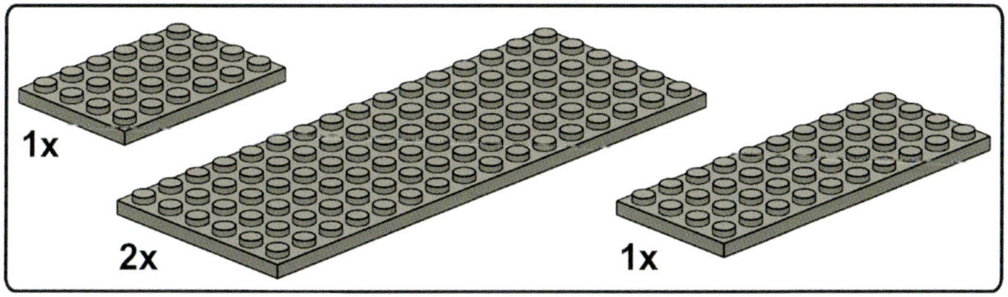

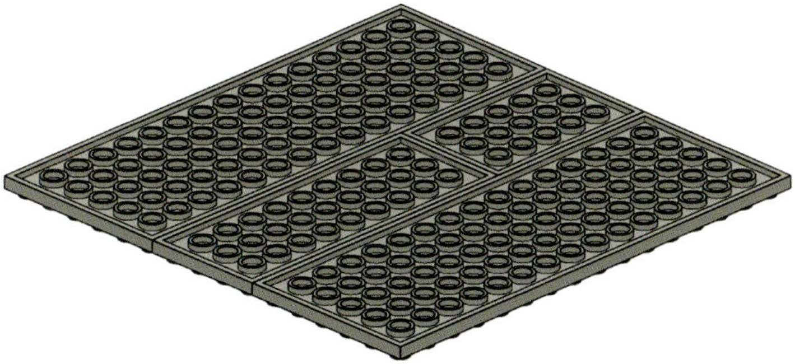

2

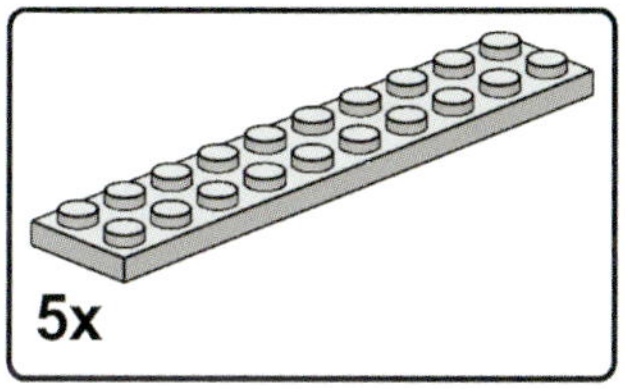

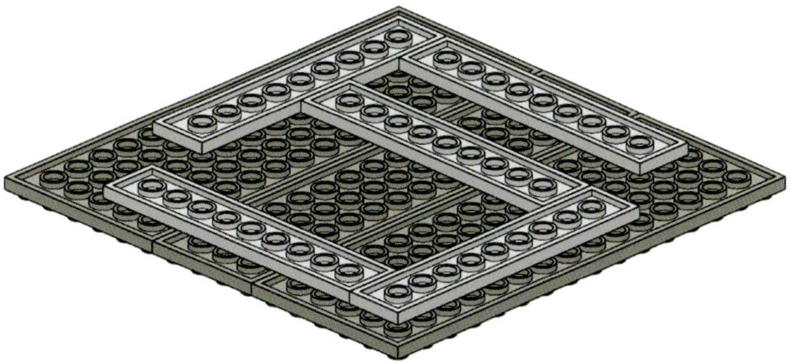

3

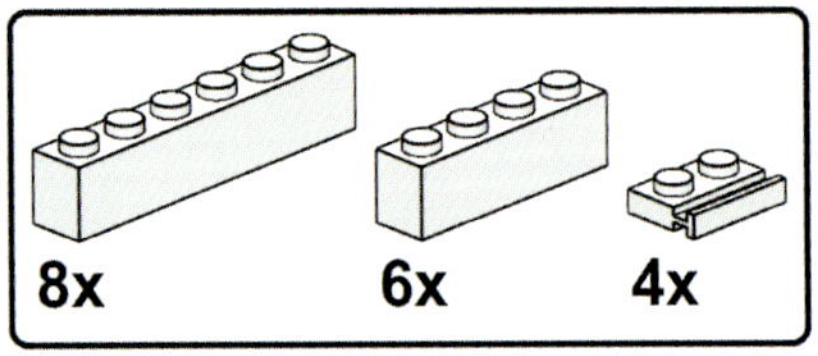

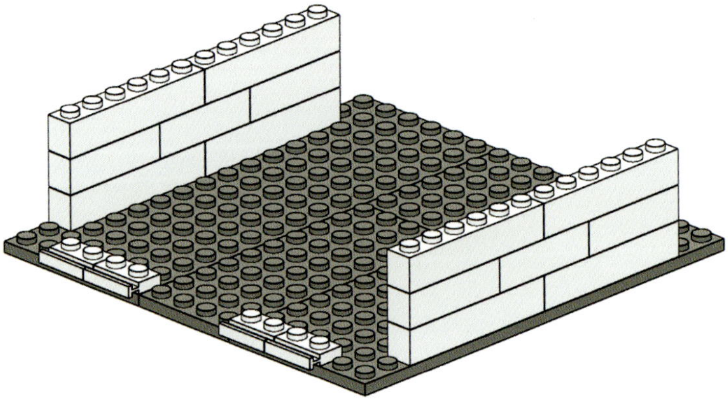

4

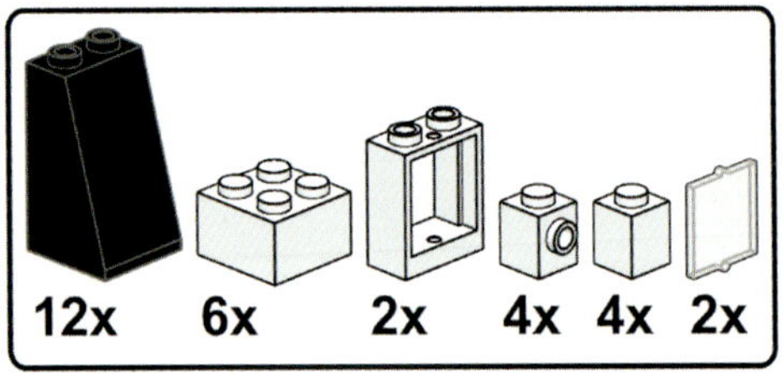

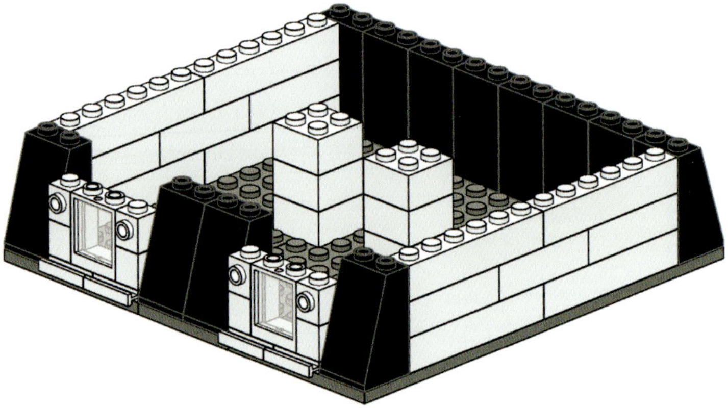

5

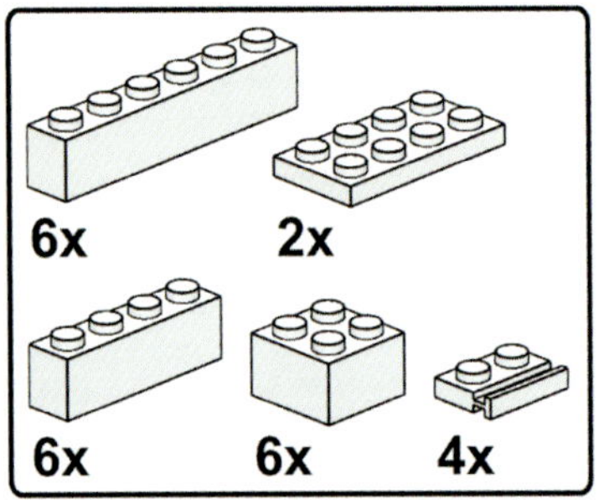

6

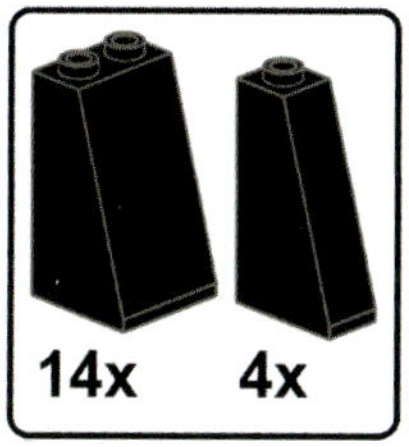

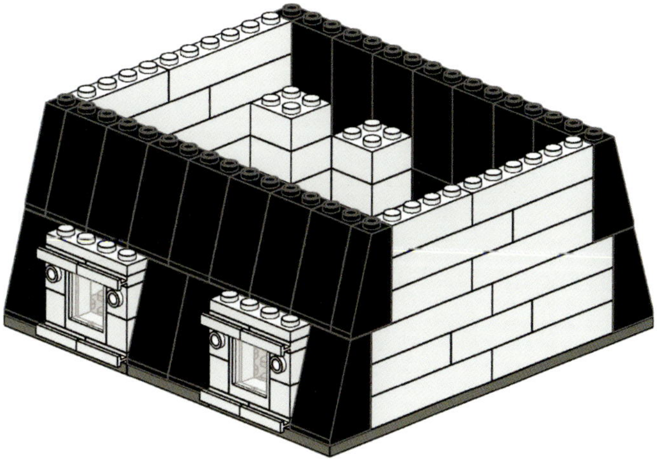

7

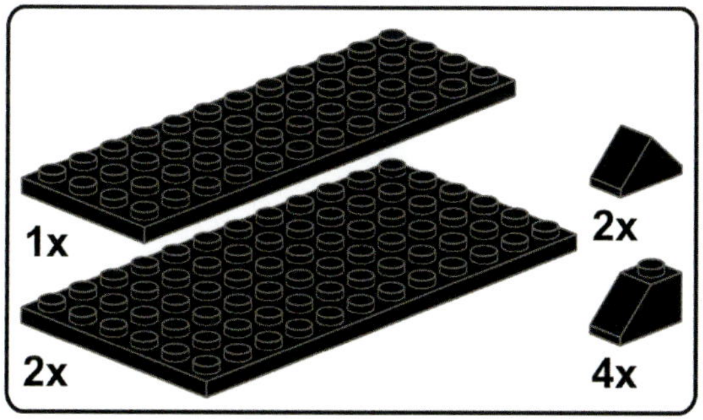

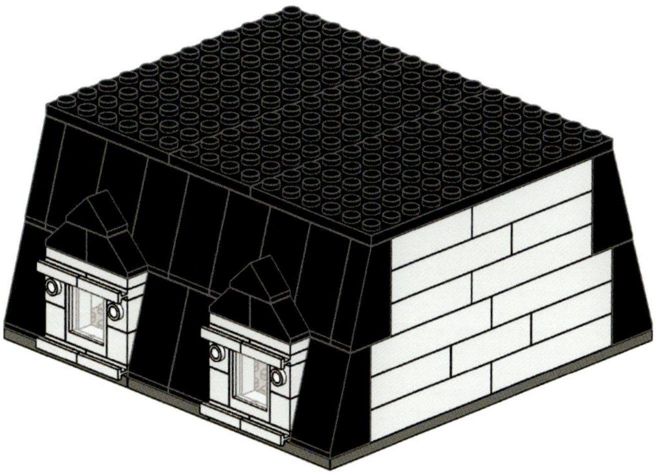

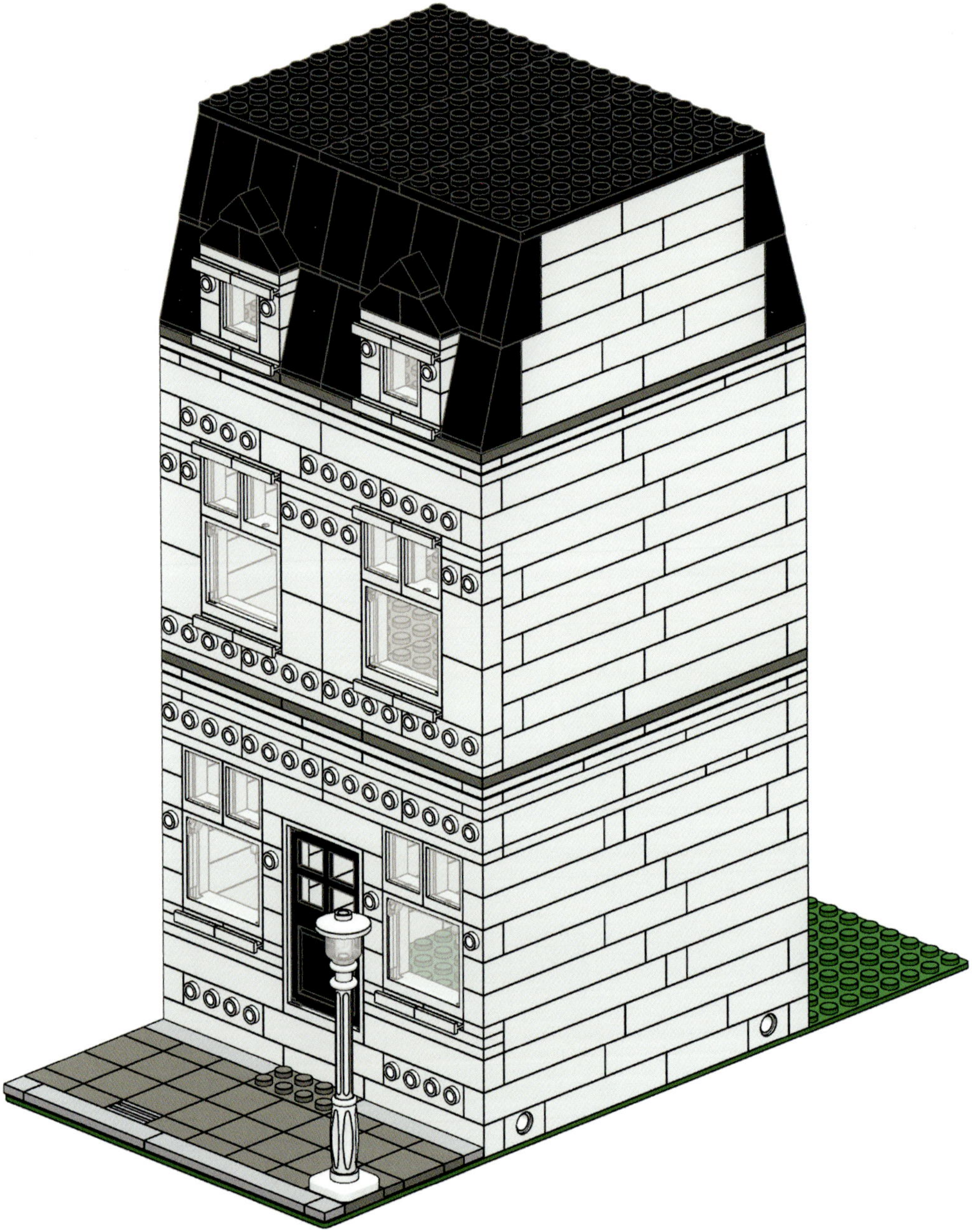

Pariser Apartmenthaus

Teileübersicht

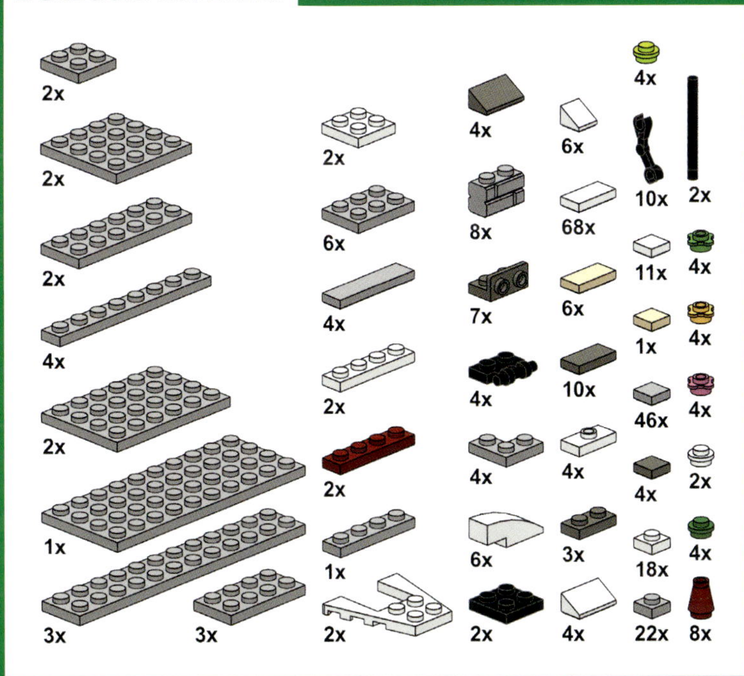

1

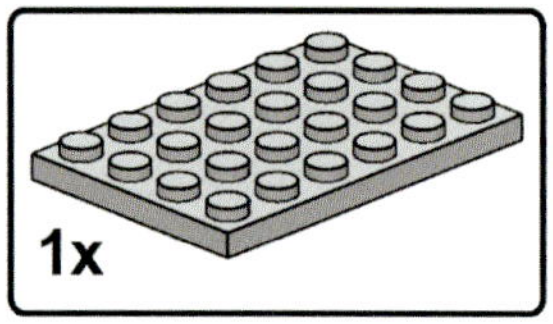
1x

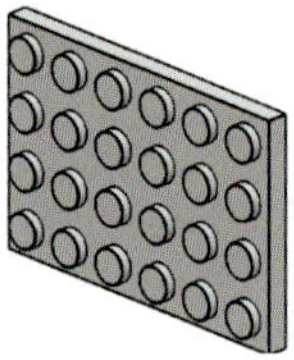

2

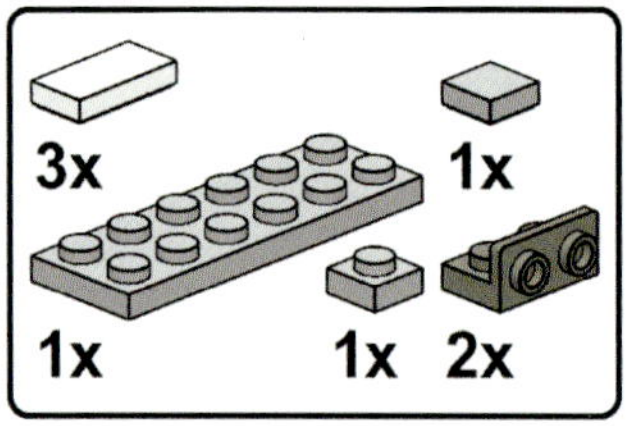
3x
1x
1x
1x
2x

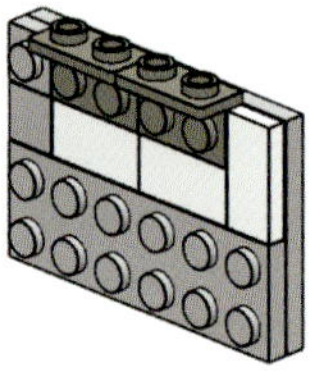

3

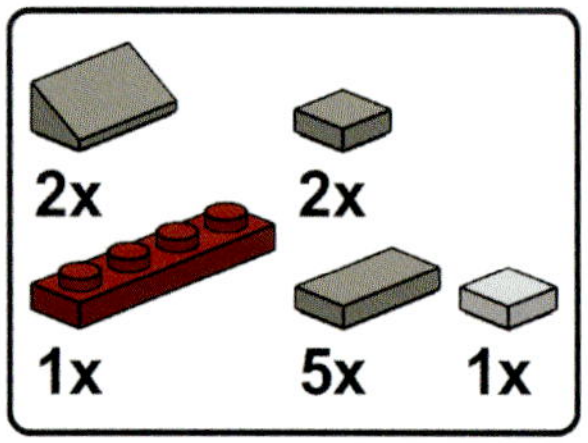
2x
2x
1x
5x
1x

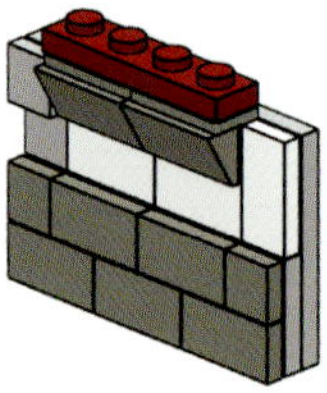

4

2x
2x
2x
2x
2x

1

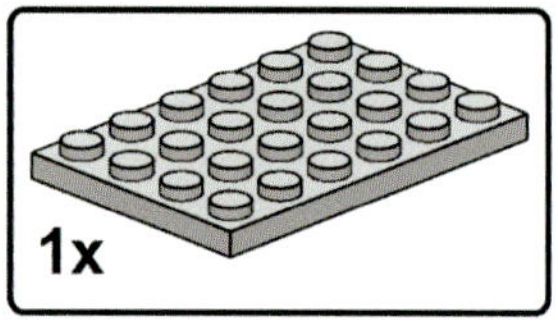
1x

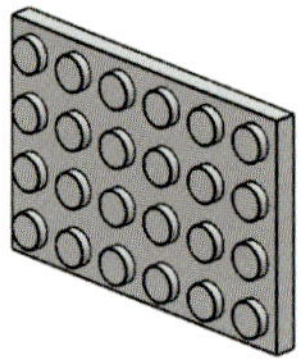

2

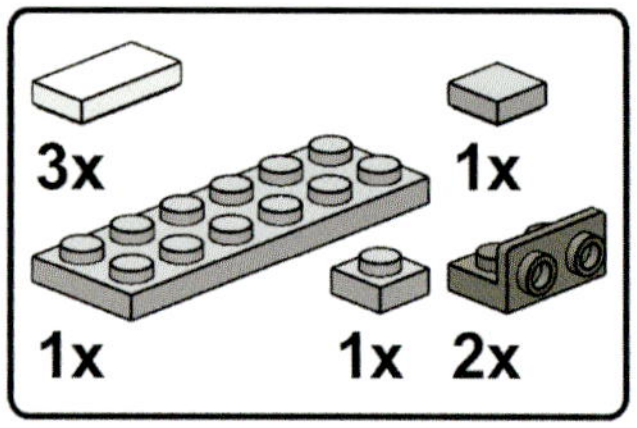
3x
1x
1x
1x
2x

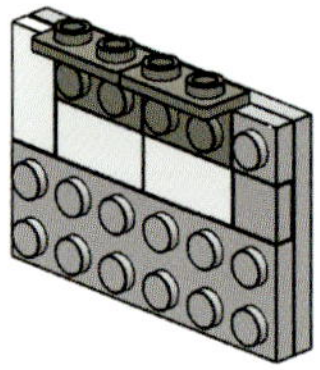

3

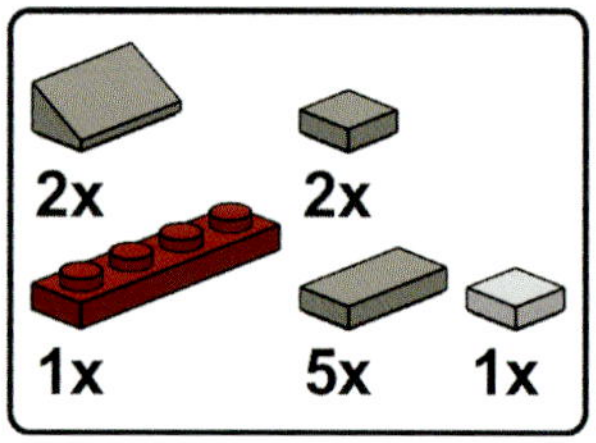
2x
2x
1x
5x
1x

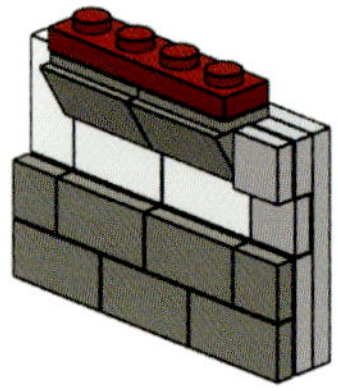

4

2x
2x
2x
2x
2x

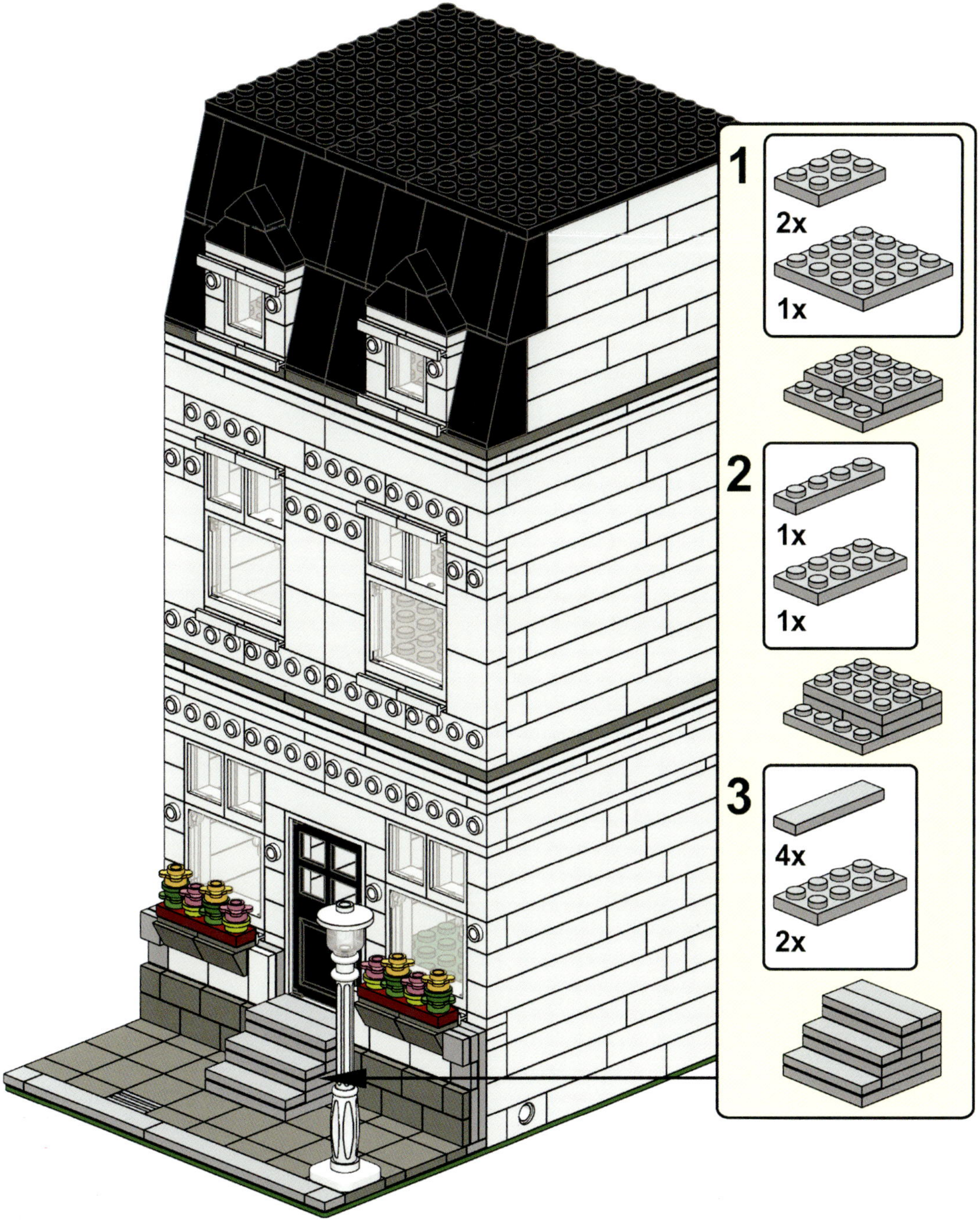
1
2x
1x
2
1x
1x
3
4x
2x

1

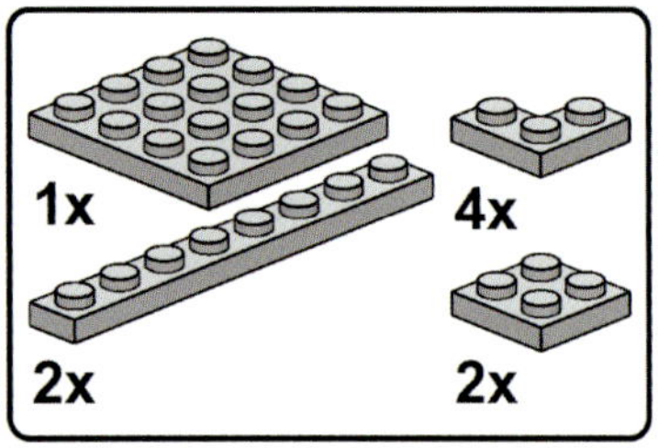

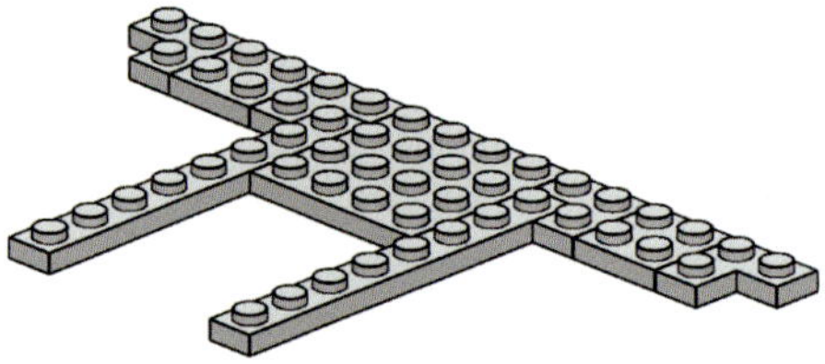

2

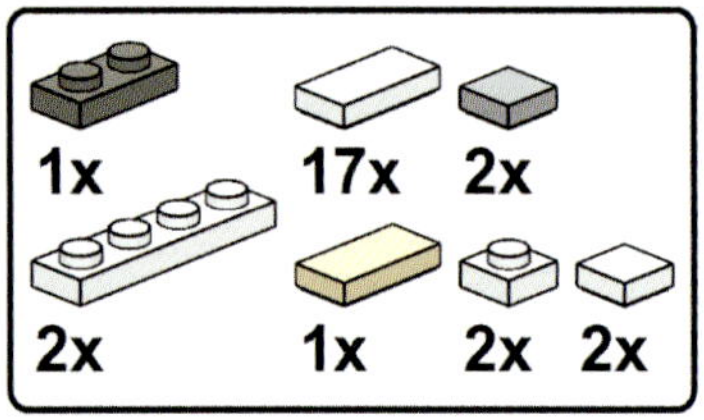

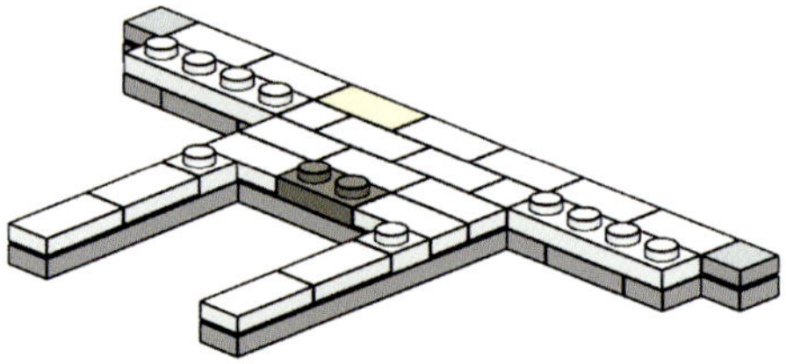

3

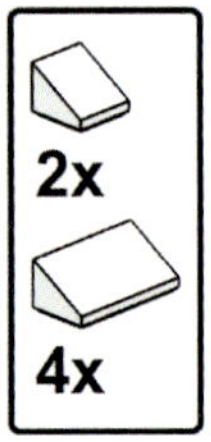

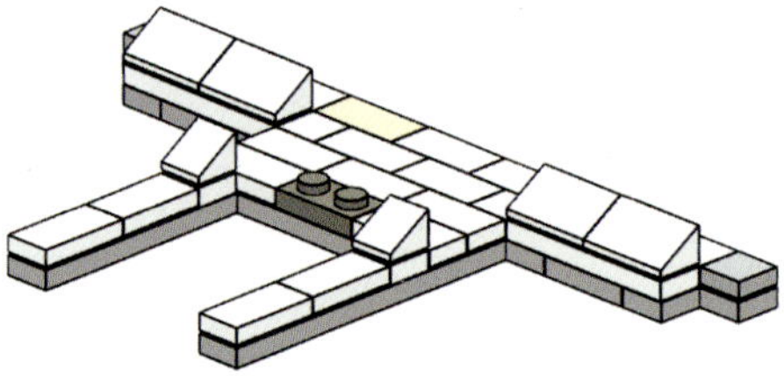

4

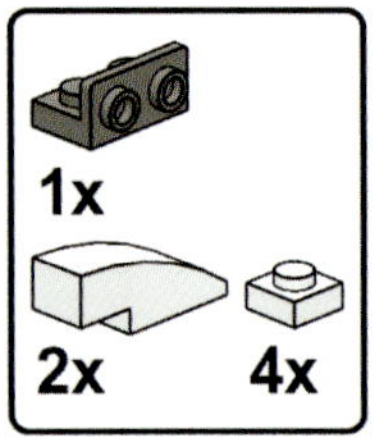

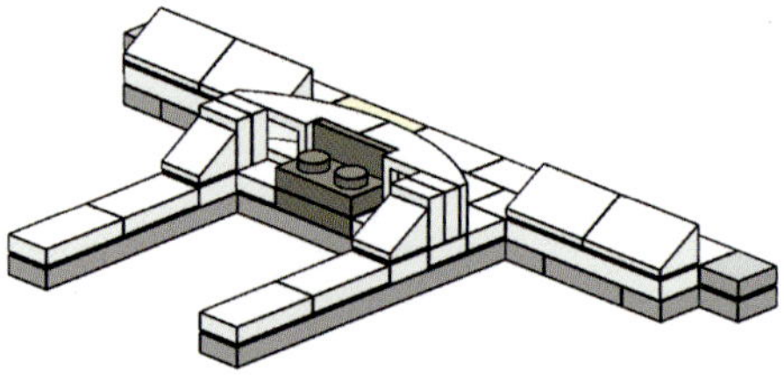

5

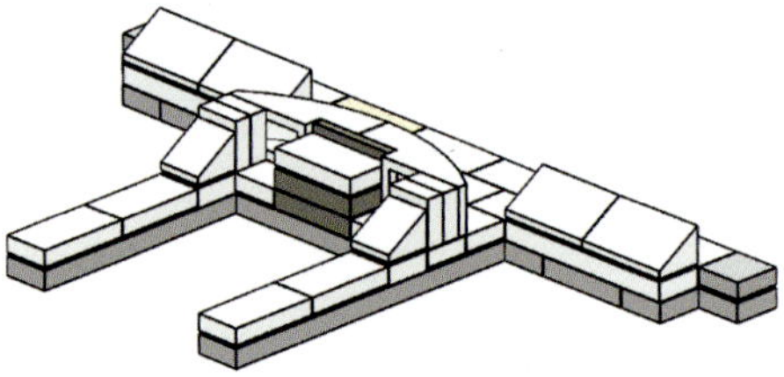

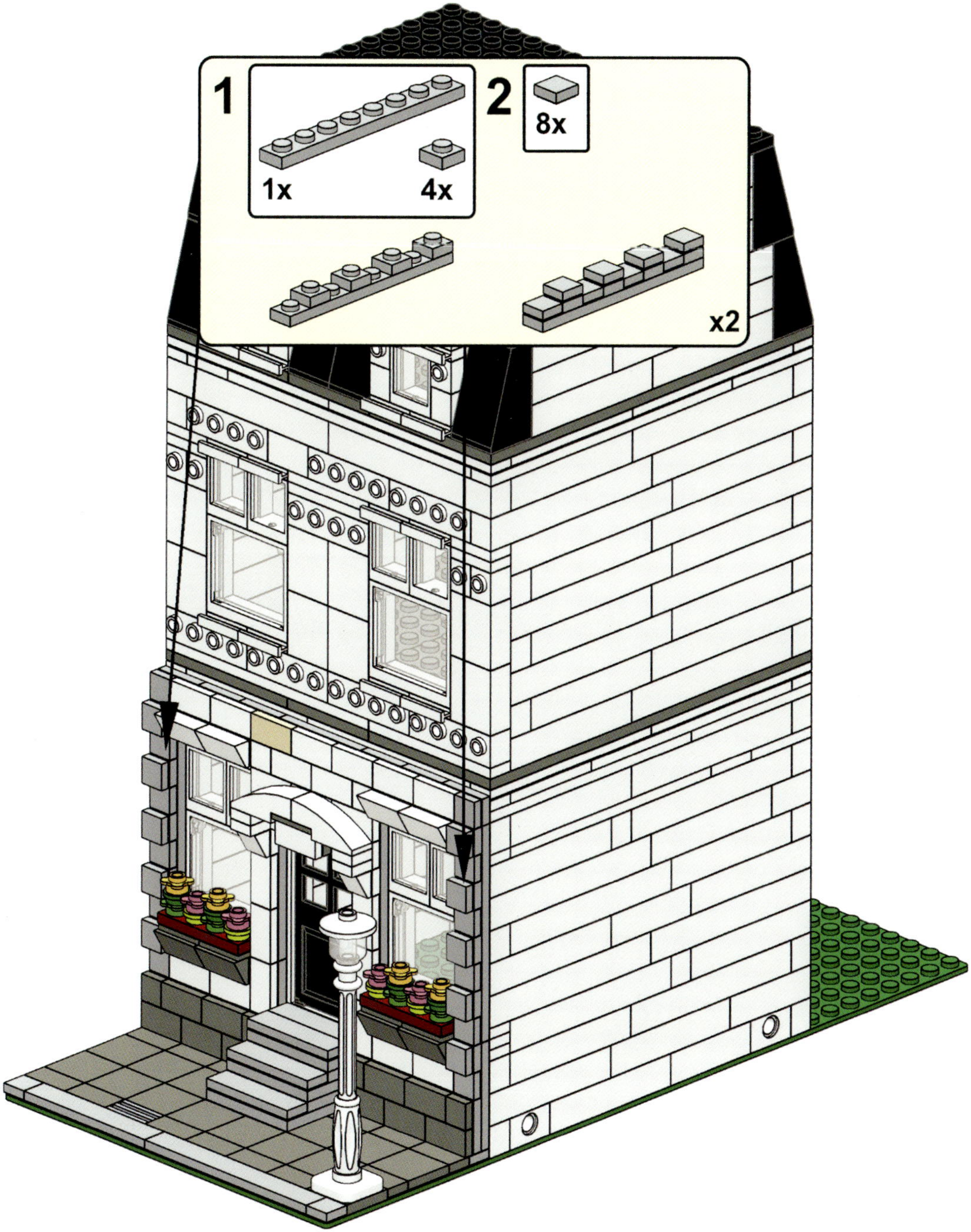
1
1x
4x
2
8x
x2

1

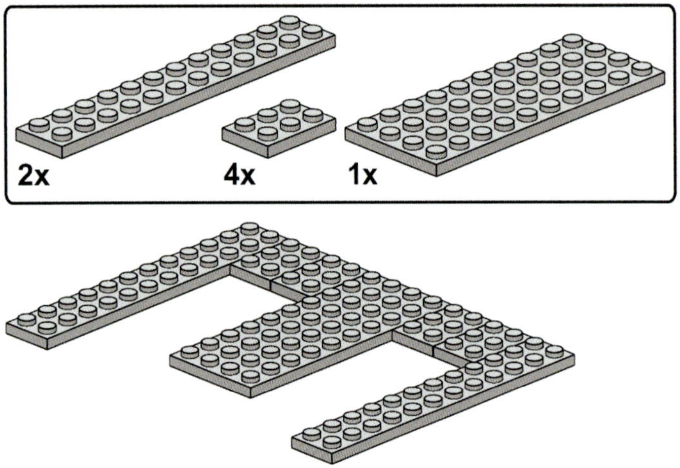

2

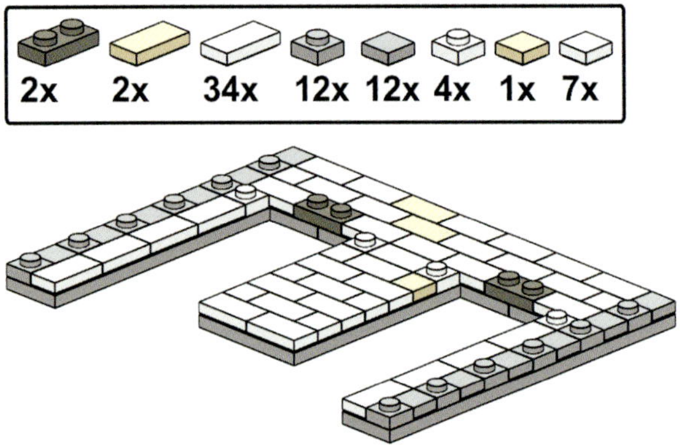

3

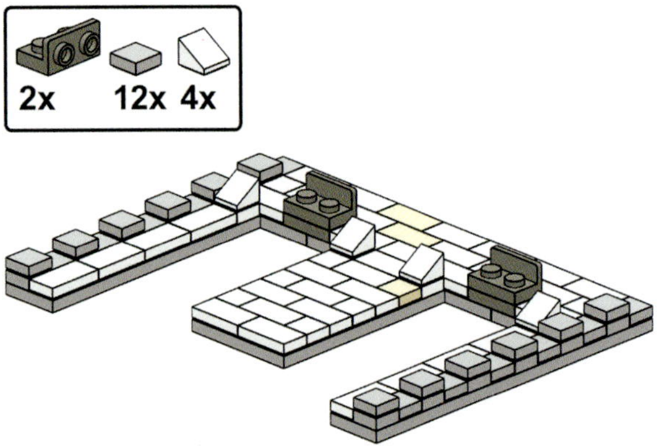

4

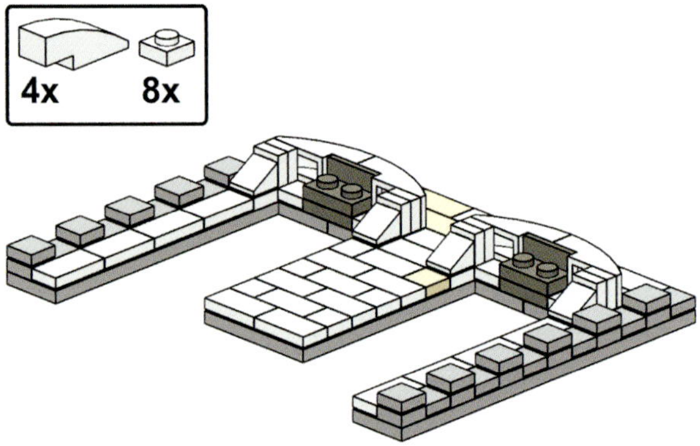

5

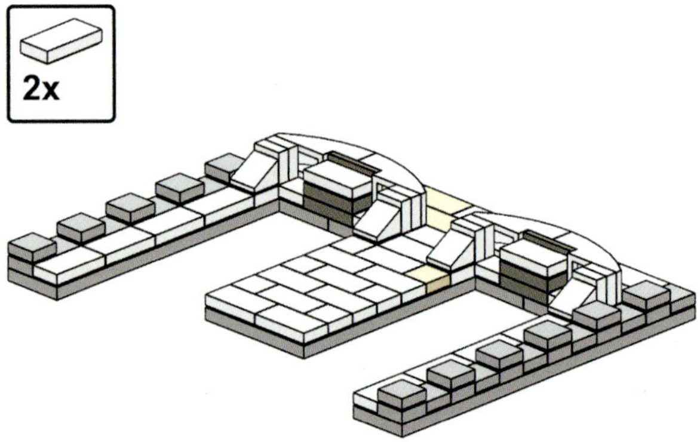

1
2x
4x
3x
1x
4x
2
4x
10x
2x

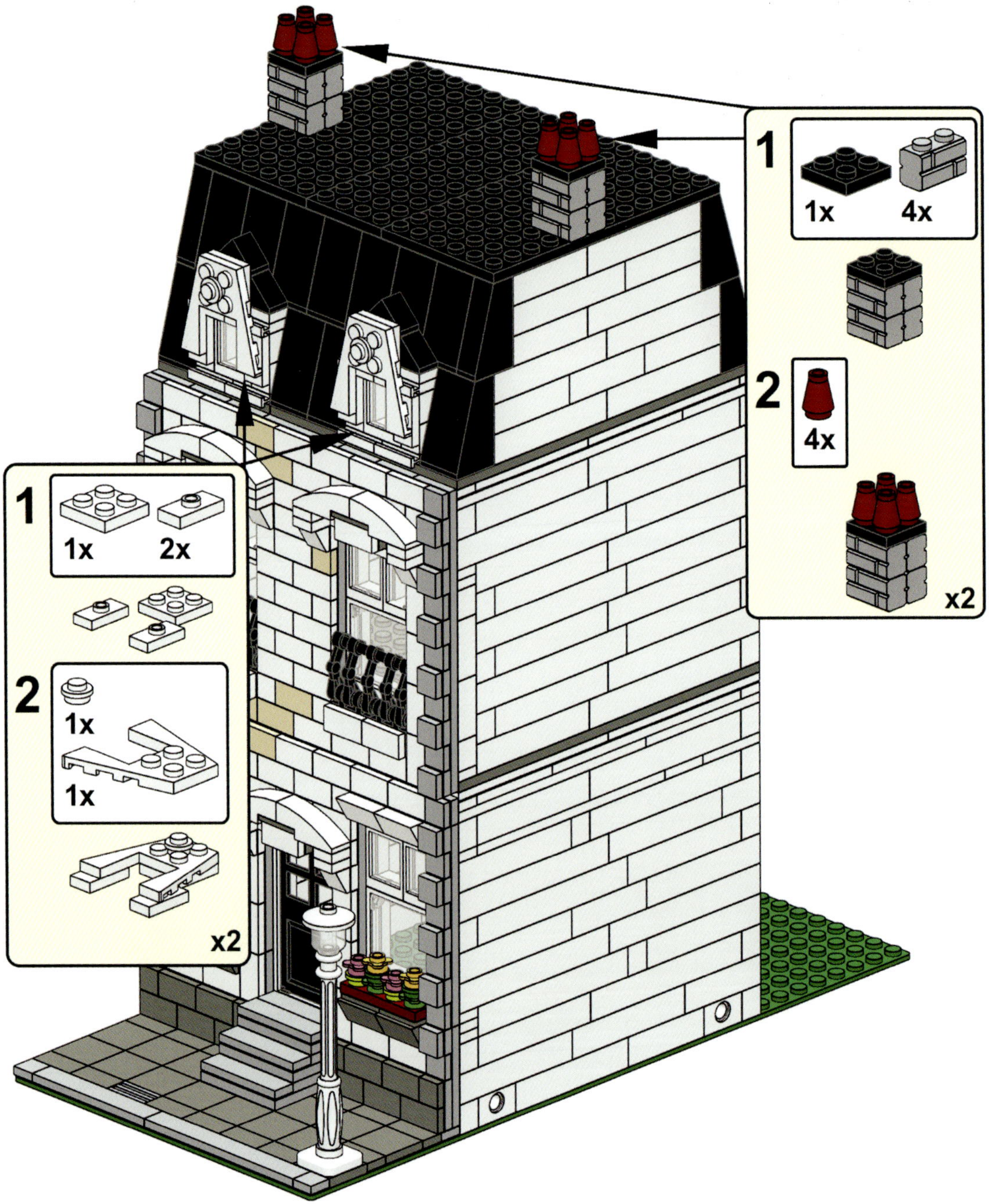
1
1x
2x
2
1x
1x
x2
1
1x
4x
2
4x
x2

Reihenhaus im Kolonialstil

Teileübersicht

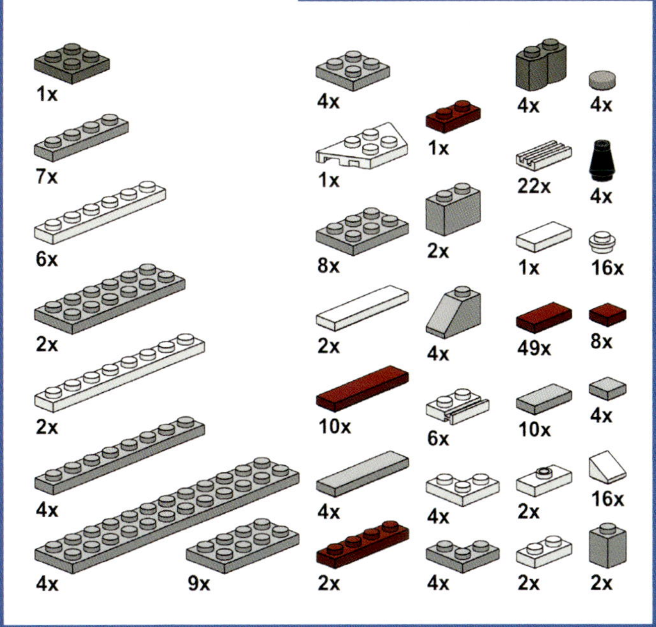

1

2

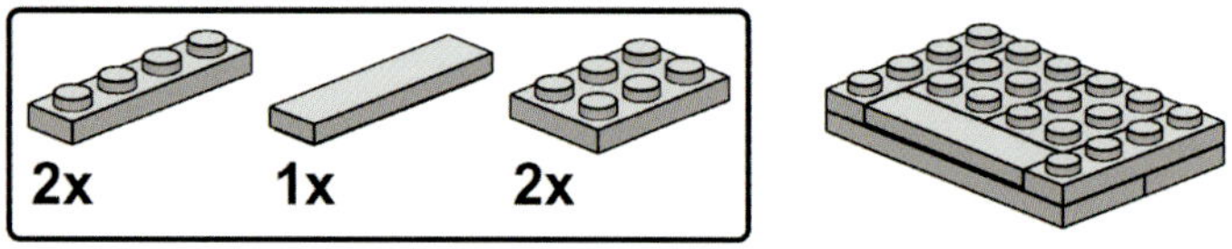

3

4

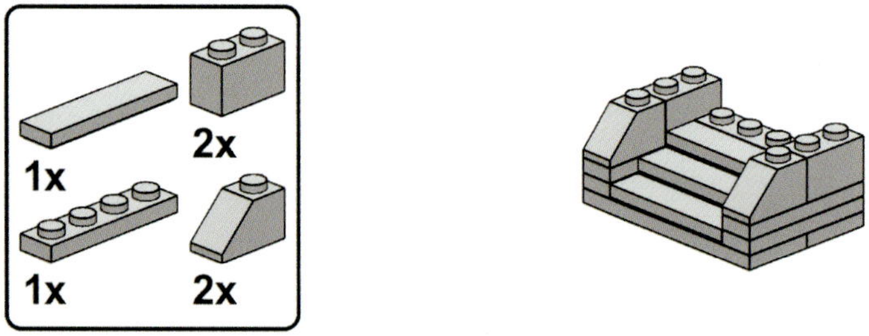

5

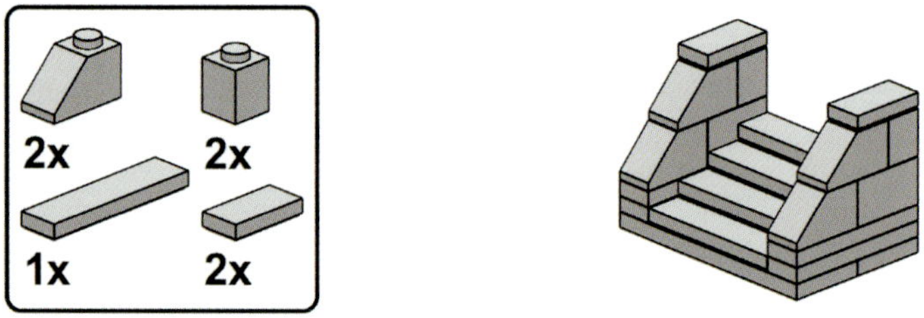

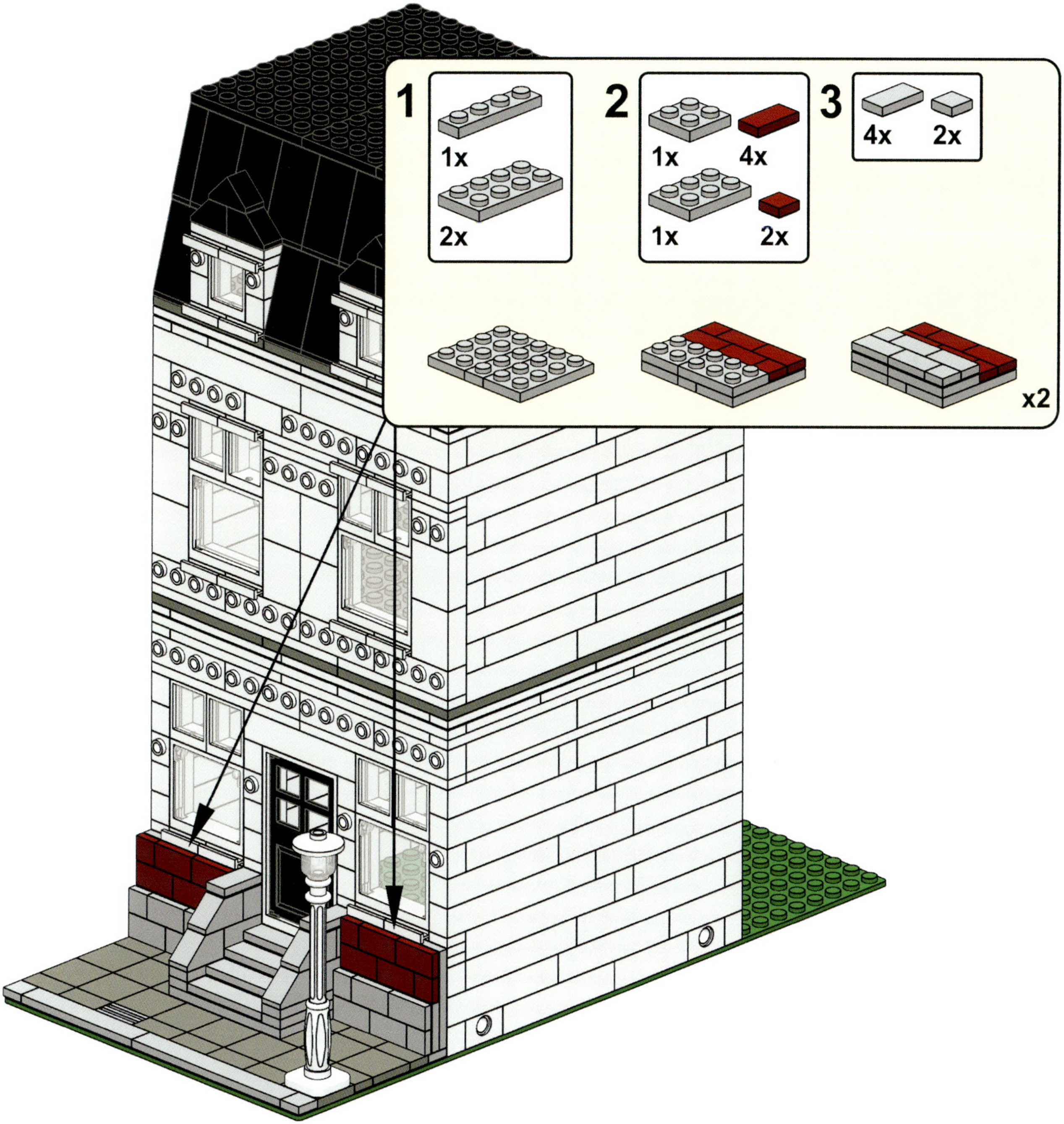
1
1x
2x
2
1x
4x
1x
2x
3
4x
2x
x2

1

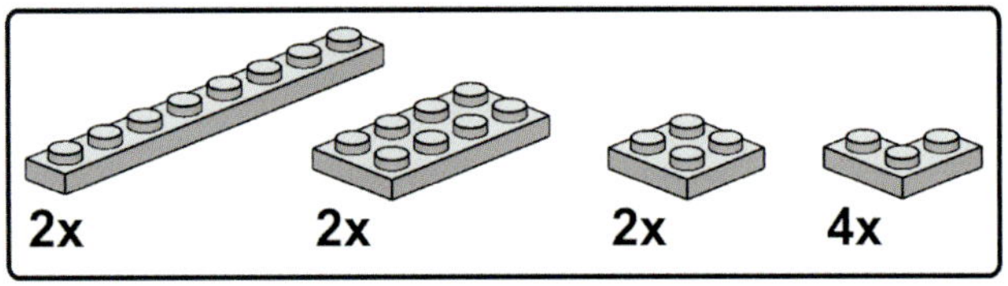

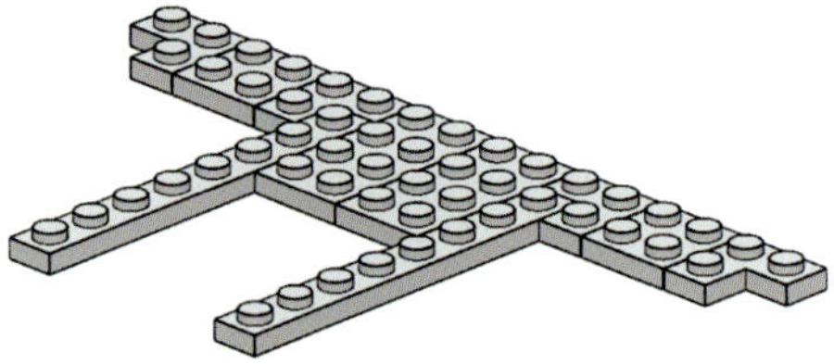

2

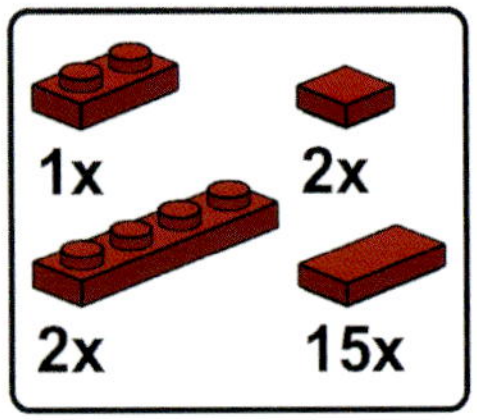

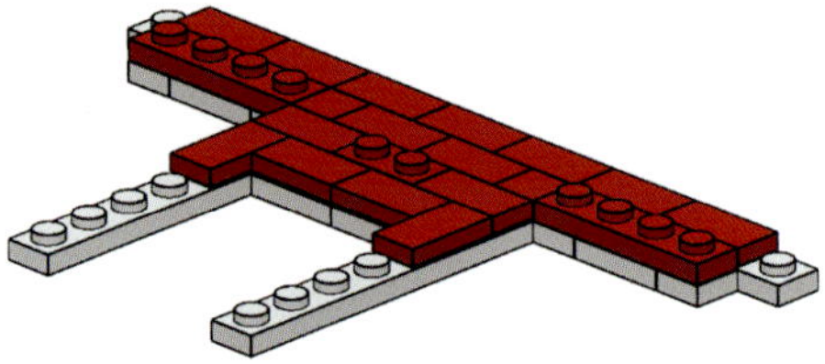

3

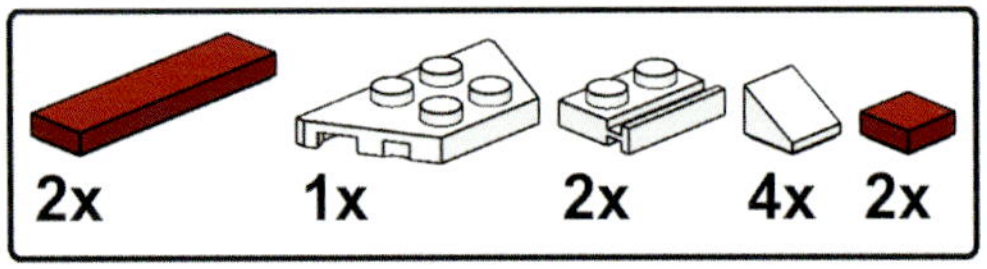

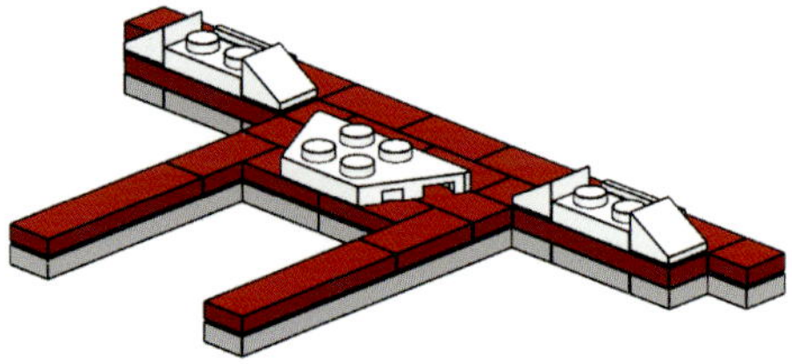

4

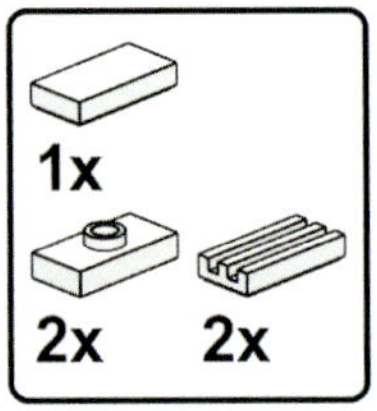

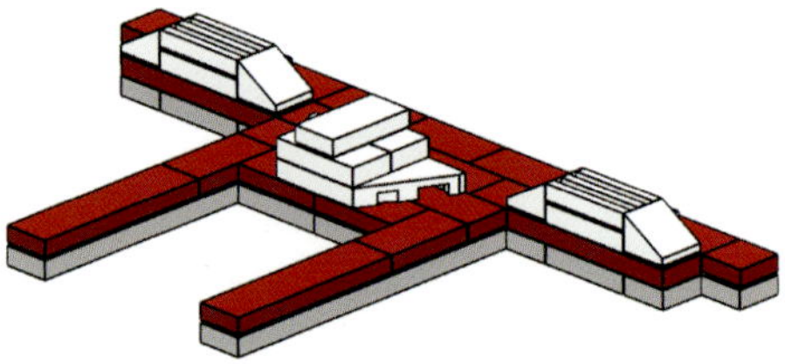

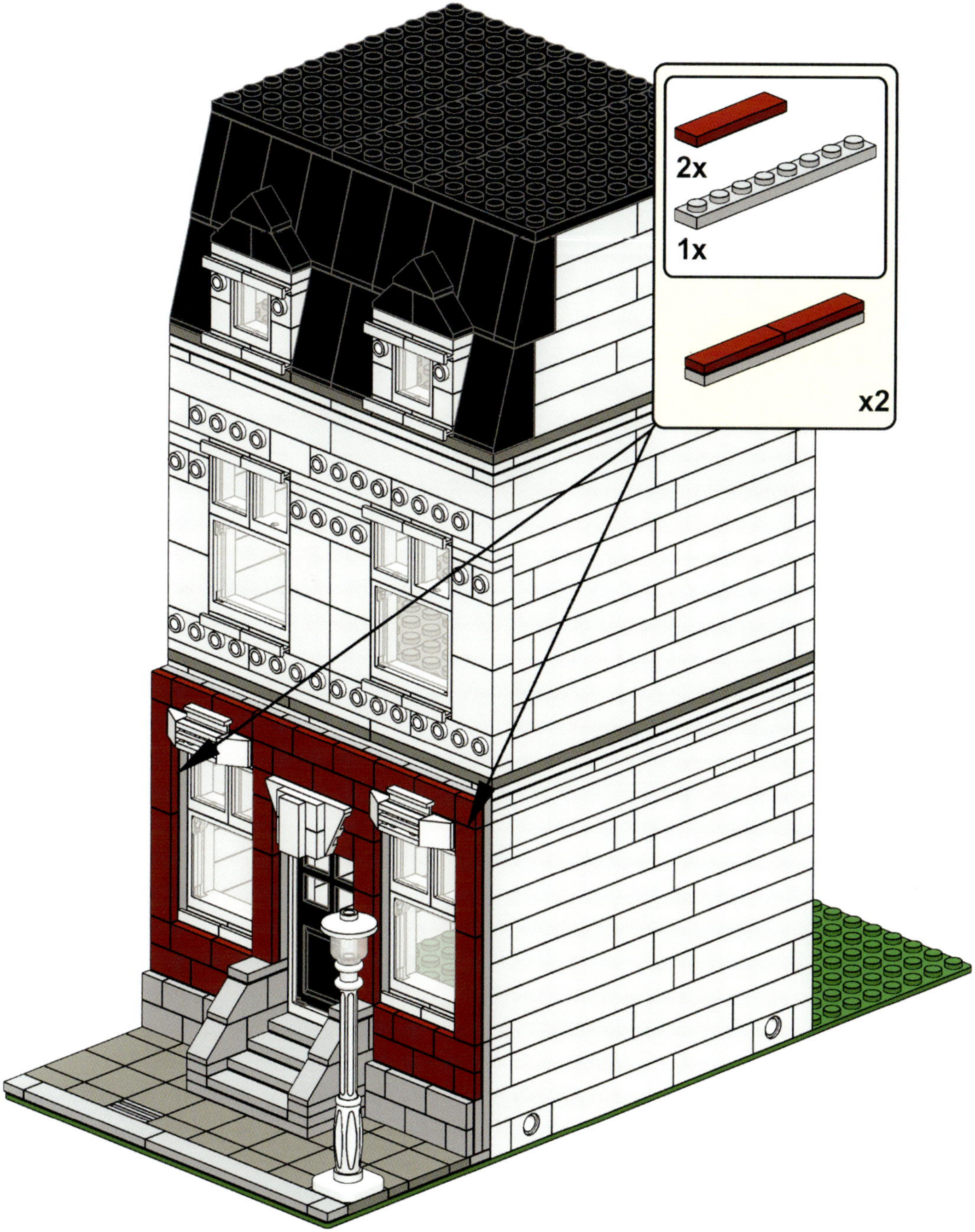
2x
1x
x2

1

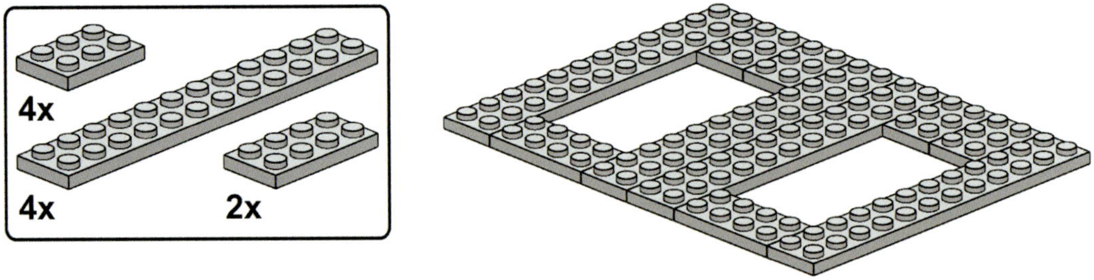

2

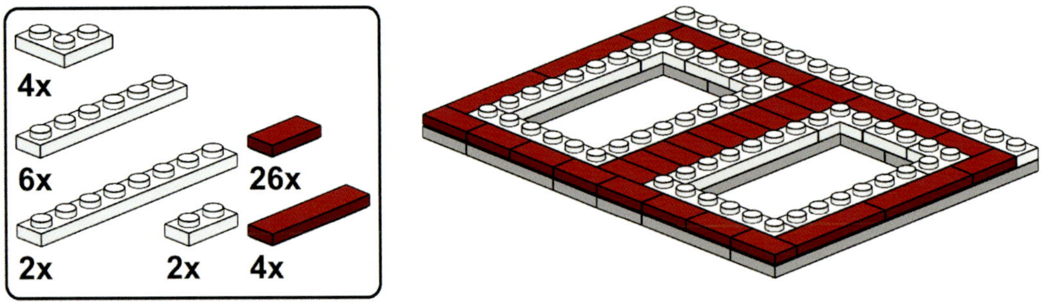

3

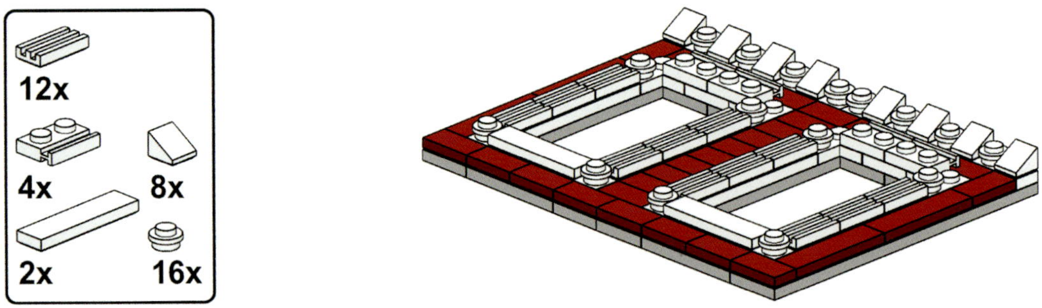

4

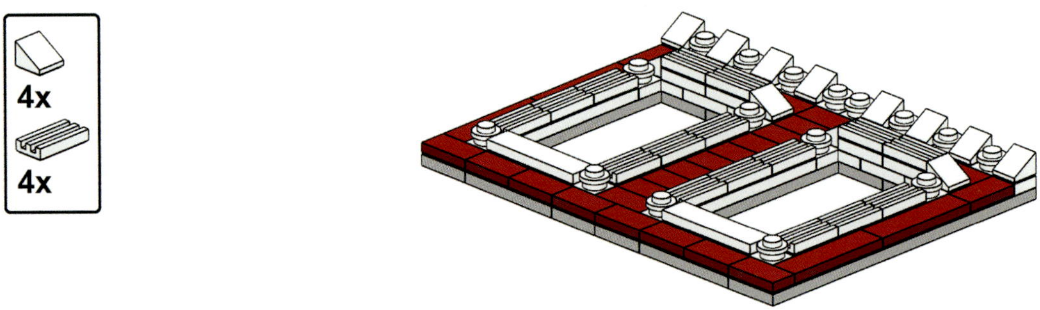

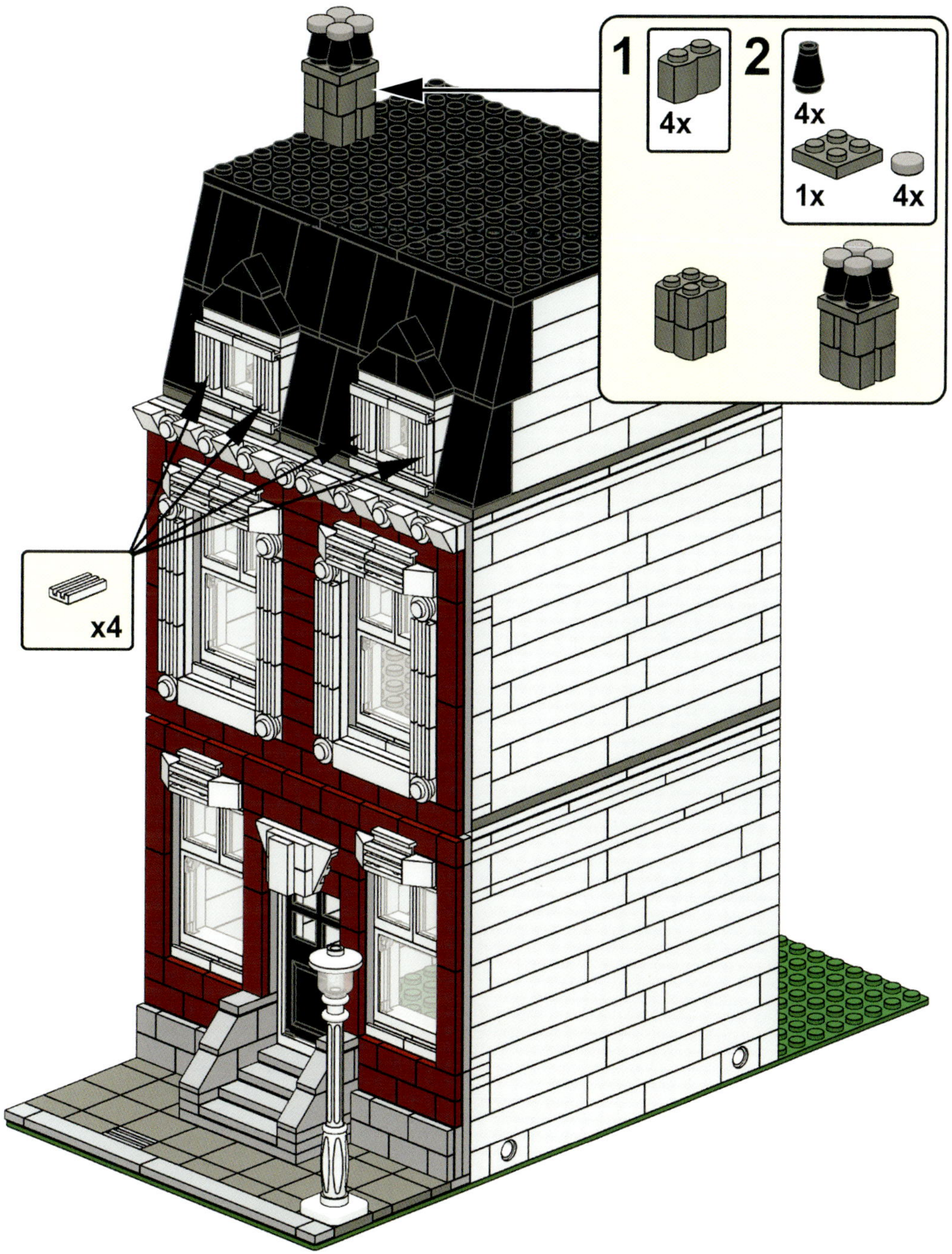

1
4x
2
4x
1x
4x
x4

Kanalring-Haus

Teileübersicht

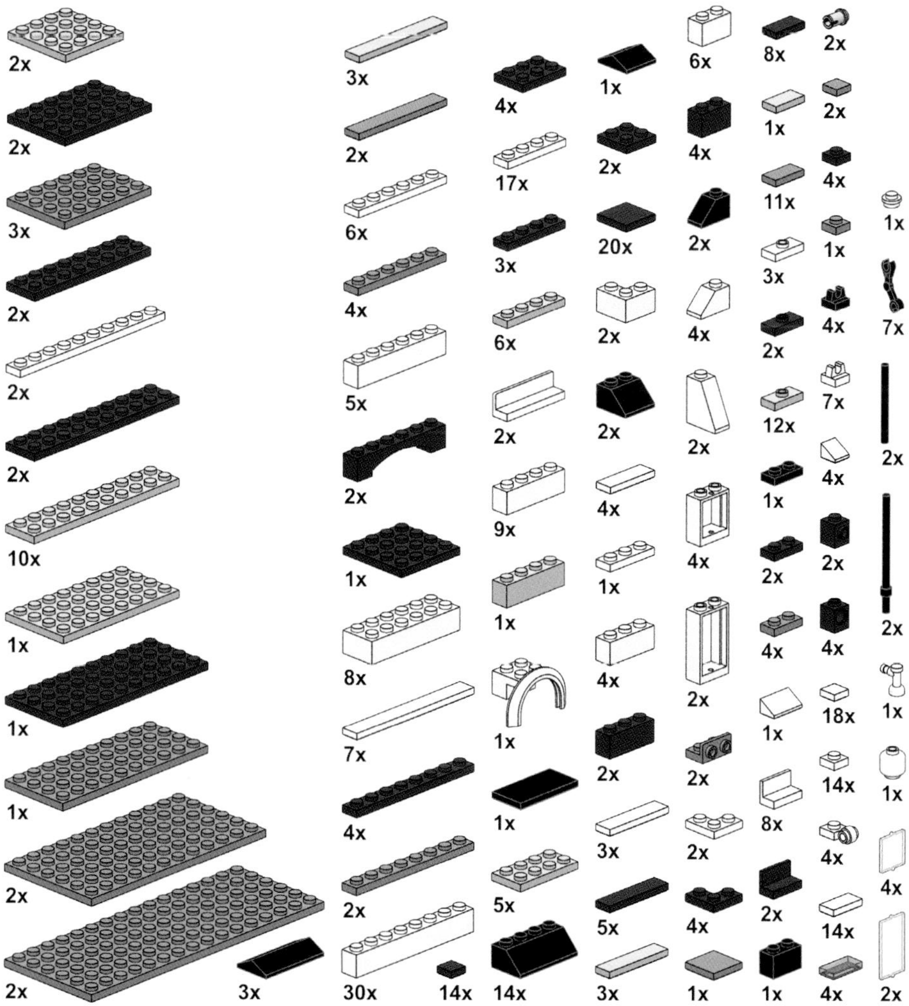

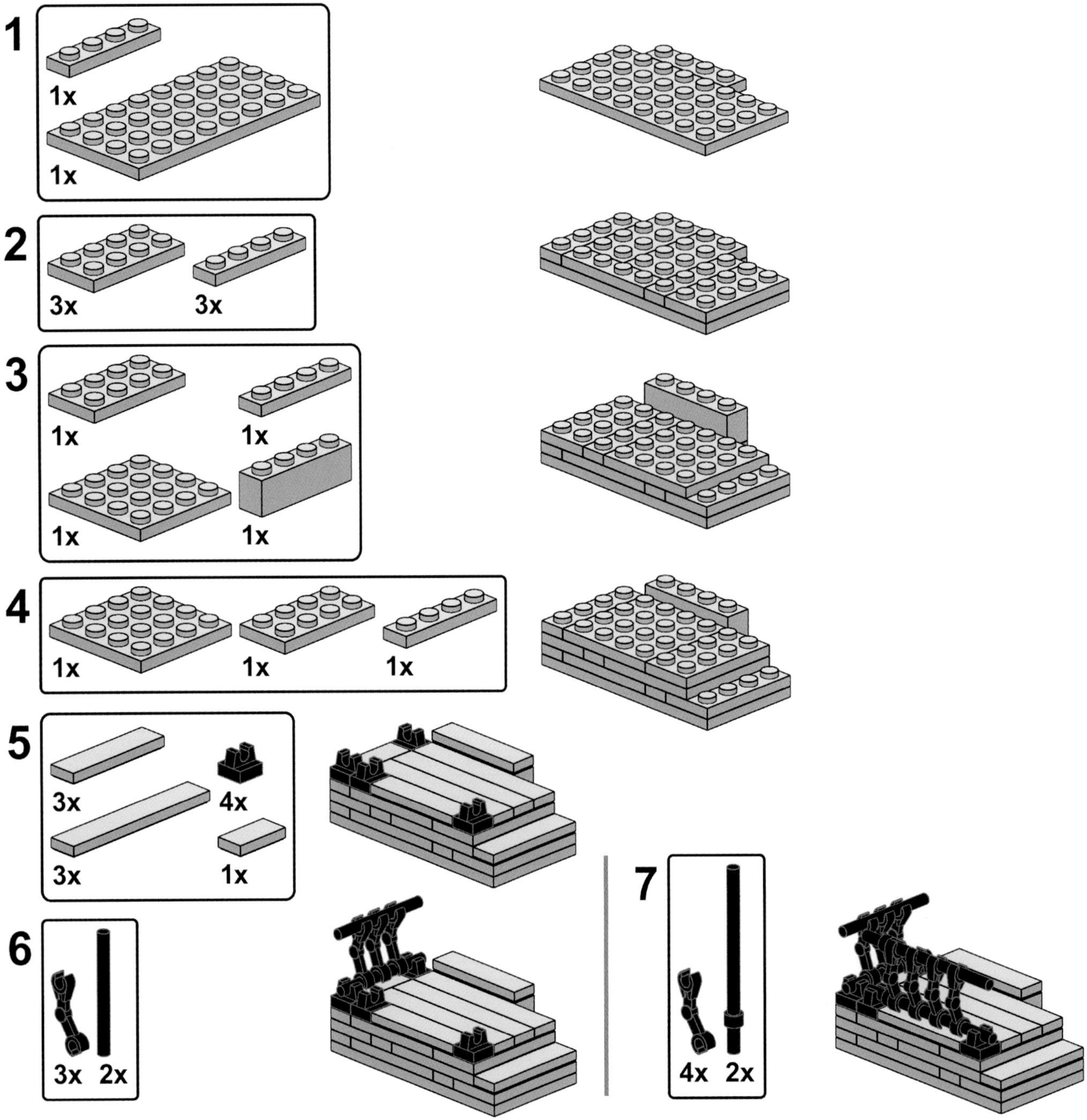
1
1x
1x
2
3x
3x
3
1x
1x
1x
1x
4
1x
1x
1x
5
3x
4x
3x
1x
6
3x 2x
7
4x 2x

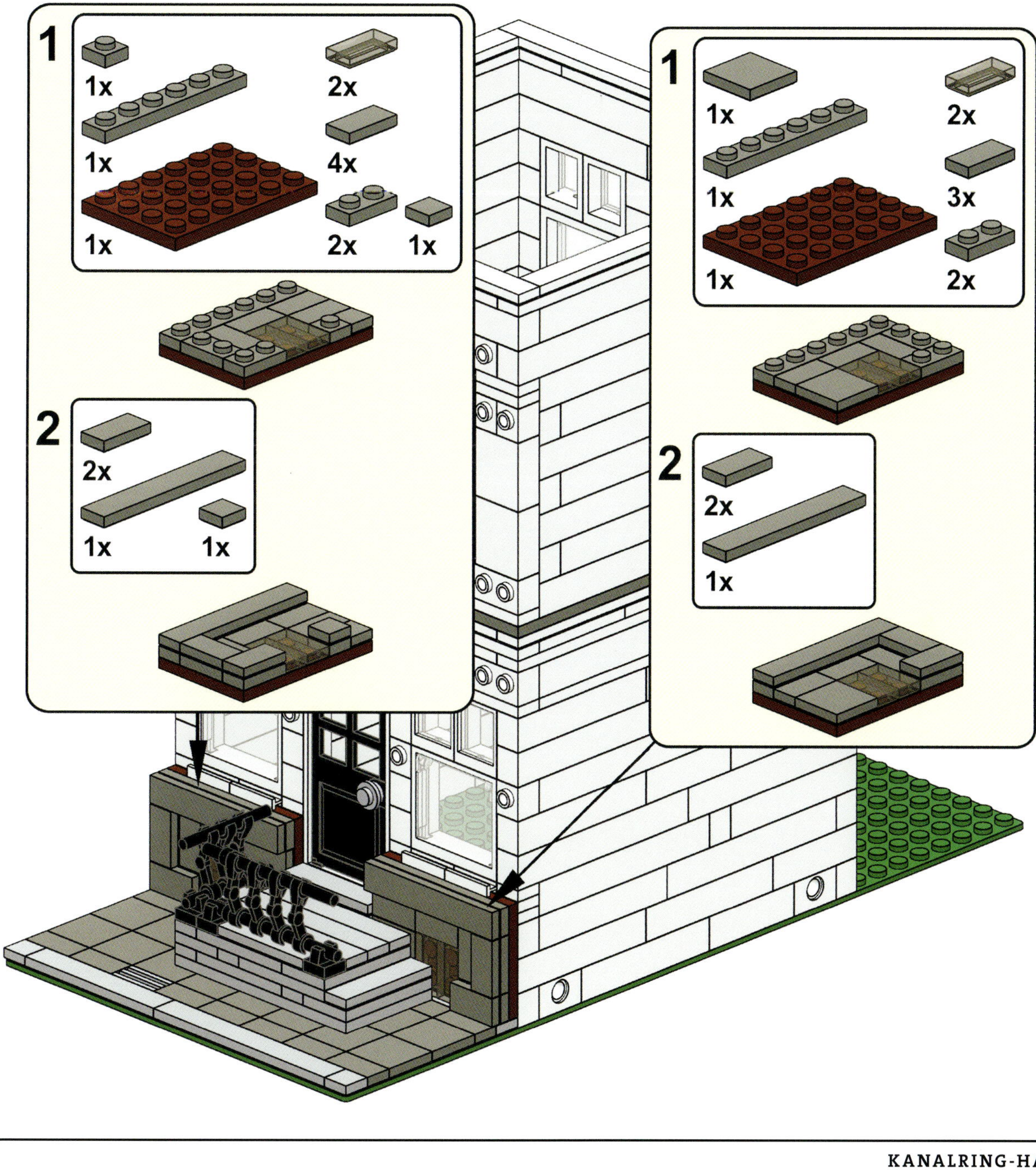

1
1x
2x
1x
4x
1x
2x
1x
2
2x
1x
1x
1
1x
2x
1x
3x
1x
2x
2
2x
1x

1

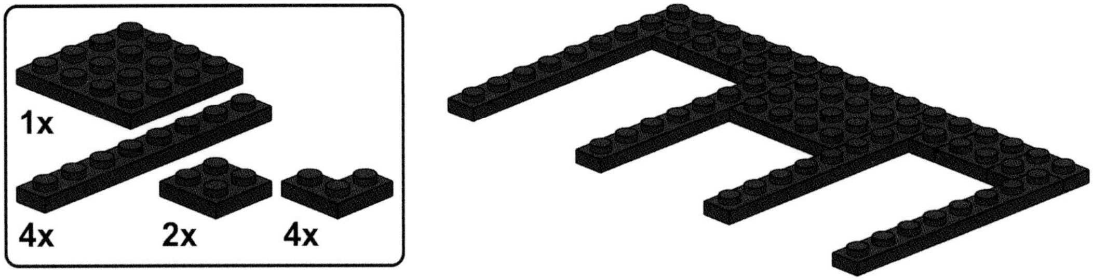

2

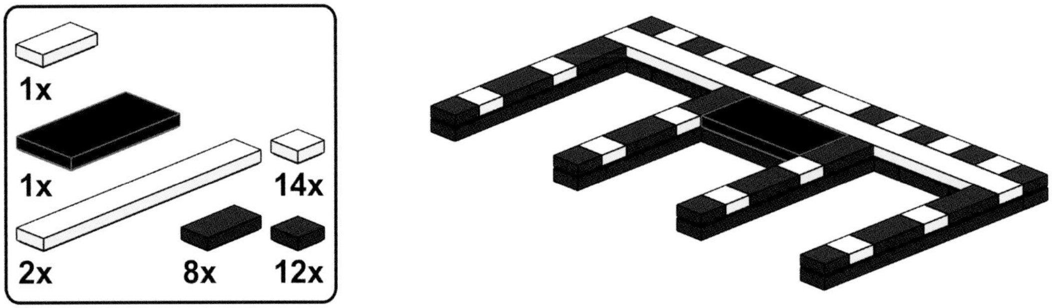

1

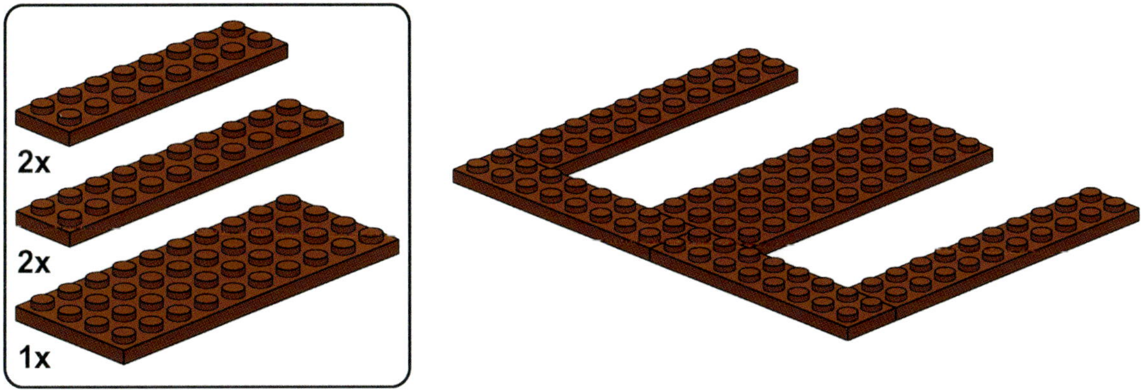

2

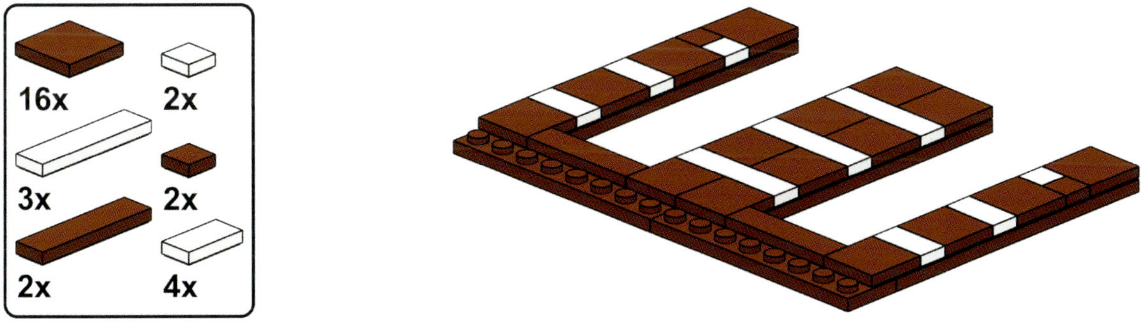

3

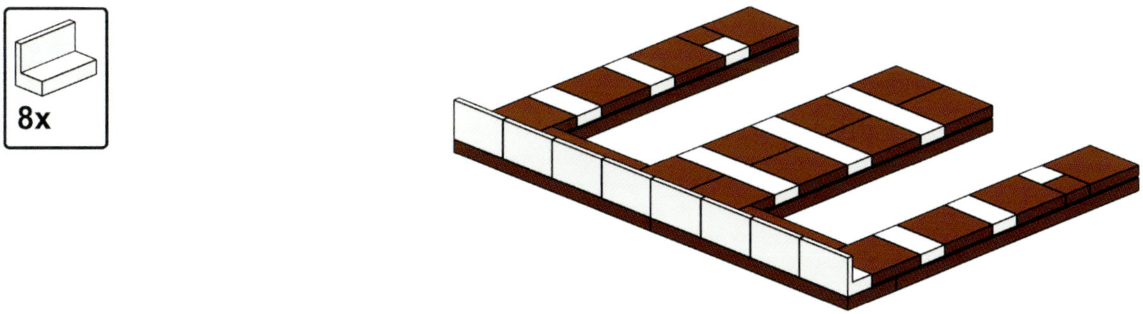

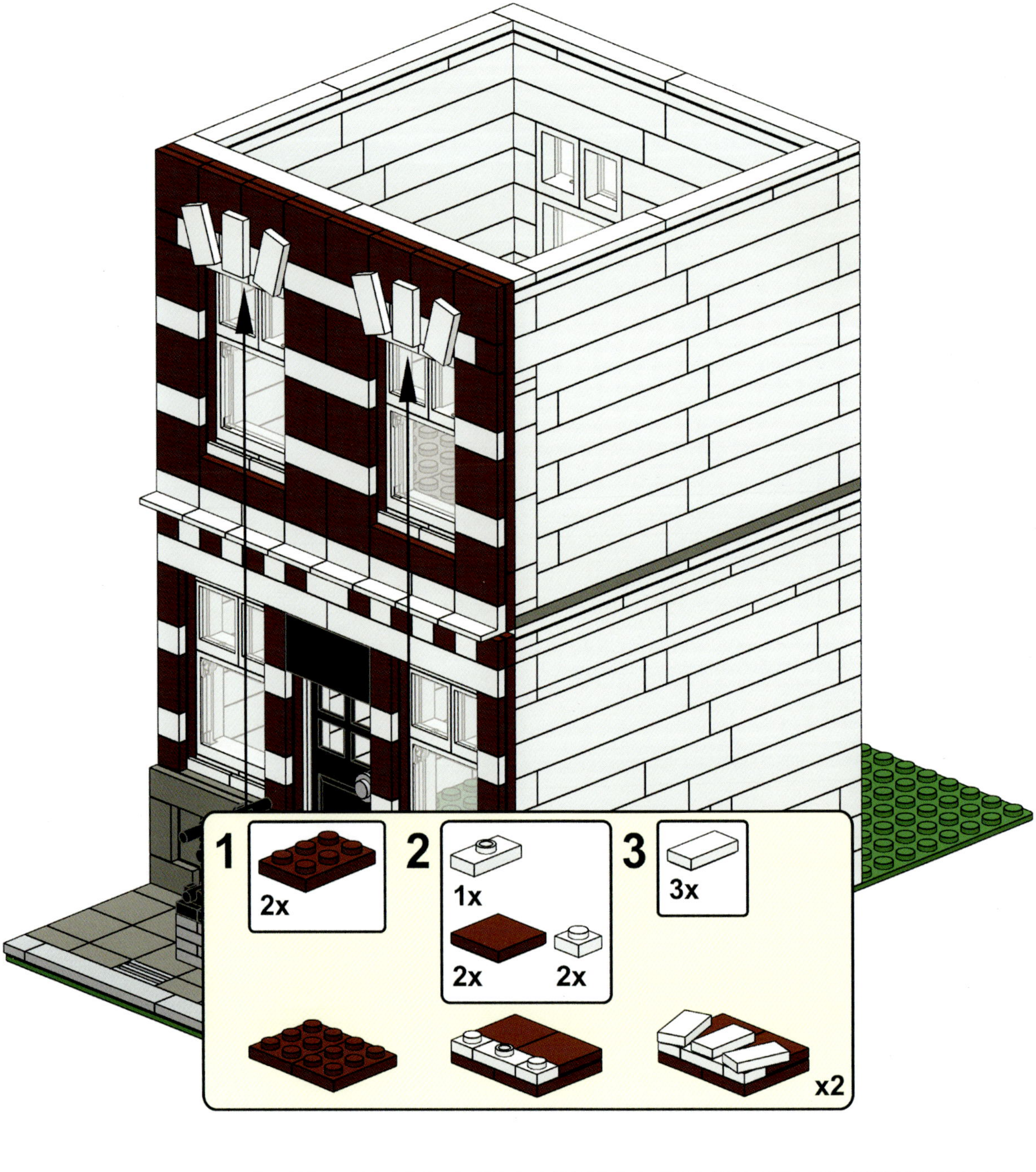
1
2x
2
1x
2x
2x
3
3x
x2

Zweite Etage

1

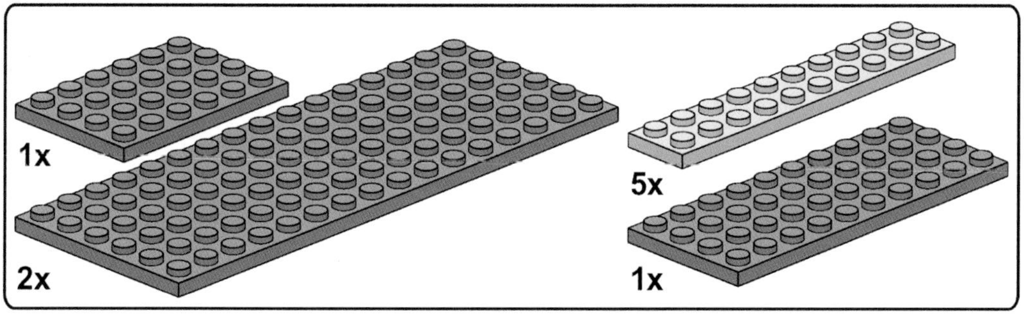

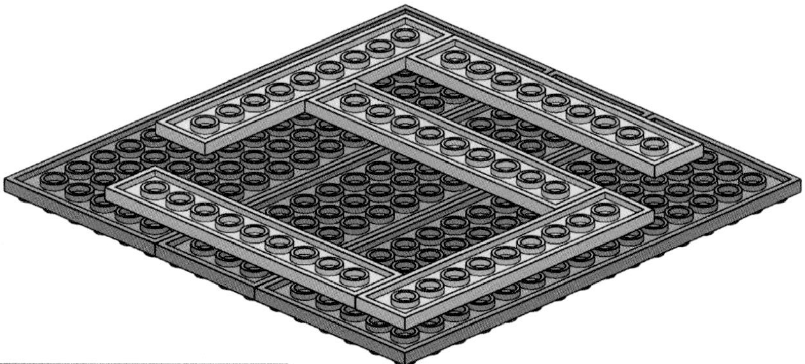

2

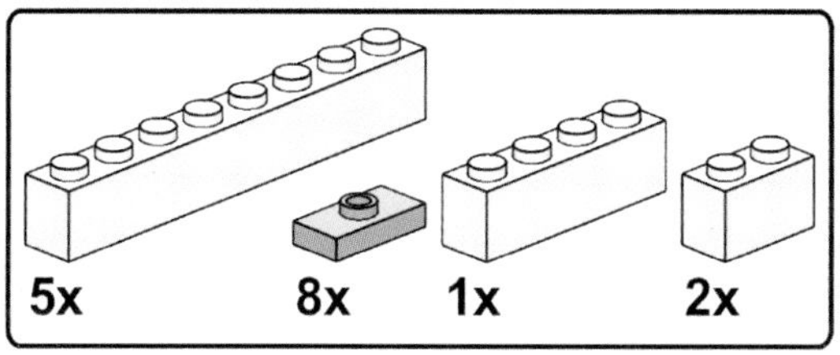

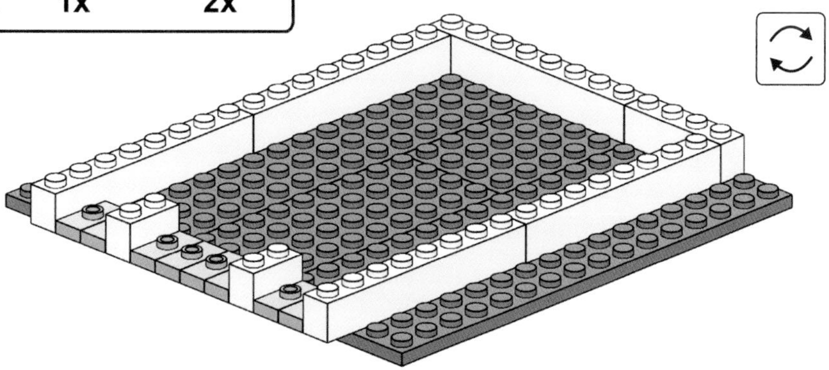

3

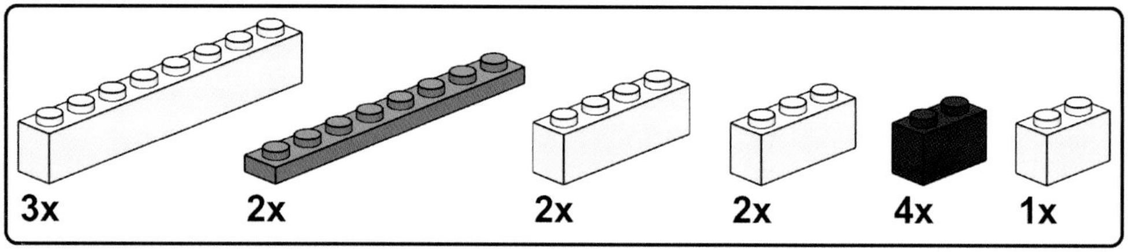

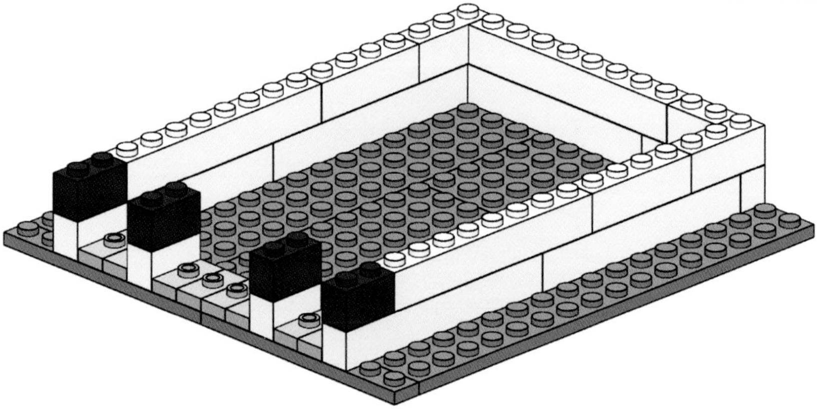

4

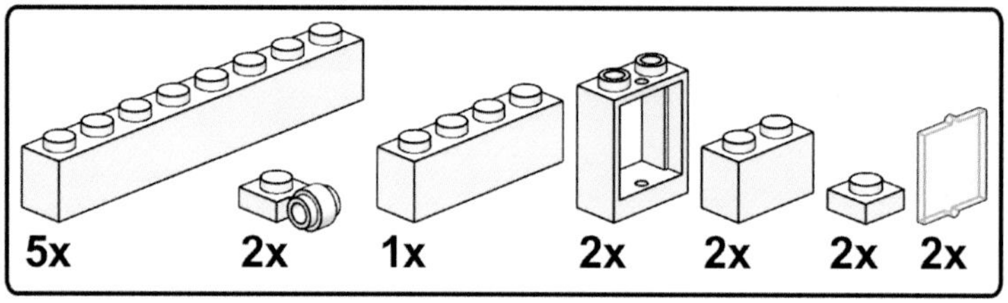

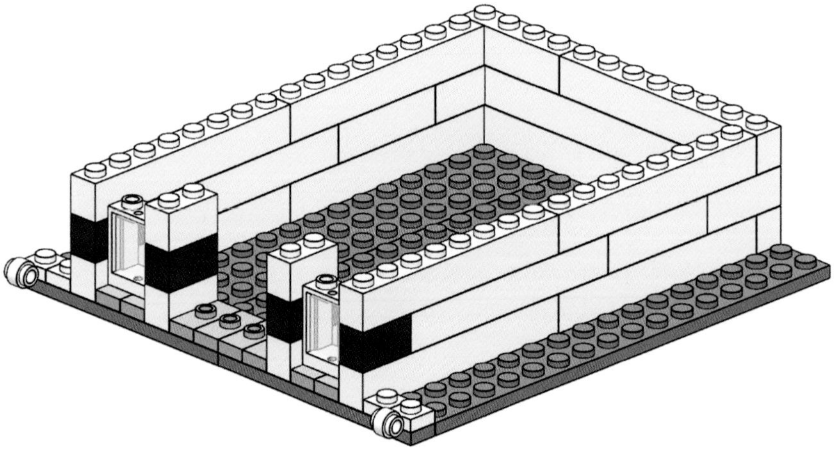

5

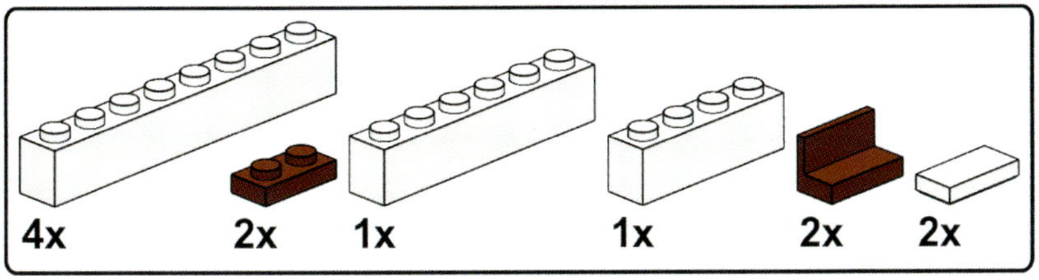

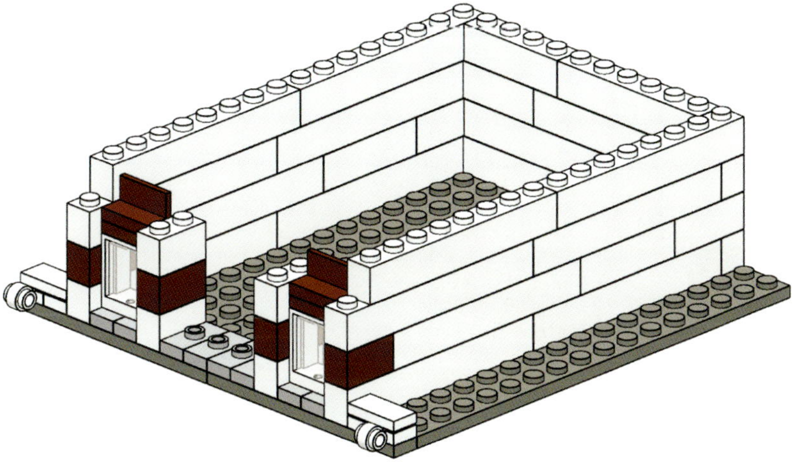

6

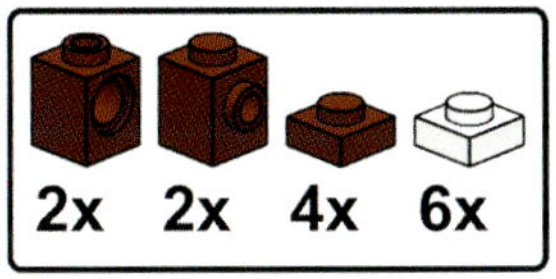

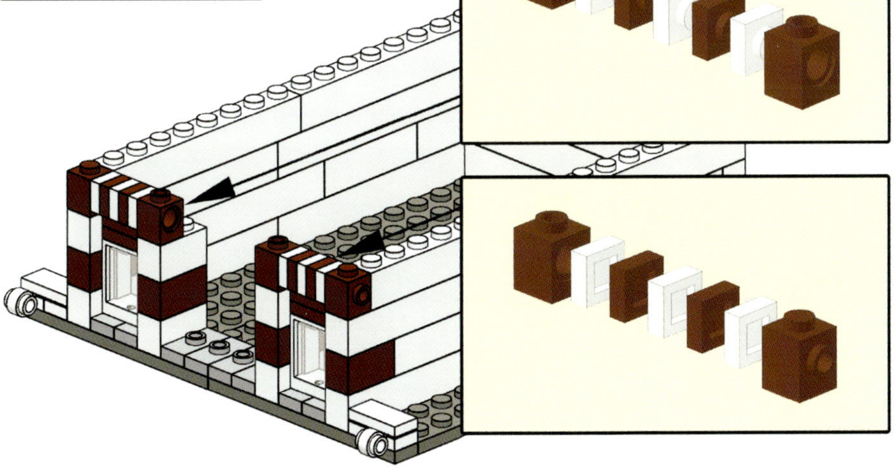

7

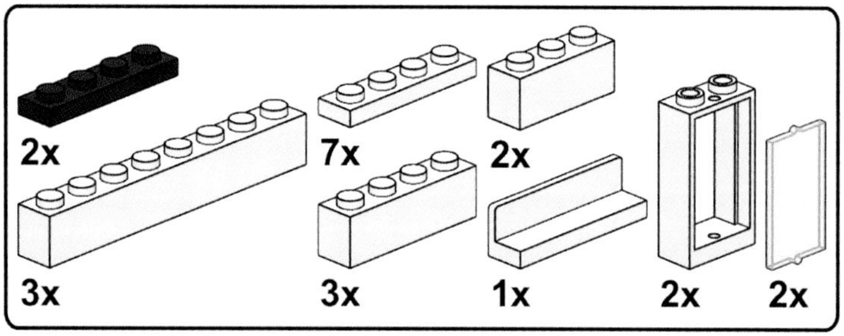

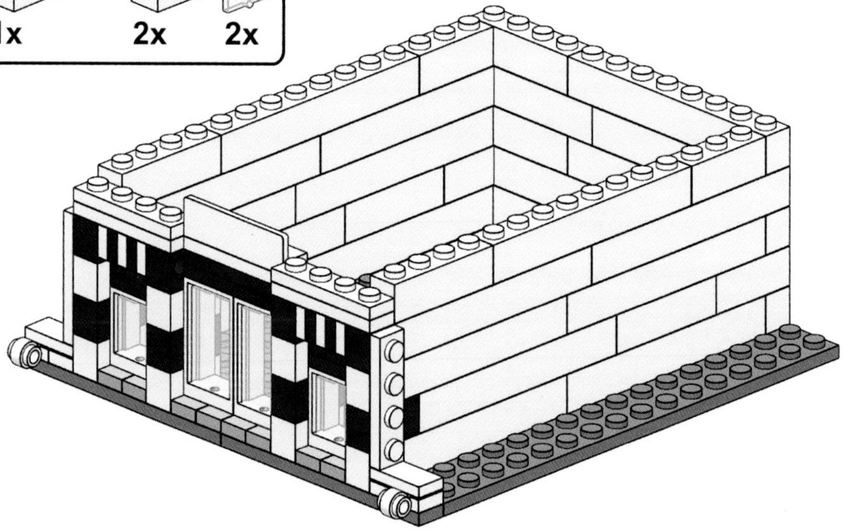

8

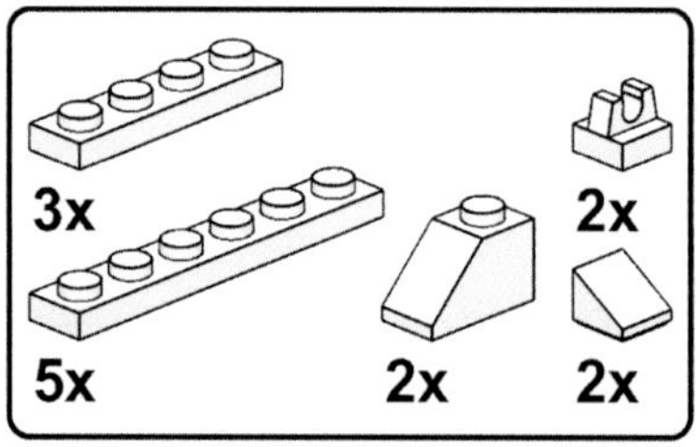

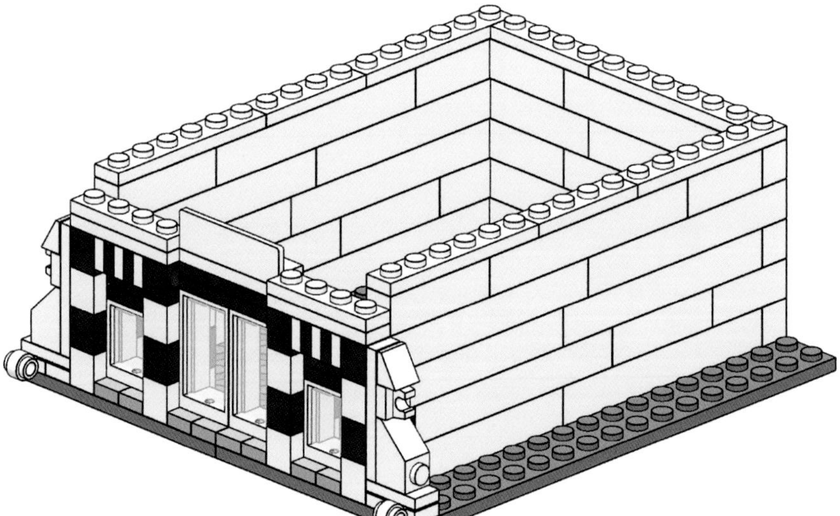

9

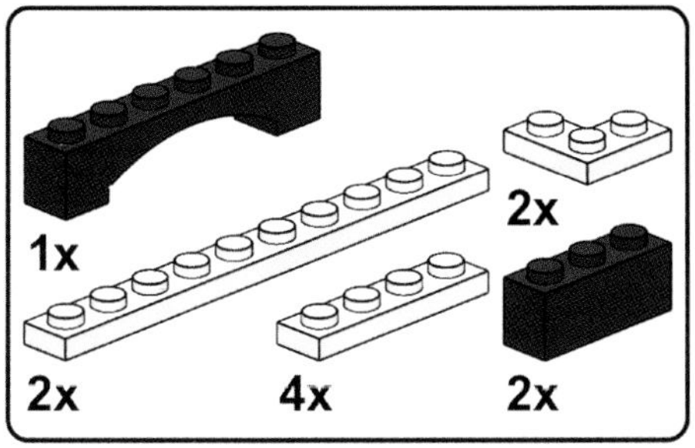

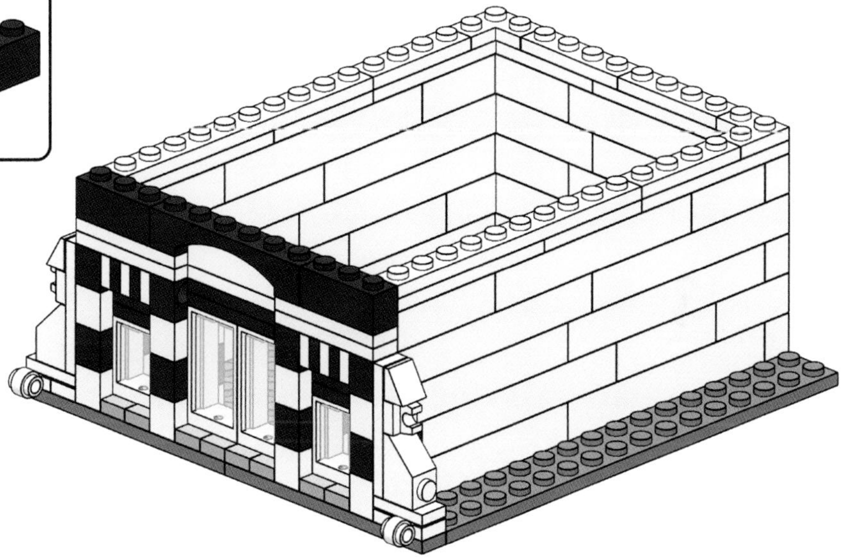

10

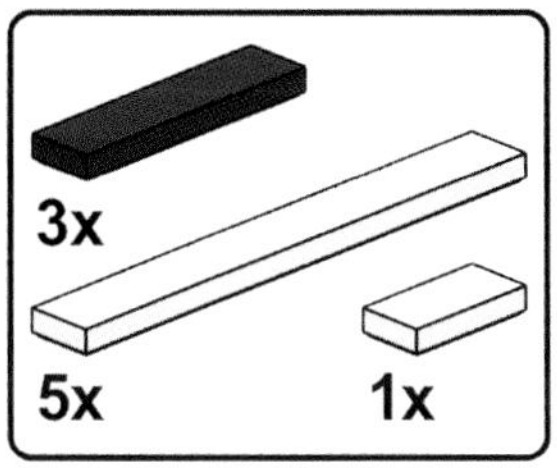

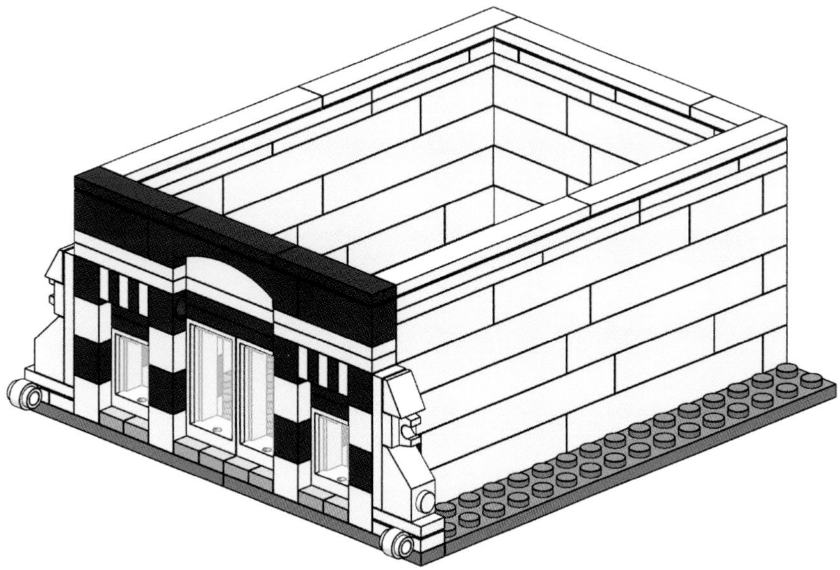

Dachgeschoss

1

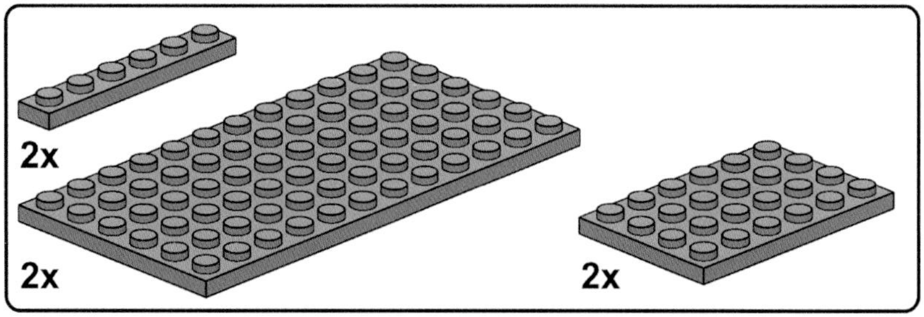

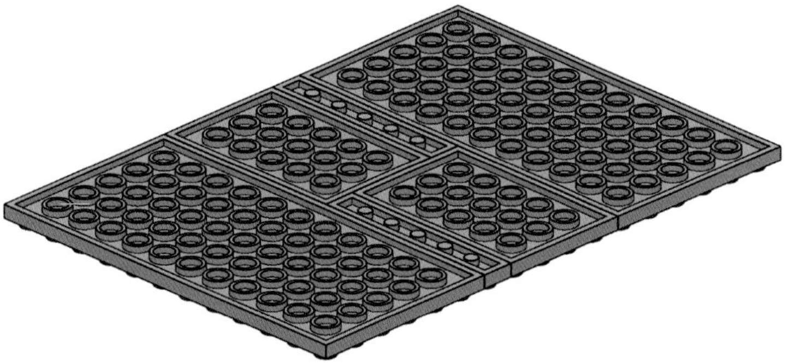

2

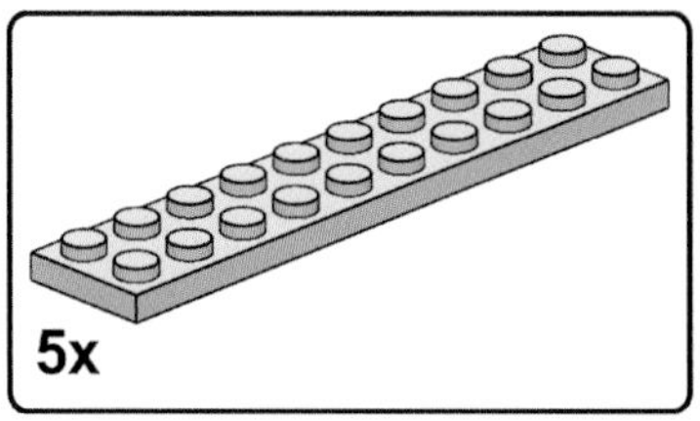

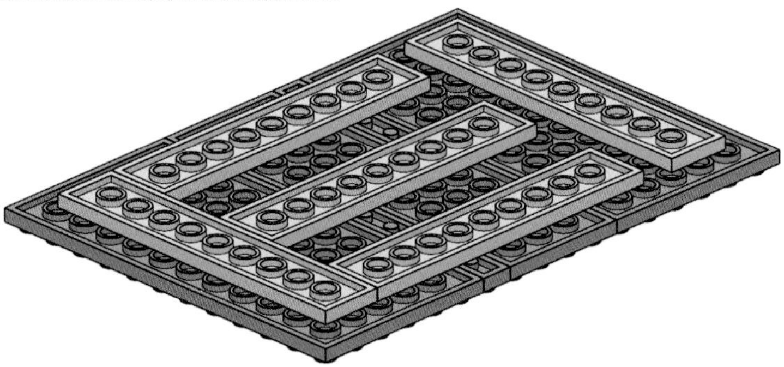

3

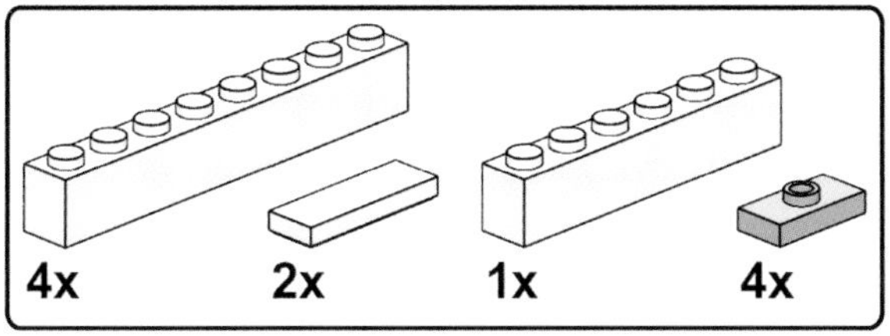

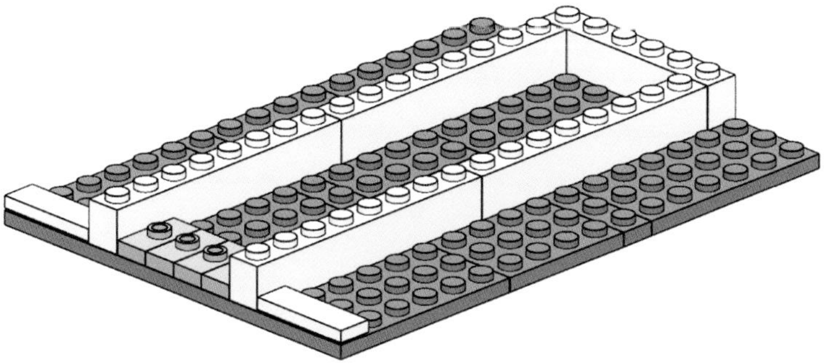

4

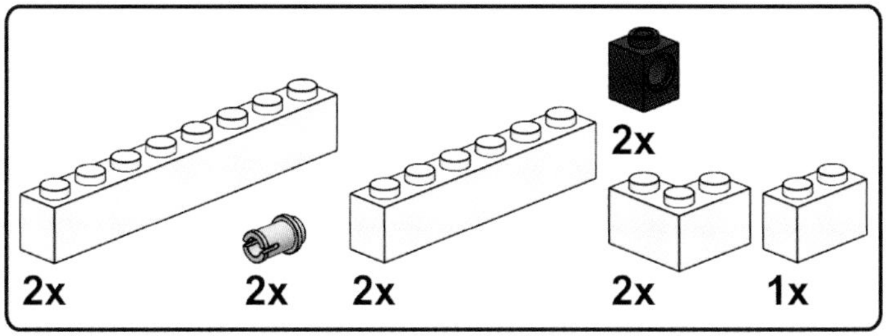

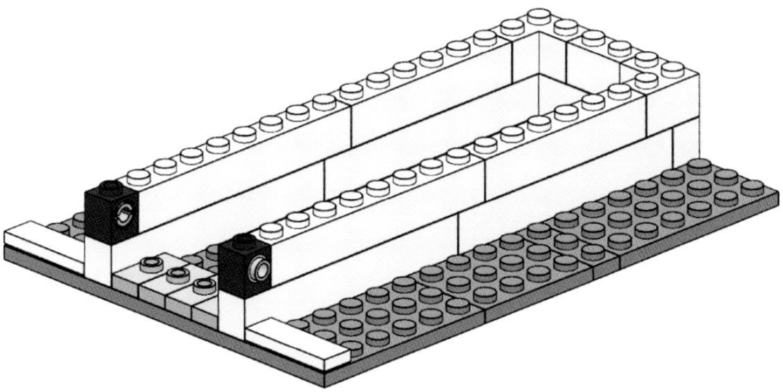

5

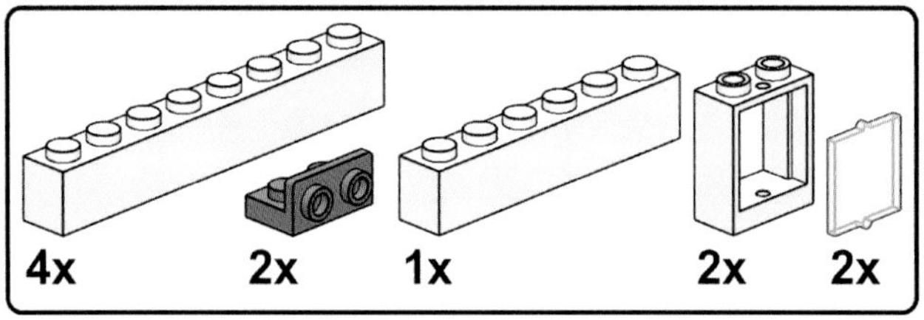

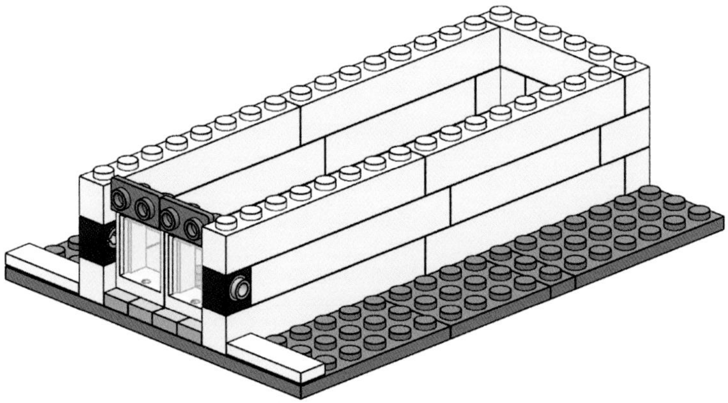

6

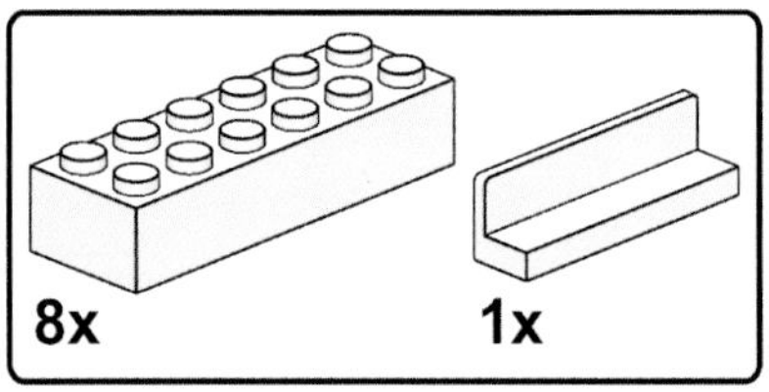

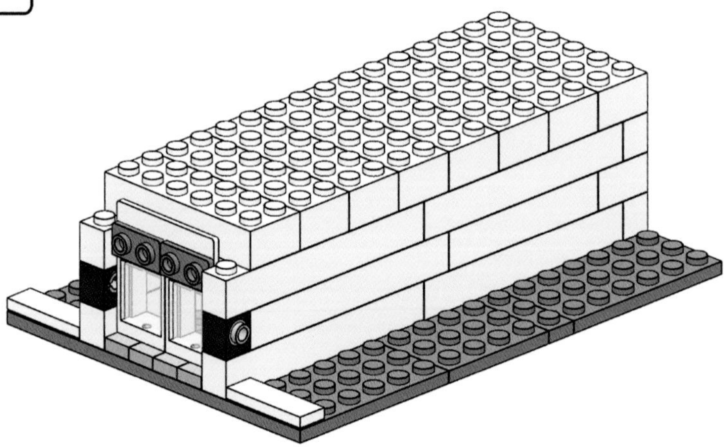

7

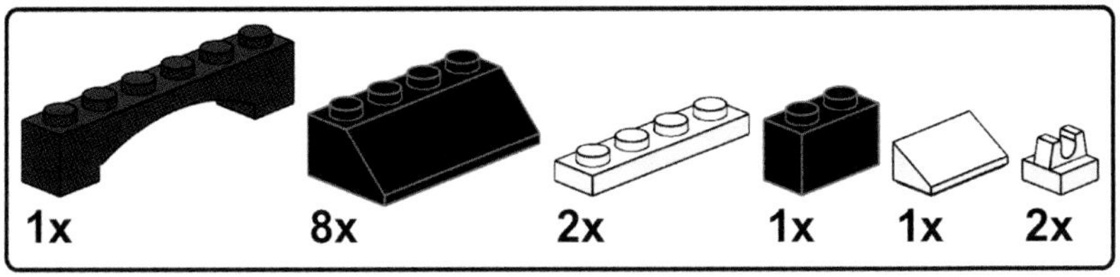

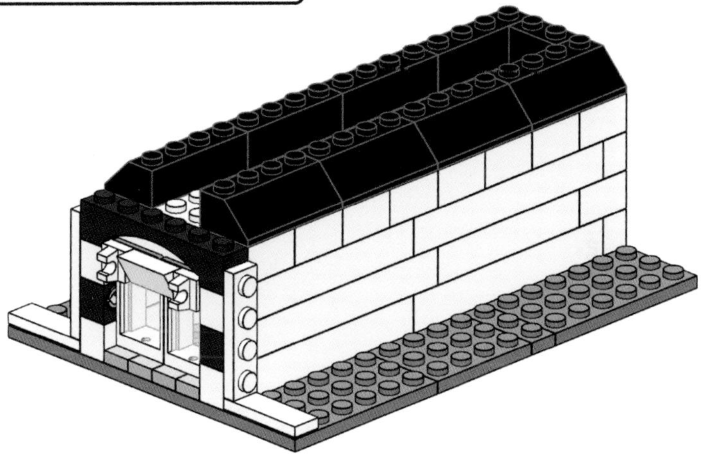

8

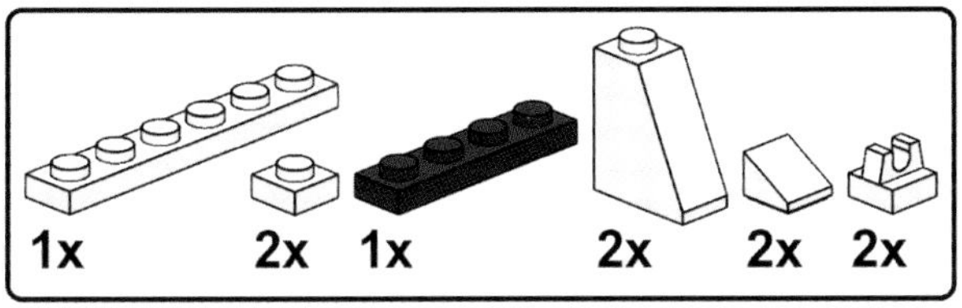

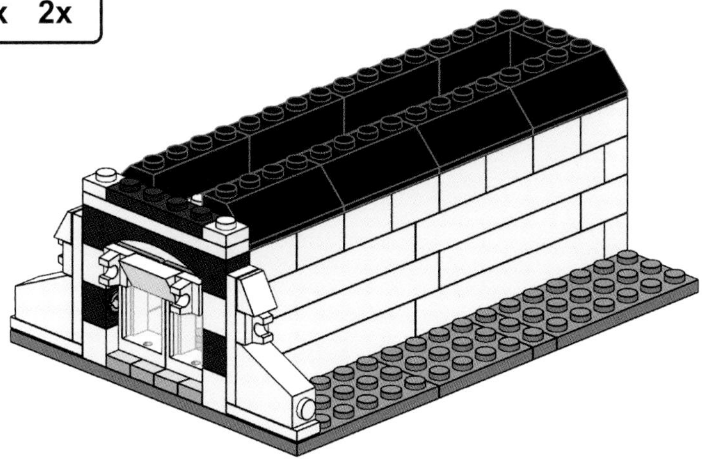

9

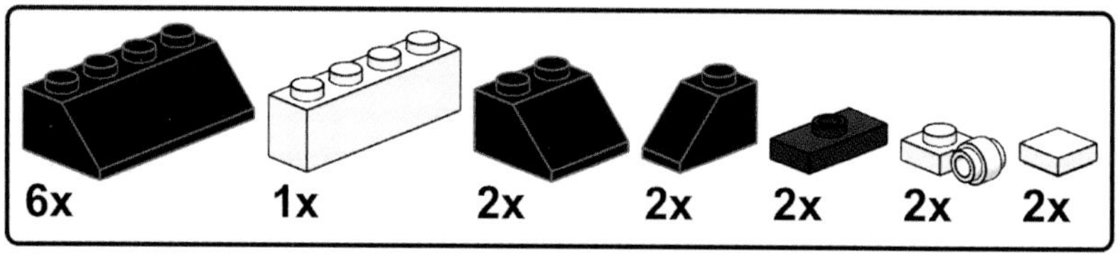

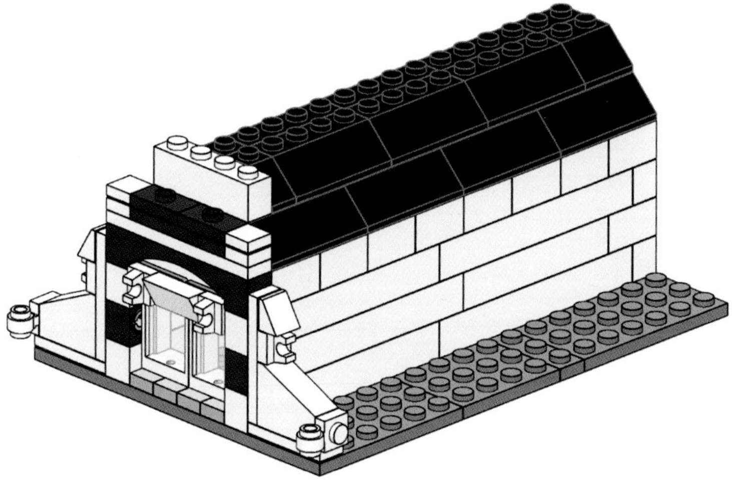

10

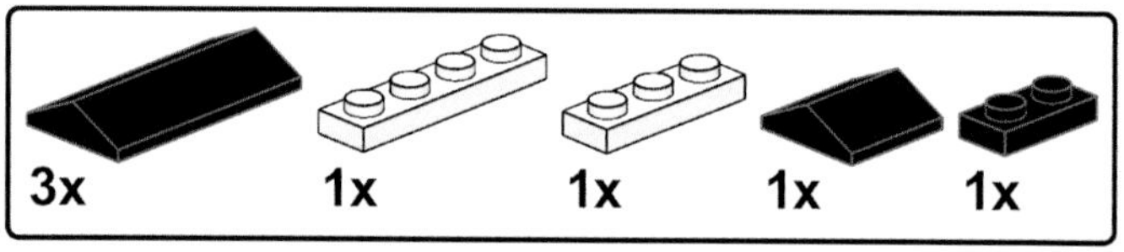

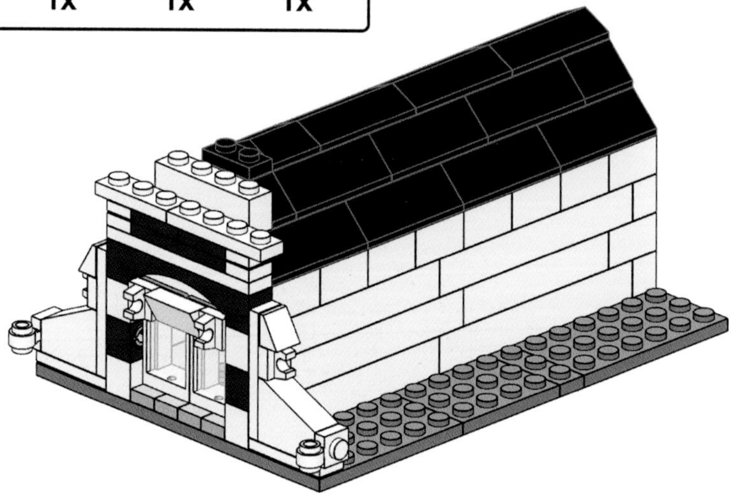

11

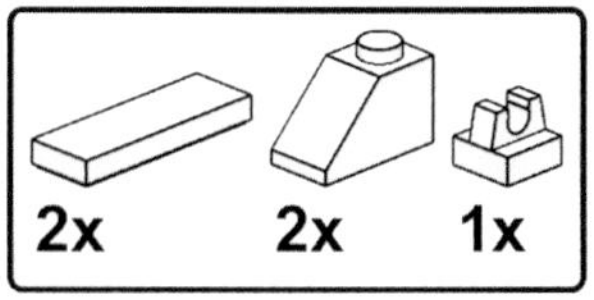

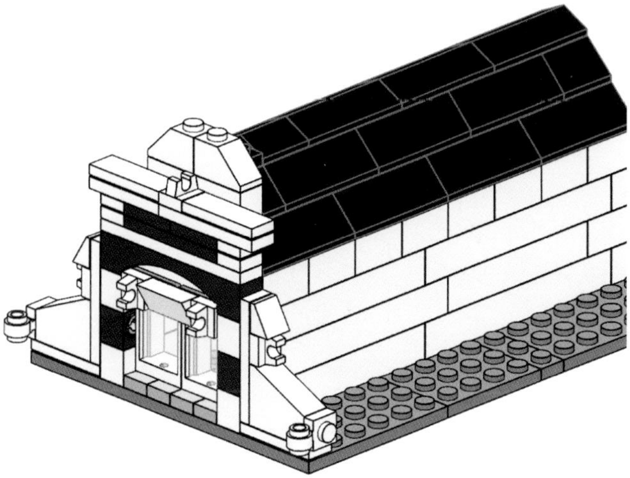

12

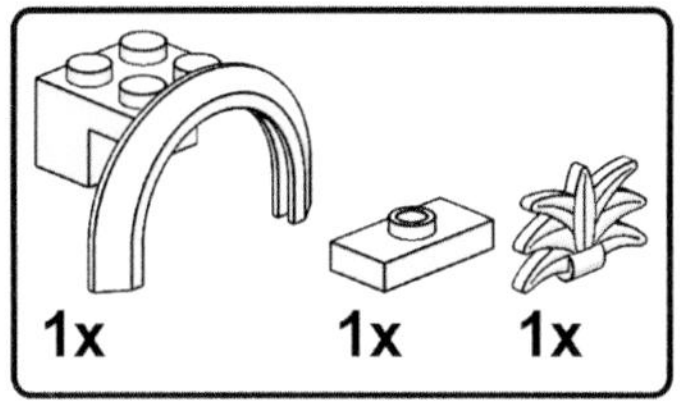

13

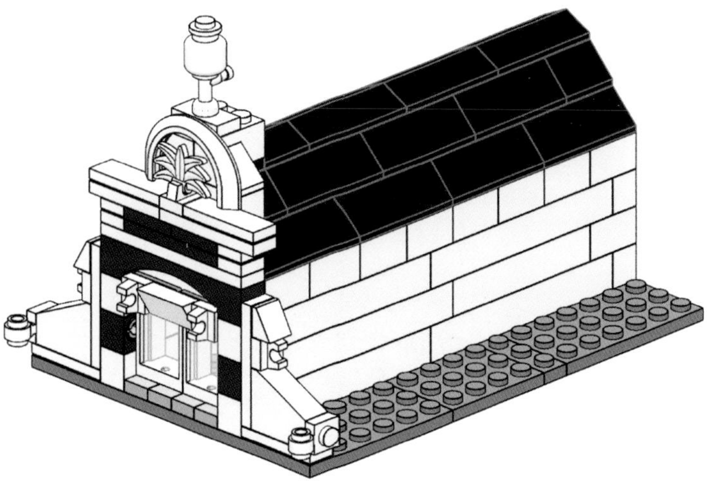